最贴心的礼物
送给最亲爱的人
完美孕育
百科书

the Gift Book to
Pregnant woman

送给孕产期女人的礼品书

易 磊 李艳荣◎主编

中医古籍出版社

图书在版编目（CIP）数据

送给孕产期女人的礼品书/易磊，李艳荣主编. 一北京：中医古籍出版社，2012.7

（青春期健康礼品书）

ISBN 978-7-5152-0226-6

Ⅰ. ①送… Ⅱ. ①易… ②李… Ⅲ. ①妊娠期一妇幼保健一基本知识②产褥期一妇幼保健一基本知识 ③胎教一基本知识 ④婴幼儿一哺育一基本知识 Ⅳ. ①R715.3 ②G61 ③TS976.31

中国版本图书馆 CIP 数据核字（2012）第 131062 号

送给孕产期女人的礼品书

主　　编：易 磊　李艳荣

责任编辑：孙志波

出版发行：中医古籍出版社

社　　址：北京东直门内南小街 16 号（100700）

印　　刷：北京振兴源印务有限公司印刷

开　　本：710mm×1000mm　1/16

印　　张：20.25

字　　数：250 千字

版　　次：2012 年 8 月第 1 版　2012 年 8 月第 1 次印刷

印　　数：0001～8000 册

书　　号：ISBN 978-7-5152-0226-6

定　　价：29.80 元（全套 89.40 元）

前言 FOREWORD

准备怀孕了，小夫妻为优生优育忙里忙外，又是运动又是体检，又是调整饮食又是调整习惯；随着医生“恭喜你，你有喜了”的一声断言，孕妇心里五味杂陈：既为宝宝“安家落户”而激动，又为近一年的孕产之旅而忐忑不安。其间，尽管有老公“亲爱的，我觉得你更美丽，更有女人味，也更让人心疼了”的细致关怀，尽管有医生在每次孕检之时的细心叮咛，尽管还有婆婆以过来人身份的“经验之谈”，但依然不能打消顾虑，让内心彻底改观。

因为，孕产期间太多没“谱”的事儿——饮食没谱，以前想怎么吃就怎么吃，但现在不仅是自己吃饱喝足的问题，还要兼顾到宝宝的健康；胎教没谱，不仅是胎教的方法没谱，就连胎教的效果心中也打了一个大大的问号，宝宝在肚子里，长什么样都不知道，胎教似乎有些玄乎其玄；保健没谱，以前习惯了我行我素的生活，但现在还要顾及宝宝的“感受”；喂养没谱，感觉自己都还是孩子，又要承担起抚养孩子的责任和义务，漫漫长路，想起来就有些心烦意乱。

对怀孕该怎么吃一无所知，没关系！本书以月龄为主线，对每个阶段孕产妇该补充哪些营养，为什么补充这些营养，都做了详细的说明，并在此基础上，精心提炼，推荐每个阶段的经典食谱，告诉你具体该吃什么对自己有益，对宝宝有利。

对孕期该怎么胎教无所适从，没关系，本书在明确宝宝每个月龄阶段身体重量、体长、五官、胎动等指标的基础上，根据其“接受、互动”能力，为他们量身定做胎教方案，真正实现让宝宝“赢在起跑线”上。

对孕产期怎么保健不知所措，没关系，本书在结合医生科学指导以及一些“过来人”经验的基础上，对孕产期该做什么，不该做什么，该怎么做，不该怎么做等进行了较为全面的说明。

对月子期怎么照顾宝宝脑子一片空白，没关系，本书从医生接生的那一刻起，就能无缝链接，让你初为人母也能明白宝宝该如何抱，该如何哺乳，该如何给宝宝洗澡，该如何查看宝宝的健康等一系列的事情，让你一看就懂，有条不紊地做个“老辣”妈妈。

隐隐地，孕产妇还有很多的担心，比如，自己的身体走样了，该如何才能恢复？自己和宝宝的身体遭遇了不适、疾患该如何应对？对此，本书不再将其做零散的说明，而是从“生活调理方”的角度做了应对方式的集中说明，一方面孕期可能面对的诸多问题往往缺乏严格的时效性，另一方面也便于孕产妇及家人在遭遇不适的时候，可以更方便查阅。可以最大限度帮助你在孕产过程中预防、调治，对该做什么、不该做什么心里有谱。

饮食、胎教、保健、哺乳、疾患……怎么办？怎么办？急你所急，想你所想，第一次怀孕，本书把你想要的答案寄予其中，并做了方便查阅的编排；第一次坐月子，本书告诉你调理与恢复的实用方法，让你在孕产之后，朋友、家人依然如若初见；第一次做妈妈，《送给孕产期女人的礼品书》告诉你宝宝喂、养以及不适的应对方法！以此相赠，内含一份“大爱无声”的沉甸；细心品读，给孕产旅程一份安心，给宝宝一个不同寻常的未来……

祝福：

母子平安，顺心如愿！

编 者

目录
CONTENTS

前言 Preface

第一章 Chapter 1

有备而孕，助你怀上最棒一胎 / 001

第一节 妈妈没有告诉你的孕育常识 / 002

节食瘦身——骨感女备孕该怎么调理 / 002
附件炎——患有附件炎能否正常怀孕 / 003
性交后出血——阴道出血影响怀孕吗 / 003
连续流产——多次流产该做什么检查 / 004
营养素片——工作忙也不宜长期服用 / 004
带环受孕——带环受孕对宝宝有影响吗 / 005
近视遗传——丈夫近视孩子就近视吗 / 005
电子产品——办公文秘提早暂离岗位 / 006
手提电脑——男性当心精子数量减少 / 006
夫妻血型不合——准备怀孕应怎么做 / 007
※幸孕小礼包——孕前夫妻用药更需谨慎 / 008

第二节 提高孕力，“有备而孕”更给力 / 009

生育黄金期——别与老公为事业忙过了头 / 009

排卵期——少吃药算准排卵期交好“孕”/ 010
碘——宝宝更聪明的智力营养素 / 011
叶酸——胎儿发育中必不可少的营养素 / 012
锌——促进脑神经细胞与蛋白质合成的营养素 / 013
维持健康体重——太胖太瘦都是过 / 014
排除毒素——夫妻多吃的几种食物 / 015
享受性运动——打开精子的方便之门 / 015
好好避孕——保护好自己的孕资源 / 016
阴道冲洗有节——讲卫生防止过犹不及 / 016
提高孕力——在生理节律高潮时受孕 / 017
“性”福生活——妻子达到性高潮时受孕 / 018
“厨”备孕力——婆婆准备的助孕食谱 / 019
※幸孕小礼包——生男生女有方法 / 021

第三节 孕前备忘录，和老公一起备孕 / 024

孕前 12 个月，记录体温变化做基础检查 / 024
孕前 11 个月，开始注射乙肝疫苗 / 025
孕前 10 个月，莫拿婚检代替孕检 / 025
孕前 9 个月，这些病怀孕要叫“暂停”/ 026
孕前 8 个月，注射风疹疫苗 / 027
孕前 7 个月，这些食物帮你排除体内毒素 / 027
孕前 6 个月，牙齿有病治病，无病洗牙 / 029
孕前 5 个月，做乙肝和风疹的抗体检测 / 030
孕前 4 个月，制订适度的健身计划 / 030
孕前 3 个月，开始注射水痘疫苗 / 031
孕前 2 个月，安顿宠物，整理居室环境 / 031
孕前 1 个月，注重性卫生，补充维生素 / 032
※幸孕小礼包——食养备孕化繁为简 / 033

第二章 Chapter 2

孕1月：精子和卵子有个约会 / 035

胎儿发育指标 / 036
孕妈妈体态指标 / 036

第一节 饮食方案："养"一个健康宝宝 / 037

饮食总则：本月孕妈妈饮食指导 / 037
别着急，孕1月补充叶酸不算晚 / 038
跟进营养，确认怀孕后饮食宜"四多" / 039
如何喝水，孕妈妈切忌口渴才饮水 / 040
苦甜酸辣咸，孕期营养"五味宜忌" / 040
※幸孕小礼包——优生食谱，怀孕了怎么吃 / 044

第二节 胎教方案："预订"一个聪明宝宝 / 047

知识胎教：胎教是不是真的管用 / 047
运动胎教：有益于胎教的孕期体操 / 048
情绪胎教：良好情绪是无声的胎教 / 048
※幸孕小礼包——助力胎教，准爸爸怎么做 / 050

第三节 保健方案：听人劝好孕常相伴 / 051

制订计划，孕期知道自己该做什么 / 051
阴道分泌物增多应注意卫生 / 052
当心，电磁波阻碍胚胎的发育 / 053
讲究卫生，孕妈妈洗澡宜与忌 / 054
放宽心，妇科检查不会引发流产 / 055

结婚新房，小心祸及胎宝宝 / 055

※幸孕小礼包——安胎有方：怀孕我知道 / 056

第三章
Chapter 3

孕 2 月：胎儿大小像葡萄，脐带开始形成 / 057

胎儿发育指标 / 058

孕妈妈体态指标 / 058

第一节 饮食方案："养"一个健康宝宝 / 059

饮食总则：本月孕妈妈饮食指导 / 059

孕妈妈最需要的营养素排行榜 / 060

切不要忽视维生素的充足摄入 / 061

怀孕 2 个月，吃面时能吃蒜吗 / 062

小心，容易引起流产的 5 种食物 / 062

※ 幸孕小礼包——优生食谱，怀孕了怎么吃 / 064

第二节 胎教方案："预订"一个聪明宝宝 / 067

情绪胎教：喜怒无常是胎教大忌 / 067

音乐胎教：内耳形成，可以"听"音乐 / 068

抚摸胎教：加强与宝宝的亲密感 / 069

※幸孕小礼包——助力胎教，准爸爸怎么做 / 070

第三节 保健方案：听人劝好孕常相伴 / 071

对号入座，这些工作要提前交办 / 071

孕妈妈外出旅游宜做好哪些准备 / 072

孕妈妈妊娠早期还是少用洗涤剂 / 074

阴道卫生，当心坐浴出现早产 / 074

※幸孕小礼包——安胎有方：防辐射 / 075

第四章
Chapter 4

孕3月：胎儿大小像李子，可分辨宝宝性别 / 077

胎儿发育指标 / 078

孕妈妈体态指标 / 078

第一节 饮食方案："养"一个健康宝宝 / 079

饮食总则：本月孕妈妈饮食指导 / 079

孕早期反应时有出现，如何补充蛋白质 / 080

巧吃零食，为孕妈妈补充能量 / 080

食用绿色蔬菜要注意的问题 / 081

当心，进补也会造成先兆性流产 / 082

※幸孕小礼包——优生食谱，怀孕了怎么吃 / 083

第二节 胎教方案："预订"一个聪明宝宝 / 086

情绪胎教：心音是胎儿最动听的音乐 / 086

语言胎教："对话"增加母子交流 / 087

音乐胎教：每天可进行两次听觉训练 / 087

※幸孕小礼包——助力胎教，准爸爸怎么做 / 089

第三节 保健方案：听人劝好孕常相伴 / 090

接受一次最全面和细致的检查 / 090

做漂亮妈妈，自制三款美白面膜 / 092

本月小两口尽可能避免性生活 / 092

孕期乳房卫生包括的几项内容 / 093

胎儿着床，孕 3 月身体锻炼正当时 / 094
※ 幸孕小礼包——安胎有方：预防流产 / 095

第五章
Chapter 5

孕 4 月：胎儿大小像西红柿 / 097

胎儿发育指标 / 098
孕妈妈体态指标 / 098

第一节 饮食方案：“养”一个健康宝宝 / 099

饮食总则：本月孕妈妈饮食指导 / 099
将钙添入到日常饮食中的窍门 / 100
孕妈妈喝牛奶，胎宝宝好处多 / 101
饮食“红灯区”，不可逾越的饮食雷区 / 101
添加剂，防止天然食品并非天然 / 103
※ 幸孕小礼包——优生食谱，怀孕了怎么吃 / 104

第二节 胎教方案：“预订”一个聪明宝宝 / 107

语言胎教：和胎宝宝亲密对话 / 107
音乐胎教：优美的音乐减缓妊娠反应 / 108
意念胎教：对宝宝耳语般的冥想 / 108
视觉胎教：手电筒做光照胎教 / 109
※ 幸孕小礼包——助力胎教，准爸爸怎么做 / 110

第三节 保健方案：听人劝好孕常相伴 / 111

产前检查，4 个月需要做哪些项目 / 111
站有站相，孕妈妈宜采取的站姿 / 112
孕妈妈宜采取的走姿 / 112
注意睡姿，左侧卧位睡姿利人利己 / 112

涂指染发，别给宝宝和自己找麻烦 / 113
放松心情，压力导致胎儿“神经质” / 114
※幸孕小礼包——安胎有方：宽松着装 / 115

第六章
Chapter 6

孕 5 月：胎儿大小像西柚 / 117

胎儿发育指标 / 118
孕妈妈体态指标 / 118

第一节 饮食方案：“养”一个健康宝宝 / 119

饮食总则：本月孕妈妈饮食指导 / 119
补充维生素，B 族一马当先 / 120
酸酸甜甜，莫拿果奶代替牛奶 / 121
逃离“铅毒”魔爪，多吃排铅食物 / 121
饮食“红灯区”，孕妈妈忌吃薏米 / 122
※幸孕小礼包——优生食谱，怀孕了怎么吃 / 123

第二节 胎教方案：“预订”一个聪明宝宝 / 126

绘画胎教：动手动脑娘俩一块儿学 / 126
艺术胎教：培养宝宝朦胧的审美意识 / 127
音乐胎教：用乐曲陶冶宝宝的情操 / 127
语言胎教：胎宝宝适宜听中、低频调声音 / 128
※幸孕小礼包——助力胎教，准爸爸怎么做 / 129

第三节 保健方案：听人劝好孕常相伴 / 130

五五原则，孕 5 月保健五项注意 / 130

孕妈妈骑车出行应注意的问题 / 131
孕 5 月准妈妈旅行有讲究 / 132
厨房，孕妈妈危险的温床 / 133
当心，铅毒 60%来源于汽油 / 134
※幸孕小礼包——安胎有方：从胎动知健康 / 135

第七章
Chapter 7

孕 6 月：胎儿大小像茄子 / 137

胎儿发育指标 / 138
孕妈妈体态指标 / 138

第一节 饮食方案："养"一个健康宝宝 / 139

饮饮食总则：本月孕妈妈饮食指导 / 139
妊娠期糖尿病的一天饮食安排 / 140
孕妈妈补铁，给胎宝宝补血补氧 / 141
玉米，胜过精米的"宝宝营养王" / 141
孕妈妈本月要忌口的食物 / 142
※幸孕小礼包——优生食谱，怀孕了怎么吃 / 143

第二节 胎教方案："预订"一个聪明宝宝 / 146

音乐胎教：胎宝宝听音乐"喜新厌旧" / 146
游泳胎教：改善血液循环调整胎位 / 147
情绪胎教："放松浴"增添浪漫情怀 / 148
环境胎教，孕妈妈不宜进舞厅 / 148
※幸孕小礼包——助力胎教，准爸爸怎么做 / 150

第三节 保健方案：听人劝好孕常相伴 / 152

安全第一，且看孕妈妈的坐姿选择 / 152
这样为“母子”预防缺铁性贫血病 / 152
注意口腔卫生，防止牙龈炎和口腔炎 / 154
莫贪凉，孕妈妈电扇纳凉坏处多 / 154
孕妈妈忌去人多场所“凑热闹” / 155

※幸孕小礼包——安胎有方：孕妈妈防过胖 / 156

第八章
Chapter 8

孕7月：胎儿大小像卷心菜 / 157

胎儿发育指标 / 158
孕妈妈体态指标 / 158

第一节 饮食方案：“养”一个健康宝宝 / 159

饮食总则：本月孕妈妈饮食指导 / 159
保证每天摄入微量维生素 / 160
食盐每日控制在 3 克内更安全 / 160
盲目补钙，胎宝宝可能得高血钙症 / 161
营养细节，孕 7 月综合补维生素 / 161
小心，温热补品可能导致孕妈妈难产 / 163

※幸孕小礼包——优生食谱，怀孕了怎么吃 / 165

第二节 胎教方案：“预订”一个聪明宝宝 / 168

音乐胎教：几首好歌培养好心情 / 168
抚摸胎教：胎宝宝都喜欢抚摸、拥抱 / 169

语言胎教：孕 7 月重在简单与重复 / 170

※幸孕小礼包——助力胎教，准爸爸怎么做 / 171

第三节 保健方案：听人劝好孕常相伴 / 172

完美细节，孕 7 月的保健“四字诀”/ 172

学会腹式呼吸，给宝宝输送充足氧气 / 173

适可而止，孕妈妈干家务活莫要逞能 / 173

孕期睡眠比平时要多 1 小时为宜 / 174

忍痛割爱，请收起心爱的高跟鞋 / 175

※幸孕小礼包——安胎有方：坐立行走要小心 / 176

第九章
Chapter 9

孕 8 月：胎儿大小像哈密瓜 / 177

胎儿发育指标 / 178

孕妈妈体态指标 / 178

第一节 饮食方案：“养”一个健康宝宝 / 179

饮食总则：本月孕妈妈饮食指导 / 179

过多服用鱼肝油会导致胎宝宝畸形 / 180

一箭双雕，香菇预防感冒又补钙 / 180

饮食宜忌，孕 8 个月忌食食物 / 181

※幸孕小礼包——优生食谱，怀孕了怎么吃 / 182

第二节 胎教方案：“预订”一个聪明宝宝 / 185

对话胎教：扩大对话的内容和范围 / 185

味觉胎教：享受自然香味有利于胎教 / 186

想象胎教：用意象塑造理想胎宝宝 / 186
美术胎教：可以陶冶胎宝宝的情操 / 187
※幸孕小礼包——助力胎教，准爸爸怎么做 / 188

第三节 保健方案：听人劝好孕常相伴 / 189

孕味十足，防止体重增长过快还气短 / 189
果蔬，孕妈妈的天然“美容师” / 190
久坐久站当心患静脉曲张 / 192
听人劝，孕妈妈不宜穿长筒紧袜 / 192
安全提示，预防早产是重中之重 / 193
※幸孕小礼包——安胎有方：家庭和谐 / 194

第十章
Chapter 10

孕9月：胎儿大小像西葫芦 / 195

胎儿发育指标 / 196
孕妈妈体态指标 / 196

第一节 饮食方案：“养”一个健康宝宝 / 197

饮食总则：本月孕妈妈饮食指导 / 197
食物大盘点，本月要多吃健脑食物 / 198
补钙，选食有方法，烹调有技巧 / 199
妊娠心烦，在饮食上应注意的问题 / 200
※幸孕小礼包——优生食谱，怀孕了怎么吃 / 201

第二节 胎教方案：“预订”一个聪明宝宝 / 204

音乐胎教：放松身心产前多听巴赫曲 / 204

情绪胎教：小动作缓解大压力 / 205
游戏胎教：和胎宝宝一起玩“捉迷藏” / 206
※幸孕小礼包——助力胎教，准爸爸怎么做 / 207

第三节 保健方案：听人劝好孕常相伴 / 208

特别叮咛，为分娩做好“两手”准备 / 208
产前检查，着手进行分娩前准备 / 209
夏季宜忌，给孕妈妈生活的特别叮咛 / 210
冬季宜忌，给孕妈妈生活的温馨提醒 / 210
非病情急需，尽量不做 CT 检查 / 211
※幸孕小礼包——安胎有方：散步 / 212

第十一章
Chapter 11

孕 10 月：胎儿大小像西瓜 / 213

胎儿发育指标 / 214
孕妈妈体态指标 / 214

第一节 饮食方案：“养”一个健康宝宝 / 215

饮食总则：本月孕妈妈饮食指导 / 215
产前宜用饮品家庭自制大荟萃 / 216
镇静安神，孕妈妈临分娩前怎么吃 / 216
巧克力，促进分娩食品宜与忌 / 217
※幸孕小礼包——优生食谱，怀孕了怎么吃 / 218

第二节 胎教方案：“预订”一个聪明宝宝 / 220

音乐胎教：建议采用“母教子唱”法 / 220

语言胎教：良好沟通是胎教的润滑剂 / 221
情绪胎教：平静的孕妈妈分娩更顺利 / 221
学习胎教：与胎中宝宝一起“读书” / 222
※幸孕小礼包——助力胎教，准爸爸怎么做 / 223

第三节 保健方案：听人劝好孕常相伴 / 224

算一算：离预产期还有多少天 / 224
临产检查，注意分娩的几种征象 / 225
即将临产，准备产妇用品和婴儿用品 / 226
临产前，准爸爸和家人必知的几件事 / 227
户外运动，临分娩孕妈妈别做宅女 / 228
别紧张别害怕，减轻产痛有方法 / 229
自然分娩和剖腹产：你自己看着办 / 229
丈夫须知，不可不知的陪产常识 / 232
※幸孕小礼包——安胎有方：关注临产征兆 / 233

第十二章
Chapter 12

月子期：该怎么度过更合适 / 235

新生宝宝身体指数 / 236
产妇生理变化指数 / 237

第一节 初为人母：月子怎么照顾宝宝 / 238

如何正确包裹新生宝宝 / 238
如何给新生儿洗脸洗头 / 239
如何给你的宝宝换尿布 / 240
如何护理宝宝的口腔 / 240
如何用奶瓶给宝宝喂奶 / 241

如何防止婴儿发生窒息 / 241
如何防止宝宝的脑型不正 / 242
如何科学给宝宝拍打嗝 / 242
※新妈咪小礼包——教你看新生儿的健康状况 / 243

第二节 饮食调养：家人怎么照顾月子 / 245

饮食总则：月子期的饮食指导 245
产后吃什么身体恢复得快 / 247
想减肥，月子期如何吃蔬菜 / 248
产后喝红糖水要适可而止 / 249
产后吃青菜不会使人患痨病 / 250
产后吃鸡蛋远非越多越好 / 250
产后吃水果无须怕这怕那 / 251
产后为什么多吃芝麻好 / 251
产妇月子期间饮食宜忌 / 251
※新妈咪小礼包——月子食谱，坐月子怎么吃 / 253

第三节 贴心叮咛：听人劝身体恢复如心愿 / 257

坐月子不等于卧床休息一个月 / 257
对号入座，4 种坐月子方式 / 258
月子期常用物品准备 / 260
产妇坐月子要顺应四季寒温 / 261
“捂月子”是不可取的旧俗 / 262
特别行动，产后护理好会阴部 / 263
母婴睡在同一个被窝不妥 / 263
迎接宝宝，别忽视产妇情绪 / 264
※新妈咪小礼包——产后操帮你远离分娩后遗症 / 265

第十三章
Chapter 13

异常排解：生活调理方，疾患一扫光 / 267

第一节 排解孕期不适，躲避孕期“险情” / 268

孕期感冒 / 268
孕期高烧 / 269
孕期失眠 / 269
孕期疲倦 / 269
孕期多汗 / 270
孕期眩晕 / 270
胃肠胀气 / 271
尿频尿痛 / 271
孕期水肿 / 272
背部疼痛 / 272
腿肌痉挛 / 273
肋缘疼痛 / 273
静脉曲张 / 274
孕妈妈痔疮 / 274
妊娠贫血 / 275
产后肥胖 / 275
孕期腹泻 / 276
孕期便秘 / 276
孕妈妈尿频 / 277
孕期鼻出血 / 277
妊娠糖尿病 / 278

孕妈妈牙周炎 / 279

孕妈妈尿失禁 / 279

孕期流涎症 / 280

※幸孕小礼包——孕后身体护养六重点 / 281

第二节 远离“月子病”，排解月子烦心事 / 285

产褥期感染 / 285

产后身疼 / 286

产妇痔疮 / 286

产后贫血 / 287

产后脱发 / 287

乳头皲裂 / 288

阴道出血 / 288

产后多汗 / 289

产后牙齿松动 / 289

产后颈背酸痛 / 290

产后乳房胀痛 / 290

子宫复原不全 / 291

产后小便不畅 / 291

产后阴道松弛 / 292

产后性欲低下 / 293

会阴伤口疼痛 / 293

产后抑郁症 / 294

※新妈咪小礼包——食物防治妇科病 / 295

附录一 孕产期禁用西药明细 / 297

附录二 孕产期慎用的中成药 / 301

第一章

有备而孕，助你怀上最棒一胎

“计划”生育——从单身到二人世界之后，一场向三口之家看齐的目标在夫妻的一次次恩爱中被酝酿。“造人”是一项伟大的工程，不可草率，更不可听天由命。“80后”乖乖女远离孕前焦虑，和老公一道，掌握备孕常识和给力的优生方法，做好心理、生理等各方面的准备，迎接最健康、最聪明宝宝的到来。

第一节 妈妈没有告诉你的孕育常识

女儿是妈妈的心头肉，因为同为女性，除了血缘之亲外，共同的生理变化，还有怀孕、生育等不可推卸的角色担当，往往在很大程度上，使妈妈成为了女儿最亲密无间的“老师”、“闺蜜”，但相对于大多数妈妈而言，毕竟没有经受专门的生理训练，除了“经验”之谈外，对孕育难有专业、系统的知识传授。因此，集中搜罗，告诉你一些妈妈没有告诉你的孕育常识，变得必要而且迫切。

节食瘦身——骨感女备孕该怎么调理

减肥有错吗？没有错。如果把握分寸还能有益健康；苗条有过吗？没有过。但如果骨头高凸，怕是健康流逝，自然也会对生育产生影响。瘦跟生育有什么关系呢？

很简单，人体有意地节制饮食摄入，会使大脑皮层对下丘脑摄食中枢和饱食中枢的控制发生失调，结果导致体重下降。如果体重下降太多，就会导致闭经，而闭经时间过长，会使女性体内的雌激素水平下降，导致生殖器官发生萎缩，难以受孕。

建议与释惑：从现在开始，每天注意摄取优质蛋白质和富含脂肪的食物，如瘦肉类、蛋类、鱼类，不要再节食，以免身体太瘦而难以受孕。

附件炎——患有附件炎能否正常怀孕

前些日子，因为身体不适，结果查出患了附件炎，这种情况目前是否适宜怀孕？应该怎样治疗？卵巢或输卵管发生炎症，容易造成管腔部分或完全不通，从而影响精子与卵子结合，或影响受精卵向子宫方向运行。当然，这样的情况并非是一概而论。如果病变是双侧性的，容易导致患者难以受孕。一旦患病就要积极治疗，及时控制病情发展，避免输卵管发生粘连。如果输卵管已经完全不通，可以通过内窥镜的疏通作用使管腔重新畅通。

性交后出血——阴道出血影响怀孕吗

阴道出血是他用力过度吗？每次与丈夫同房后，阴道总是有一点点出血，老公也开玩笑说“以后要怜香惜玉一点”，但还是担心。造成这种情况正常与否，是很多有类似情况女性关注的问题。

通常情况下，性交后阴道发生出血，可能与性交姿势或位置不当造成阴道损伤，导致阴道出血有关，也可能是生殖器官存在着某种疾病，如阴道炎、重度宫颈糜烂或息肉等。因此，准备怀孕前最好先去医院做一些相关的检查，找出阴道出血的原因，积极进行治疗，待病情得到控制或治愈后再考虑怀孕。否则怀孕后会影响母体健康和胎儿正常的生长发育。

连续流产——多次流产该做什么检查

生活中常常有这样的情况：多次怀孕，结果多次流产。类似情况的妇女，如果要做身体检查，到底该查点什么项目？如果几次怀孕后，都不明原因地在孕早期发生流产，可能是习惯性流产。再次怀孕前，夫妻双方应先到医院做一些详细检查，如全身性疾病检查、染色体检查、妇科检查、精液检查以及卵巢功能测定、血型是否相合等。一旦查明原因，就要采取针对性的措施治疗，避免怀孕后再次发生习惯性流产。

营养素片——工作忙也不宜长期服用

现如今，“忙”成为了大家的主旋律，女性也不例外。即使就要筹备怀孕了，但工作一点儿不能耽误，为了补充营养，很多人看中了复合营养素片。虽然复合营养素片含有益于人体健康的成分，但如果经常服用营养素片，可能会使女性发生排卵问题。

最好在医生的建议下服用营养素

研究发现，如果女性一个星期服用6次以上复合营养素片，大约会有40%的人会出现排卵问题。因为，过量服用复合营养素片，复合营养素中的叶酸会影响女性排卵，其中的维生素C会引起子宫颈黏液的改变，阻止精子穿透。所以，在怀孕期还是应该注意从饮食上摄取各种营养素，不宜长期服用营养素片。

带环受孕——带环受孕对宝宝有影响吗

目前，很多人认为，因为避孕环能长期放在身体里，说明它很卫生安全，因此如果意外怀孕对宝宝不会有什么影响。事实上，作为异物放在子宫里，就是通过干扰受精卵着床而达到避孕的目的。无论放置时间长短，都会对子宫内膜有一定的损害和影响，这对于胚胎及胎儿的生长发育都不利，其后果是非常不好的。因此，曾经带避孕环的女性，在计划怀孕时，待取出环后还要经过一段时间再怀孕，以给子宫内膜一个恢复的时间。一般来讲，取掉避孕环后2～3次月经后再怀孕为宜。

近视遗传——丈夫近视孩子就近视吗

准备怀孕了，很多小两口都有这样的顾虑，老公或者老婆如果是近视，或者说是高度近视，那么，所生的宝宝会患上高度近视吗？有多大的比例？对宝宝的爱和担心都可以理解，大家知道遗传有稳定性也有变异性。约有三种情况可供参照：

一种情况是高度近视的患者与非高度近视的人结合，所生孩子患高度近视的几率为1/2，其他1/2为高度近视基因携带者。

另一种情况是如果父母都是高度近视眼，所生孩子都是高度近视。

还有一种，如果父母都不是高度近视，但体内如果携带高度近视的基因，所生孩子患高度近视的几率为1/4，其中1/2为高度近视基因的携带者。

电子产品——办公文秘提早暂离岗位

有患者这样自述：

我在一家公司里做文秘工作，每天大量时间都在与复印机、电脑、打印机等现代化办公设备接触。去年我曾经怀过一次孕，但却在第11周时流产了，是否与密切接触这些电子设备有关？另外，我打算今年怀孕，应该注意些什么？

研究表明，一些职业对人生育能力有一定影响，如工作在高压线、变电站、雷达站、电磁波发射塔；从事毒理实验室的研究人员以及接触铅、汞、苯、镉、锰、砷、有机溶剂、高分子化合物；工作中经常需要使用电子仪器、医疗设备、办公自动化设备等。这些职业环境中的有毒物质，会损伤精子或卵子，可能造成染色体发生畸变。

建议从事以上职业的夫妻，尤其是女性，如果条件允许的话，最好从孕前6个月暂时离开工作岗位一段时间。

手提电脑——男性当心精子数量减少

要怀孕，远离辐射，但往往很多男人自持身体不错，多不放在心上。美国一项最新研究显示，男性频繁地使用手提电脑，可能会使其生育能力受到影响，对年轻男子的影响更明显。

进一步研究显示，用电脑的方式，往往是主要诱因之一。比如将手提电脑放于双膝之上，以及手提电脑所产生的热量，都会导致阴囊的温度上升，差不多升高3℃左右，而睾丸温度上升1℃就足以抑制精子，造成精子数量减少。因此，准备让妻子受孕的丈夫，要注意避免长时间使用手提电脑，特别是避免采取紧闭双腿并将其放于双膝之上的姿势。

夫妻血型不合——准备怀孕应怎么做

所谓妻子与丈夫血型不相合，其实是指母婴血型不相合。对于ABO血型系统而言，O型血女性与O型血以外的男性结合时，血液会产生抗体。这些抗体经过胎盘进入胎儿的血液循环，会破坏胎儿血液中的红细胞，导致胎儿出生后发生溶血。对于Rh血型而言，如果女性是Rh阴性血型，与Rh阳性男性结合后生出一个Rh为阳性的胎儿，可能会发生早期流产、死胎或新生儿溶血。

孕前夫妻最好先去医院测查一下血型，特别是以往发生过不明原因的流产、死胎及新生儿重度黄疸等情况。如果夫妻血型不相合，可以在准备怀孕前进行必要的检查和治疗。

孕前夫妻用药更需谨慎

对于用药，往往夫妻会在孕前孕后出现两个容易被忽视的问题：重视孕后轻视孕前；再者，重视女性，轻视男性用药影响。

母体是宝宝的“家”，所以，很多时候，在孕前孕后对女性用药会很在意，很警惕，但对男性用药却大多不放在心上。其实不然，尤其在孕前，有些药物对精子有很大的损害作用，一旦受孕，就会影响受精卵的质量。

另外，含有药物的精液会在性生活时射入阴道，经阴道黏膜吸收后进入女性的血液循环，对受精卵造成损害，导致低体重儿和畸形儿的发生几率增大。因此，孕前3～6个月夫妻双方都要避免使用这些药物。具体参照如下：

1.丈夫——影响精子质量的药物

咖啡因、壮阳药、吗啡、类固醇、利尿药、抗组胺药、抗癌药等，这些药物不仅可导致新生儿出生缺陷，还可导致婴儿发育迟缓、行为异常等。

2.妻子——影响生殖细胞的药物

激素类药物、某些抗生素、止吐药、抗癌药、安眠药等，都会对女性生殖细胞产生一定程度的影响。因此，如果有长期服药史的女性，或者在计划怀孕期内自行服药的女性，一定要避免服用药物标识上有“孕妇禁服”字样的药物，尽可能要咨询医生，最终确定安全受孕时间，决不能因为是“小病”就抱有侥幸心理，特别要提醒的是，如果长期使用药物避孕工具和口服避孕药物，应在停药后6个月再怀孕。

第二节 提高孕力，“有备而孕”更给力

时间一天天过去，什么时候生育更合适，吃什么食物，做什么运动，如何穿衣打扮更能带来好“孕”气……智慧的选择能很好地呵护好卵巢功能、子宫环境，调整好生活习惯，降低压力指数，这些都能提升你的“孕”力，不仅给自己好身体，让孕程一路畅通，同时，还有助于未来宝宝的健康、聪明。

生育黄金期——别与老公为事业忙过了头

为了生活不忙不行，一项工作忙，还有兼职做多项工作的就更忙。也因此，一晃过了30岁生育年龄警戒线的“高龄产妇”增多。对此，人们长期以来一直存在认识误区：认为女性年龄大对生育影响很大，而男性无关紧要。美国优生学家在排除母亲年龄和种族因素的影响外，采取3种统计学方法对这一问题进行了研究。经过分析后发现，健康出色的孩子与父母生育时的年龄及年龄组成关系密切。一般认为，父亲年龄在30岁左右，所生的孩子健康、出色的可能性最大。同时还发现，男性的年龄超过40岁时生育，胎儿发生畸形的危险性比年龄小于40岁的男性所生的孩子增加20%，其中有几种常见的先天发育缺陷与父亲年龄超过35岁有显著关联。

女性呢？多少岁是女人生育的“黄金期”，如果从纯生物学上来说，25岁左右是女性最佳生育年龄，这时子宫颈管弹性好，容易扩

张，子宫肌肉收缩有足够力量，容易平安分娩。如果结合社会、心理因素考虑，女人最理想的生育年龄则在25～30岁，这时女性的心理、生理已十分成熟，最适合孕育宝宝。一旦跨入35岁，就算是高龄产妇了，不仅受孕几率变小，自然流产率也大幅增加。

排卵期——少吃药算准排卵期交好“孕”

现在，快节奏的年代，很多人在解决生育相关问题的时候，也往往采取类似的做法，你可能听说很多可以帮助怀孕的药物，但是这里提醒你：在选择之前，一定要慎重咨询医生。其实，想生宝宝，最关键也是最简单的方法就是准确掌握排卵周期。

一项对卵子的研究显示，一个卵子一般只能存活12～24小时，所以排卵后行房达不到受孕的目的。精子存活时间长达72小时，在排卵之前每3天同房一次比较容易受孕。所以，如果选择在排卵期间，1～2天同房一次。尤其是选择男性睾丸激素分泌和精子活跃的清晨，则更容易受孕。来月经之前的14天开始排卵，如果你的生理周期长度为24～30天，那么你的排卵期大约在第10～16天之间。

在排卵期同房，不仅怀孕几率大，而且容易生出健康聪明的孩子。那么，怎样推测出排卵期呢？这并不难。受雌激素的影响，白带在一个月经周期中会发生变化。月经后随着雌激素的增多，黏液开始增多，到排卵前黏液量更多，且清亮透明、质稀薄似鸡蛋清，延展性增高，用拇指、食指可将黏液拉成长丝。根据黏液的这些特征，就可以大致推测出排卵期。

碘——宝宝更聪明的智力营养素

当你准备要个小宝宝的时候，你一定希望他健康、聪明，而这些先天性体质往往从成为受精卵的那一刻起就已经决定了。所以，孕前也千万不要忽略智力营养素——碘的摄取。

碘是人体合成甲状腺素不可缺少的原料。而甲状腺素参与脑发育期大脑细胞的增殖与分化，是具有决定性因素的营养成分。科学研究认为，补碘孕妈妈生出的孩子，体重、身高及智商水平均高于未补碘孕妈妈生出的孩子。因此，孕前补碘比怀孕期补碘对下一代脑发育的促进作用更为显著。

【补充方法】

（1）经常吃一些富含碘的食物。如紫菜、海带、裙带菜、海参、蚶、蛤、蛏子、干贝、海蜇等，以满足体内碘的需求，促使胎儿大脑得到充分发育。

（2）食用碘盐。买回的碘盐，平时一定要盖上盖子，防止碘挥发掉。炒菜时，要在菜临出锅时再放盐。

（3）如果居住的地区是碘缺乏地区，孕前最好先检测一下尿碘水平，以判明身体是否缺碘。如果缺碘可以在医生指导下服用含碘酸钾的营养药。

【补碘食谱】

食方一：凉拌海带丝

【原料】海带150克，香菜1棵；调料：盐、香油、醋。

【用法】将海带洗净后，剪短些，放在开水锅中煮熟，取出后泡在凉水中。再将海带捞出放入盘中，撒上切碎的香菜。依次放入盐、香油、醋调味。

【功效】海带含有丰富的碘，同时还有排除体内毒素的功效，可谓一举两得。

食方二：紫菜鸡蛋汤

【原料】紫菜10克，鸡蛋1个，香菜1棵；调料：香油、盐、葱、姜。

【用法】将水煮开后，放入水淀粉、葱末、姜末。再将紫菜撕碎些，放入锅中。鸡蛋打入碗中，搅匀后，慢慢倒入锅中。放入盐，关火。最后放香菜、香油调味。

【功效】紫菜含碘高，补碘效果好。

叶酸——胎儿发育中必不可少的营养素

叶酸对细胞的分裂、生长及核酸、氨基酸、蛋白质的合成起着重要的作用，是一种B族维生素，是胎儿生长发育中必不可少的营养素，若不注意孕前与孕期补充叶酸，会影响胎儿大脑和神经管的发育，有可能造成神经管畸形，严重者可致脊柱裂或无脑畸形儿。

【补充方法】

（1）从准备怀孕前3个月开始每天服用1片0.4毫克叶酸片或1片含0.4毫克叶酸的复合营养素，直至怀孕满3个月。

（2）多吃富含叶酸的食物，如红苋菜、菠菜、生菜、芦笋、龙须菜、油菜、小白菜、豆类、酵母、动物肝、香蕉、橙汁等。

（3）孕前及孕期的女性可以每天吃一根香蕉，其富含叶酸。

【叶酸食谱】

食方一：鸡蛋菠菜

【原料】鸡蛋2个，菠菜200克；调料：盐、生抽。

【用法】将鸡蛋打入碗中，搅匀。锅中放油，油热后，放入打好的鸡蛋，稍凝固后搅成块状，盛出。锅中放油，油热后放葱爆香，随后放入菠菜。菠菜变软后放入鸡蛋、盐、生抽，马上起锅装盘。

【功效】菠菜中含有丰富的叶酸，同时还有补铁的作用。

食方二：蚝油芥兰

【原料】芥兰100克，蚝油1汤匙。

【用法】将芥兰洗净后用热水烫熟，捞出后立即浸泡在水中。将泡凉的芥兰捞出切成段，再淋上蚝油即可。

【功效】芥兰含有叶酸，凉拌的做法能最大限度地保存营养。

锌——促进脑神经细胞与蛋白质合成的营养素

锌在促进脑神经细胞核酸的复制与蛋白质的合成中扮演着重要角色。锌是人体100多种酶或者激活剂的组成成分，对胎儿尤其是胎儿脑的发育起着不可忽视的作用。一旦机体缺锌，众多酶不能发挥其作用，不仅影响脑细胞的分裂与数量，还会对胎儿的视觉、性器官的发育也有影响。易造成生命代谢障碍。因此，建议孕妈妈每天至少需要摄入100毫克锌。

【补充方法】

（1）孕前及孕期多摄入富锌食物，如牡蛎、干贝、海带、黄豆、扁豆、麦芽、黑芝麻、南瓜子、瘦肉等。

（2）可以选用强化锌盐。

【补锌食谱】

食方一：豆腐干木汤

【原料】日本豆腐、干贝、木耳、香菜；调料：上汤、葱、姜。

【用法】把日本豆腐及洗净去蒂的黑木耳切丝，用冷水泡发，葱、姜切丝备用。干贝蒸软，凉后搓碎，上汤烧开后下入各种配料。烧开调味、勾芡，最后撒入香菜末。

【功效】豆腐、干贝和木耳是食物中补锌的高手，清淡鲜香的口味，也肯定能讨得妈妈的欢心。

食方二：桃仁炖乌鸡

【原料】乌鸡半只，核桃仁75克；调料：枸杞、葱、姜、花椒、绍酒。

【用法】乌鸡洗净切块，在水中煮开，去浮沫。加核桃仁、枸杞、花椒、绍酒、盐、葱、姜等，同煮。再开后转小火炖，至肉烂。

【功效】配合核桃仁，能大大提升乌鸡的补锌功效。

维持健康体重——太胖太瘦都是过

研究发现：太重或者太轻的人都不容易怀孕。以前人们认为只有在经期不规律的情况下，肥胖才会影响受孕；但是，新的证据显示，经期规律的女性也会受影响。有多大影响呢？如果是第一次怀孕，而你又超重的话，你每个月经周期怀孕的概率会减少8%。如果你肥胖，这种概率则会减少18%。如果这不是你第一次怀孕，这些数字会更高，超重是16%，而肥胖则是34%。不孕的风险似乎是随着肥胖程度而增加的。也就是说，体重越重，问题越大。

那么，你应该减掉多少合适呢？与其单单关注体重，不如来看看你的体重指数（BMI），它衡量的是体重与身高的比率。医生指出，体重指数在20～30最容易成功怀孕。具体到你个人，你可以用我们的体重指数计算器计算你的体重指数。或者，如果你愿意琢磨这些数字，就用你的体重（千克）来除以你的身高（米）的平方，举例来说，如果你1.7米高，60千克重，你的体重指数就是60除以1.7^2，约等于21。

研究显示，开始怀孕时体重低的女性生出低体重儿的风险会增加。还有一项研究发现，低体重女性有72%的高流产风险。可见，在怀孕前使你的体重达到健康范围不仅是健康的需要，也是助你好“孕”的需要。

排除毒素——夫妻多吃的几种食物

德国专家做过这样一项对比研究：他们将参加试验的女性分成两组，其中一组除了吃少量乳酪和牛奶外，其他食物全部是素食；而另外一组则正常进食。在为期6周的减肥计划结束后，研究者发现，两组试验者的体重都下降了同等幅度，并且在运动量相同的条件下，吃全素的减肥女性中有78%的人出现了停止排卵的生理现象，而且几乎全组人的月经周期都比正常时间短。但是在正常饮食的一组中，67%的女性排卵正常，月经周期也没有明显变化。

因此，建议备孕的夫妻应多吃一些具有排毒润肠作用的食物。比如，可帮助排泄身体内的废物及毒素的紫菜，所含"亚麻仁油酸"可以祛除附在血管内胆固醇的芝麻，富含钾元素对心脑血管病患者有益的香蕉，被称为是胃肠"清道夫"、"血液净化剂"的魔芋，有大肠"清道夫"之称的糙米，等等。

享受性运动——打开精子的方便之门

调查发现，保持规律性爱女人的身体年龄比没有规律的女人年轻2.5岁。除了更热爱生活，有规律的高潮体验能增加阴道和子宫颈的分泌物，这些分泌物可以充当精子的护驾使者和开路先锋，减弱阴道内的酸性环境，使精子容易存活。而且，性兴奋时，宫颈口也会为精子打开方便之门，利于精子进入而使受孕成为可能。

享受"性"福生活，千万不能"暴饮暴食"。切不可要么不动，要么一动就恨不得把自己累到七窍生烟。专家说运动是细水常流的功课，长期久坐会导致淋巴或血行性栓塞，使输卵管不通。即使是日常的运动也要注意，建议无限推迟孕育计划的女人更应保持每天30分钟左右的运动时间。或者至少每40分钟站起来舒展一下身体。例如下班后的散步、游泳、瑜伽等都能有效改善因久坐造成的循环障碍，让你的孕力保持良好状态。

好好避孕——保护好自己的孕资源

经期可以做爱吗？尽管还众说纷纭，但一种负责任的建议是：如果你很在意自己的孕力的话，就不要冒险。专家发现，经期生殖道黏膜处于损伤状态，如果做爱，就会为精子及其抗原进入血液，精子与免疫细胞接触大开方便之门，容易产生ASAb抗体。一旦产生了这种抗体，就会让射入体内的精子凝集，失去活动力，也就无法成功受孕。在原因不明的女性不孕者中，约有80%的人在血清检查中发现了ASAb抗体。

此外，要认真咨询医生，以便科学选择适合自己的避孕方式，因为频繁意外怀孕后的反复流产是对孕力最大的透支。专家说，钳刮子宫内膜，使子宫壁变薄，内膜越来越少，甚至因为刮宫过重，累及部分子宫膜的基底层，使受精卵很难着床。其次，堕胎术后易感染，引起妇科炎症，进而影响精子的活动力和生存时间，一样降低孕力。

阴道冲洗有节——讲卫生防止过犹不及

日常生活中，对阴道冲洗源于一个错误的认识：性交后进行阴道冲洗能起到避孕和预防性病的目的。有关专家的回答是：否。这是因为性交后，精子在几分钟的时间里就可穿过子宫颈管而到达宫腔，而在有限的几分钟内，女方很难在男方射精后及时地完成整个阴道冲洗操作，因此，性交后靠阴道冲洗来避孕是靠不住的。同样道理，如男方患有淋病、

非淋菌性尿道炎等性传播疾病，性交后淋病原微生物在几分钟内便可在子宫颈和阴道黏膜内潜伏下来，而这时企图借助于阴道冲洗来预防性病，自然也将无济于事。

相反，常用冲洗器具冲洗者，发生宫外孕的危险性是从来不做阴道冲洗者的3～4倍。另外，阴道冲洗还有可能会成为输卵管炎、盆腔炎的诱因。所以，患妇科炎症请及时就诊。当然，对于阴道冲洗也不能“一棒子打死”，全然否定。在反复进行性交的情况下或同时使用杀精子避孕药膏的情况下，阴道内可能有某种不适感，这时可考虑采用阴道冲洗。不少妇女反映在进行阴道冲洗后局部可有一种清爽感。但即便如此，也不能把阴道冲洗当做“家常便饭”。当然，在罹患滴虫性、霉菌性和老年性阴道炎的情况下，阴道冲洗往往成为有效的辅助治疗手段。

专家建议：冲洗用的水应该是温和的，无论在什么情况下也不能用热水；冲洗用的吊筒不可放置过高，一般距大腿上方的距离不要超过70厘米；冲洗的同时不能挤压子宫；在怀孕、发烧时禁止阴道冲洗；如果冲洗后出现疼痛、体温增高和阴道血性分泌物都应停止冲洗并及时请医生处置。

提高孕力——在生理节律高潮时受孕

想拥有健康聪明的宝宝，除了年龄时机、后天培养、孕期营养的选择之外，也不要忽视受孕时间！合适的受孕时间里孕育的宝宝会更健康、更聪明。科学研究表明，每个人从出生起一直到生命终止，身体内一直存在着体力、情绪及智力三方面的周期性变化，这种周期性的变化为人体生理节律。

人体处于生理节律低潮期或低潮与高潮期临界日时，身体易疲倦，并情绪不稳、做事效率低、注意力难以集中或健忘、判断力下降。同时，身体抵抗力下降，易被病菌侵扰，感染疾病的几率增大。受孕时，如果夫妻一方处于高潮，另一方处于低潮，易生出健康和智力情况一般的孩子；如果夫妻双方都处于低潮期或低潮与高潮期临界时，易生出体弱、智力有问题的孩子。

找到生理节律的高潮时间

1.找出夫妻双方生理节律高潮时间。一般来讲，体力生理节律周期为23天，情绪生理节律周期为28天，智力生理节律周期为33天。每一种生理节律都有高潮期、临界日及低潮期，临界日是指每个周期最中间的那一天，也就是低潮与高潮临界时间。三个生理周期的临界日分别为11.5天、14天及16.5天，临界日的前半期为高潮期，后半期为低潮期。如果夫妻能在3个节律的高潮期时间里受孕，孕育出的孩子往往身体健康，智力较好。

2.可通过万年历计算人体节律周期。人体生理节律周期的计算，是从出生那天起一直计算到受孕那天为止的总天数，还需加上闰年所增加的天数。然后，分别除以23、28、33这三个数字，通过所得余数大小便可得知身体分别处于三个节律周期的哪一阶段。余数等于临界日的天数为临界日，余数小于临界日为高潮期，余数大于临界日为低潮期。

研究证实，夫妻双方在身体不疲劳并情绪愉快时无忧无虑地同房受孕，这种身心俱佳的状态，会使内分泌系统分泌出大量有益于健康的酶、激素及乙酸胆碱等，使夫妻双方的体力、智能处于最良好状态。这时，性功能最和谐，非常容易进入性高潮，形成优良的受精卵。

“性”福生活——妻子达到性高潮时受孕

优生学家指出，女性在性生活时达不到性高潮，不利于形成优良的受精卵。因为，性高潮会使精子在阴道中的运动能力增强，同时便于精液贮存于阴道内，还会促使闭锁的子宫颈口松弛张开，易于精子进入。由此，使更多强壮而优秀的精子与卵子有结合的机会，形成优良的受精卵。如何助兴以助性呢？这里提供两个小建议：

1.受孕同房时，可据男性和女性不同的生理特点给予一定刺激。促进男性达到性高潮的最佳刺激是视觉，可有意为丈夫营造这种视觉刺激，如在居室内点上一盏柔和的粉红色小灯；促进女性达到性高潮的最佳刺激是触觉，丈夫更多地对妻子的身体进行触、摸、吻等刺激，促发妻子达到性高潮。

2.同房受孕前，有意在居室里放置一些鲜花，同时播放一些温柔悱的音乐。这样，都会有助于夫妻共同进入性兴奋状态。

“厨”备孕力——婆婆准备的助孕食谱

助孕，食物是最好的药。备孕的未准妈妈，请参照下面为你搜集的婆婆级助孕食谱，推荐率很高哦！快来看看吧。

食方一：当归金银花汤

【原料】当归50克，金银花15克，红枣10颗，黑豆1把，红糖2两，鸡蛋3~5枚。

【用法】当归和金银花用纱布包好和其他几样一起放锅中像煮药一样，最后汤汁够一碗就行。鸡蛋洗干净，煮一会儿后敲碎蛋壳，像茶叶蛋一样，再煮，直到汤汁收到一碗即可。把汤喝完，红枣、黑豆、鸡蛋全都吃完。切记要在月经第一天服用，这一点一定要做到。（不用刚一出血就服用，出血后半天左右服用即可。）

【功效】暖子宫促孕，宫寒者服用。

食方二：红糖生姜水

【原料】250克红糖，姜一块（大约150克，切片或切丝），水适量。

【用法】红糖和生姜加水，隔水蒸30分钟，分成7份，从月经干净后的第二天开始连服7天，最好早上空腹吃。这7天里未准爸妈不要同房，7天后再同房。

【功效】暖子宫促孕，加快身体血液循环。

食方三：水鱼汤（甲鱼）

【原料】一只一斤重的水鱼（野生甲鱼），加上狗杞、山芋肉（不是我们平时吃的山芋，一定要到药店买）、山药各10克。

【用法】甲鱼表皮的那层膜要先用热水烫掉，切成小块，山芋、山药和甲鱼要一起下锅。煮的时候放点姜和葱，煮到40分钟的时候放点猪油，煮好后放盐、味精即可。来月经的第5天吃，味道有点酸酸的，最好连汤带肉全吃光。一般每个周期吃一次即可。如果是卵泡发育不好，可以接着再吃一次。

【功效】暖子宫，活络气血，增加身体能量，促孕。

食方四：阿胶红枣

【原料】阿胶（最好用东阿的）、红枣、蜂蜜各适量。

【用法】处理阿胶，可用说明书推荐的方法，最好是用碎药机打碎；在盆内放大约一斤枣、一盒准备好的阿胶，倒入蜂蜜加入少量的水至刚好没过枣，大火上蒸2个小时，放入冰箱备用。每日用食勺挖一勺放入平日喝水的杯中加热水冲服。

【功效】气虚会影响受孕，这个食方比较适合气血虚的未准妈妈，主要针对月经量少、颜色不正，头晕、手脚冰冷等症状。

食方五：温补鹌鹑汤

【原料】鹌鹑2只，艾叶30克，菟丝子15克，川芎10克。

【用法】鹌鹑宰杀，去毛和内脏，备用；将3味药用清水3碗煎至1碗，用纱布过滤取汁，然后将药汁和鹌鹑用碗装好，隔水炖熟即可。喝汤食肉，佐餐食。

【功效】温肾固脉，可辅治体虚、子宫寒冷、不受孕者。可暖子宫促孕。

幸孕小礼包

生男生女有方法

生男生女都一样，但优生与个人心理来看，却往往各有所愿，各有期待：想有一个能陪爸爸看球赛的棒小子，或想有一个穿着公主裙的小天使。如果能够更大程度地实现自己的心愿，也就让自己在如愿中平添几分幸福。

1.呈碱性的身体环境

根据多年来的研究统计，证明食物的酸碱性确实会影响生男生女的几率，这也是目前普遍认为科学的方式。女性通过调节身体的酸碱环境，多吃碱性食物，而男性则摄取均衡饮食，则能增加生男孩的几率。

碱性食物包括：豆类（带荚或绿色的豆）、蔬菜、水果（香蕉、李子，加工水果除外）、鲜牛奶、谷物（如玉米）、茶、海带、海藻、酵母、碘、钙、维生素D。

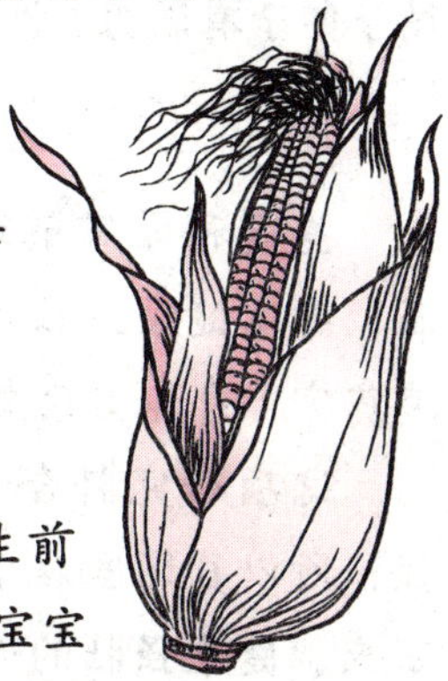

2.夏季或高温的环境

研究表明，男女在性生活发生前的一个月所处环境的温度，是影响宝宝性别的重要因素。高温会影响精子的X染色体，让女宝宝不容易出生；低温会影响精子的Y染色体，让男宝宝不容易出生。

因此，一般来说，夏季或高温的环境容易创造男宝宝。

3.性爱有技巧，要有性高潮

高质量的、和谐的性生活能增强怀男孩的几率。因为女性经性交兴奋、产生强烈快感而到达高潮时，子宫颈管分泌强碱性的液体，使酸性的阴道内呈现碱性，有利于Y精子成长。

同时，国外研究显示，受孕时精子多的易生男孩，精子少的易生女儿。因此性交前男性最好先禁欲几天，这样能产生最大量的精子，且精子的活力大大提高；在性交姿势上尽量采用插入较深的体位，如采用从后插入的姿势，或将女性臀部垫高6～10厘米。

4.男女双方都较年轻

男性的精子数会随着年龄的增加而减少，所以生女孩的几率特别高，这是已被证明的事实。同样的，女性的年龄越大，由于老化作用的影响，会使子宫内的碱性分泌物逐年降低，生女孩的几率也大幅提高。如果想要生女孩，可以适当坚持晚育，想要男孩，一定要趁早，男女双方都年轻，身体状态好，精子卵子有活力，生男孩的几率比较大。

5.健康强壮的身体，富裕的家境

美国科学家最近的一项研究表明，家境宽裕、文化水平高、身体健康强壮的已婚女性，生育男孩的可能性更大；而家境贫穷、身体健康欠佳的女性则更容易生女儿。

这项研究符合进化论原理，很多时候女性的生存能力更强，所以贫困家庭中的女性会生育存活率更高的女孩。而家境富庶、健康强壮的女性更趋向于生儿子，这样就能够保证他们的基因和家族能够代代相传。

6.女性拥有强势、自信的个性

支配欲望强烈、过分自信的妇女，她们的卵子由于男性荷尔蒙偏高，更善于接纳精子中的Y染色体。因此，常常发号施令、大权在握的妇女怀男婴的几率比普通女性更高一些。

同时，最新研究表明，从事如工程师或会计之类的男性化职业，将大大增加孕妈妈生产男孩的几率。因为从事男性化职业的女性往往大脑具有“系统性”，在受精过程中，其子宫内的睾丸激素含量较高，因此增加了胎儿是男性的可能性。孕妈妈想生男孩吗？那就找一份男性化的职业吧。

7.男性防止阴囊温度过高

男性若平时经常穿紧身衣裤会使阴囊温度上升，造成精子数目减少，生男孩的Y精子会先死掉，使得生女孩的几率大增，也可能会暂时不孕。

若想要生男孩，必须防止阴囊温度过高，所以男性要在生活中注意防止阴囊温度过高，不要穿紧身衣裤，不要常蒸桑拿、洗热水澡或做剧烈运动。

第三节 孕前备忘录，和老公一起备孕

掌握了孕育相关知识之后，就该将孕育之事落到实处了，孕前至关重要。每月到底做点什么，不能盲目。什么时候体检，什么时候体检什么项目，如何吃能排除体内毒素，如何健身才能精壮卵肥，如何才能给宝宝和孕妈妈一个良好的孕育环境，这些都要心中有数，让你们小两口有条不紊地完成优生优育。不要太紧张，不会很麻烦，只要按照我们的时间表调整一下日程安排，然后有条不紊，照章行事。

孕前12个月，记录体温变化做基础检查

孕前准备不可小视，对妇女来说，孕前准备更重要。妇女有两次以上习惯性流产或早产者，应把受孕时间往后推移12个月以上。并做好两件事：

本月备忘录

1.记录体温变化

提前1年开始记录体温变化，根据体温的变化周期，你可以更好地掌握自己的生理周期。

2.基础体检

包括妇科检查、血常规、尿常规、肝功、血压、口腔等；如果

家里有宠物的，还要进行特殊病原体的检测（弓形虫、风疹、单纯疱疹病毒等）；另外，还有艾滋病毒的检测。如果发现患有某些妇科疾病，尤其是性传播疾病，以及牙周疾病应及时治疗。

孕前11个月，开始注射乙肝疫苗

我国是乙型肝炎高发地区，被乙肝病毒感染的人群高达10％左右。母婴垂直传播是乙型肝炎重要传播途径之一。如果一旦传染给孩子，他们中85％～90％会发展成慢性乙肝病毒携带者，其中25％在成年后会转化成肝硬化或肝癌。因此还是及早预防。

本月备忘录

1.本月注射乙肝疫苗第一针。

2.按照0、1、6的程序注射。即从第一针算起，在此后1个月时注射第二针，在6个月的时候注射第三针。加上注射后产生抗体需要的时间，至少应该在孕前9个月进行注射。注：这两项疫苗在注射之前都应该进行检查，确认被注射人没有感染风疹和乙肝病毒。

3.免疫率可达95%以上。免疫有效期在7年以上，如果有必要，可在注射疫苗后五六年时加强注射一次。

4.一般3针注射需要4支疫苗，高危人群（身边有乙肝患者）可加大注射量，一般需要6支疫苗。

孕前10个月，莫拿婚检代替孕检

很多人都认为身体不是结婚时刚检查了吗，怀孕还需要做专门检查吗？当然需要。我国婚检主要针对两类遗传病：单基因遗传病和多基因遗传病，必查项目包括血常规、尿常规、粪常规、肝功能、胸部透视、全身体格检查、淋球菌培养和梅毒筛查试验等。常见的严重传染病、性病、艾滋病、肝炎等不但会影响到生育，还会造成孕后畸形儿等先天性缺陷。

本月备忘录

1.婚检不能代替孕检。如果不进行这些传染病的检查，就不能保证完全排除传染病、遗传病、精神病这三大病症。

2.目前孕前体检的主要项目包括妇科检查和病毒遗传检查。病毒遗传检查包括弓形虫、风疹病毒、单纯疱疹病毒、巨细胞病毒、性病5个项目，感染了其中之一就可能导致死胎、早产等。

孕前9个月，这些病怀孕要叫“暂停”

夫妻做孕检之后，结果出来了，如果有些异常，千万不要慌张。不管是两人中的哪一方存在问题，都要冷静对待，配合医生进行治疗。归结起来看，女方患有下面的任一种疾病，那你们的怀孕计划就要暂缓，治疗才是当务之急。

本月备忘录

1.隐匿性梅毒

近几年来，婚检人群中的性病人数年增长率高于50%，其中绝大多数为梅毒，在这些梅毒患者中，比例最高的就是隐匿性梅毒，患者本人全然不知。梅毒是对人体伤害很大的性病。它悄悄地“蚕食”肌体，危害健康，并可传染给配偶，造成流产、早产、死胎、新生儿先天性梅毒等。实际上，这些病看似危害大，只要发现早，治疗及时，是完全可以治愈的。

2.阴道炎

阴道炎最多见的是真菌性阴道炎和原虫类的滴虫性阴道炎，都可引起瘙痒和阴道分泌物增多。应在妊娠前彻底治愈。如果不加治疗就进行分娩，在产道中会造成婴儿感染。

3.结核病

早期结核病往往不易发觉。如果出现持续数日的低热，容易疲劳、咳嗽、咳痰、盗汗等症状，应想到是否患结核病，立即上医院治疗。如果妻子患有传染性结核病，怀孕后可致流产、早产。而如果在孕期服用抗结核药物，务必会影响胎儿的发育，所以应治愈后再考虑怀孕。

孕前8个月，注射风疹疫苗

风疹病毒可以通过呼吸道传播，如果孕妈妈感染上风疹，有25%的早孕期风疹患者会出现先兆流产、流产、胎死宫内等严重后果。也可能会导致胎儿出生后出现先天性畸形、先天性耳聋等。因此，这个环节不能省略。如果在妊娠初期感染上风疹病毒，医生很可能会建议你做人工流产。

本月备忘录

最好的预防办法就是在怀孕前注射风疹疫苗。因为注射后大约需要3个月的时间人体内才会产生抗体。为了保险起见，建议你能给自己留出充足的时间，提前8个月注射风疹疫苗，并在2个月后确认体内是否有抗体产生。如果没有产生抗体，至少在孕前3个月，可以在医生指导下再次注射。

孕前7个月，这些食物帮你排除体内毒素

身体是宝宝的“土壤”，良好的母体健康是宝宝成长的关键。因此，排毒是孕期功课之一。中医认为体内湿、热、痰、火、食，积聚成“毒”，其中宿便的毒素是万病之源；西医则认为人体内脂肪、糖、蛋白质等物质新陈代谢产生的废物和肠道内食物残渣腐

败后的产物是体内毒素的主要来源。所以，在有意识改善环境的同时，要科学选择一些排毒食物，并且坚持运动才是清除毒素的正确方法。

本月备忘录

1.助肾排毒

肾脏通过尿液排出体外，以此来过滤血液中的毒素和蛋白质分解后产生的废料。是排毒的重要器官，黄瓜、樱桃等蔬果有助于肾脏排毒。

黄瓜含有的葫芦素、黄瓜酸等还能帮助肺、胃、肝排毒，通过利尿作用能清洁尿道，有助于肾脏排出泌尿系统的毒素。樱桃有温和通便的作用，是很有价值的天然药食，有助于肾脏排毒。

2.助肝排毒

肝脏是重要的解毒器官，日常饮食中可以多食用胡萝卜、大蒜、葡萄、无花果等来帮助肝脏排毒，以便各种毒素经过肝脏的一系列化学反应后，变成无毒或低毒物质。

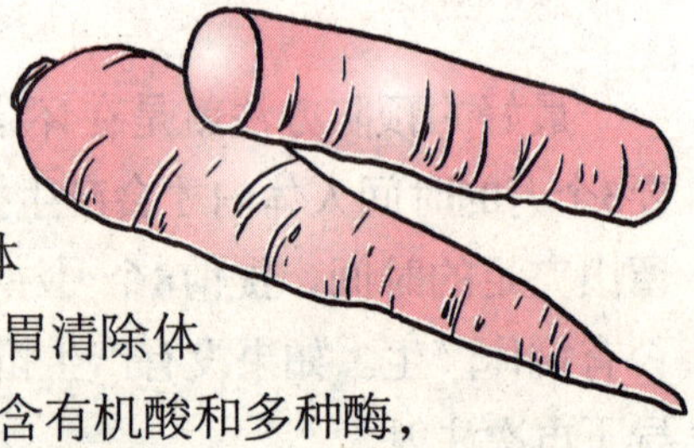

胡萝卜是有效的排汞食物，能有效降低血液中汞离子的浓度，加速其排出；大蒜中的特殊成分可以降低体内铅的浓度；葡萄可以帮助肝、肠、胃清除体内垃圾，还能增加造血机能；无花果含有机酸和多种酶，可保肝解毒，清热润肠、助消化，特别是对SO_2、SO_3等有毒物质有一定抵御作用。

3.润肠排毒

肠道可以迅速排除毒素，但是如果消化不良，就会造成毒素停留在肠道，被重新吸收，给健康造成巨大危害。魔芋、黑木耳、海带、猪血、苹果、草莓、糙米等众多食物都能帮助消化系统排毒。

4.排毒食谱上的其他食物

芹菜：芹菜中含有的丰富纤维可以像提纯装置一样，过滤体内的废物。

苦瓜：苦味食品一般都具有解毒功能。对苦瓜的研究发现，其中有一种蛋白质能增加免疫细胞活性，清除体内有毒物质。尤其女性，多吃苦瓜还有利经的作用。

绿豆：绿豆味甘性凉，自古就是极有效的解毒剂，对重金属、农药以及各种食物中毒均有一定防治作用。它主要是通过加速有毒物质在体内的代谢，促使其向体外排泄。

茶叶：茶叶中的茶多酚、多糖和维生素C都具有加快体内有毒物质排泄的作用。

牛奶和豆制品：所含有的丰富钙质是有用的“毒素搬移工”。

此外，多饮水可以促进新陈代谢，缩短粪便在肠道停留的时间，减少毒素的吸收，溶解水溶性的毒素。最好在每天清晨空腹喝一杯温开水。此外清晨饮水还能降低血液黏度，预防心脑血管疾病。同时，养成良好的生活习惯。比如，每周吃两天素食，给肠胃休息的机会。在日常饮食中控制盐分的摄入，吃东西不要太快，多咀嚼，这样能分泌较多唾液，中和各种毒性物质，引起连锁反应，排出更多毒素。

孕前6个月，牙齿有病治病，无病洗牙

牙齿跟怀孕有什么关系呢？事实上，牙病不仅影响孕妈妈的健康，严重的还会导致胎儿发育畸形，甚至流产或早产。

本月备忘录

1.孕期如果出现牙周和其他牙齿疾病，不管从治疗手段，还是用药方面都会有很多禁忌。因此，检查牙病优先。

2.如果牙齿没有其他的问题，只需要在怀孕之前洁牙就可以了，也就是我们常说的洗牙。

3.如果牙齿损坏严重，只剩下牙根或残缺不同的牙冠，虽然不痛，也应该在孕前拔除。另外，我们称之为智齿的第8颗牙，大部分人都无

法全部萌出，牙齿周围容易积存食物残渣，也是影响健康的隐患，应该在孕前尽早拔除。

孕前5个月，做乙肝和风疹的抗体检测

风疹是一种常见的呼吸道传染病。该病症状较轻，预后良好，易被人们所忽视。但孕期感染了风疹病毒以后，可通过胎盘感染胎儿，导致先天性风疹综合征。先天性风疹综合征的患儿，常常发生各种先天性缺陷及先天性畸形。

本月备忘录

1.育龄妇女进行风疹病毒抗体筛查，抗体阳性者或抗体<1：16，属风疹病毒易感者，应予风疹病毒活疫苗接种，半年后抗体转阴者方可怀孕，此为最有效的预防措施；

2.对孕早期（孕前3个月）的孕妈妈，普遍检测血清风疹病毒IgM抗体，对确诊为初次感染的孕妈妈应劝其中止妊娠；

3.风疹多于春季流行，故此季节孕妈妈，尤其是孕早期，应避免接触风疹病毒患者，尽可能少到公共场所，以减少风疹感染几率；

4.对出生的先天性风疹综合征患儿采取对症治疗。

请注意：孕妈妈不宜注射风疹疫苗，因为风疹疫苗是减毒的风疹病毒制成，为防止对胎儿有危害，不宜给孕妈妈应用。

孕前4个月，制订适度的健身计划

对于一直有运动习惯的女性来说，制订一份孕前健身计划的重点在于：最好这个计划可以一直延伸到怀孕后。长期保持适度的运动，对于女性在孕期里的健康是十分重要的。而对于那些平时就不太爱运动的女性，孕前健身计划就应该选择一项容易坚持、运动强度不大的

项目，例如散步、游泳、瑜伽等。

本月备忘录

1.健身运动并不只是到健身房的跑步机上狂跑半个小时。如每周至少有1～2次慢跑或者游泳，每天中速步行30分钟也可以，但要避免有些太激烈的运动，不要让身体感觉到太疲劳。如果平时工作比较忙，早晚上下班的时间能够坚持步行一个小时也是运动。

2.不要强迫自己，非要让自己痛苦地开始一项新的运动。只要让自己动起来，看电视的时候压压腿、回家的时候爬爬楼都可以成为健身计划的一部分。

3.在计划怀孕前3个月，应注意减少脂肪、淀粉和糖类食物的摄入。

孕前3个月，开始注射水痘疫苗

孕早期感染水痘可导致胎儿先天性水痘或新生儿水痘，如果怀孕晚期感染水痘可能导致孕妈妈患严重肺炎甚至致命。

本月备忘录

准备怀孕的女性至少应该在受孕前3个月注射水痘疫苗。

孕前2个月，安顿宠物，整理居室环境

本月就该处理一下家具环境了，为迎接宝宝的“安家落户”准备一个好的环境。

本月备忘录

1.整理居室环境，以方便怀孕后的行动。

2.把可能绊脚的物品重新归置，留出最大的空间。

3.养成物归其位的习惯。经常使用的物品要放在站立时方便取放的

地方，清理一下床下与衣柜上的东西，调整一下厨房用品的位置。

4.把晒衣架或晒衣绳适当调低，加长灯绳。在卫生间及其他易滑倒的地方加放防滑垫。在马桶附近安装扶手，使孕晚期时更加方便。

5.如果居室通风条件不好，要设法安装换气扇或做其他的改善。尽量使工作环境保持良好的通风状态。

6.适量补充优质蛋白质。与狗、猫、鸟等宠物隔离。

孕前1个月，注重性卫生，补充维生素

孕前一个月，就要受孕了，打扫完外部环境，就应该更加注重内部身体环境。

本月备忘录

1.这个月应该调整一下梳妆台，把美容品、化妆品暂时放在一边，只留下护肤品。因为孕妈妈原则上只护肤不美容。

2.护肤品应选择知名品牌，以防皮肤过敏对胎儿造成伤害。

3.电视、音响、电脑、微波炉、手机都会造成电磁污染，对胎儿发育极其不利。可预先购买一到两套防辐射衣服，保证在家里和办公室都可以防护。

4.准备至少一套孕妈妈服，两双平底软鞋。

5.受孕时间不要选择长途出差、疲劳而归不满两周的时候。

6.避免月圆的时候性交，以免产生低智能儿或者导致畸形。

孕孕小礼包

食养备孕化繁为简

牢记孕前备忘录，并一一照办很重要，这里提供怀孕后孕妈妈保健的数字法则，是从饮食角度的因繁就简。

1.水果一个

做个漂亮妈妈，每天吃含维生素丰富的新鲜水果至少1个，比如苹果、梨。

2.蔬菜两盘

荤素搭配，即使再喜欢吃，也不要常吃一种蔬菜，一天中必须保持在400克左右蔬菜的量。最好有一盘蔬菜是时令新鲜的、深绿颜色的。最好生食一些大葱、西红柿、凉拌芹菜、萝卜、嫩莴苣叶等，以免加热烹调对维生素A、维生素B_1等的破坏。

3.素油三勺

植物油含有不饱和脂肪，对光洁皮肤、塑造苗条体形、维护心血管健康大有裨益。因此，建议孕前每天的烹调用植物油，限量为3勺。

4.粗饭四碗

民以食为天，孕期前后的饮食也是如此。饭食不能太过精细。要克服对精加工主食的嗜好，抵制美味可口零食的诱惑。每天4碗杂粮粗饭能壮体养颜美身段。

5.蛋白质食物五份

低脂肪的植物蛋白质配膳非高脂肪的动物蛋白质，或用植物性蛋白质配膳少量的动物性蛋白质的方法，不仅经济实惠，而且动物脂肪和胆固醇相对减少，被公认是一种“健美烹饪模式”。每天吃肉类50克，当然最好是瘦肉；鱼类50克（除骨净重）；豆腐或豆制品200克；蛋1个；牛奶或奶粉冲剂1杯。

6.开水六杯

补充体液，促进代谢，增进健康。要少喝加糖或带有色素的饮料。茶水和汤水都可以，一般应不少于6杯。

第二章

孕1月：精子和卵子有个约会

孕1月是指最后1次月经的第1天以后的4周。前半月并未受孕；后半月，受精卵着床。这时的胎宝宝只是由受精卵形成的小小胚芽，刚刚开始在妈妈体内“安营扎寨”，一般不会有太大的反应，很多孕妈妈甚至没有意识到自己怀孕了。

胎儿发育指标

胎　长	0～0.2毫米。
胎　重	0～1.05微克。
五　官	嘴、下巴已具雏形。
四　肢	身体尚无分化，四肢尚无。
器　官	心脏第2周末成形，第3周末起开始搏动；脑、脊髓神经系统、血液循环系统器官原型已出现。
胎　动	暂无胎动。

孕妈妈体态指标

体　重	无明显变化。
子　宫	子宫形态尚无明显变化，宫壁变得更软、更厚。
乳　房	乳头颜色变深，乳房稍硬，并且敏感，稍碰即痛。
体　温	基础体温持续3周以上稍高。
妊娠反应	激素分泌失衡，孕妈妈出现了恶心、呕吐症状，或有乏力、畏寒等类“感冒”症状。

第一节 饮食方案：“养”一个健康宝宝

孕育一个健康、聪明的宝宝，是每个孕妈妈的心愿。国际最新研究认为，宝宝的健康和智商更多的取决于母亲的健康和智商，那么怎么吃才是最科学、最安全的呢?

孕1月，吃得多不如吃得好。饮食的原则是易消化、少油腻、味清淡。多吃富含蛋白质、维生素和矿物质的食物，适当吃点香蕉、动物内脏、坚果等。不宜吃芦荟、螃蟹、甲鱼、薏米、马齿苋，以防止流产。

饮食总则：本月孕妈妈饮食指导

在怀孕前1个月或者是更早，夫妻双方都需要增加营养储备，一方面是为性生活提供必要的能量，另一方面也是为提高卵子和精子的质量。确定怀孕后，妊娠初期是胎儿脑细胞形成数目能否达到正常的关键期。因此，孕妈妈更需摄入多种充足的营养素，来确保胎儿生长发育和孕妈妈自身身体的需要。所以无论在量和质的方面，都要比一般人多。每天约需补充500千焦热量，相当食用100克坚果。为了适应母子的需求，合理而全面的营养应当包括：蛋白质、脂肪、碳水化合物、矿物质、维生素和水。

1.叶酸与营养素

在这个时期孕妈妈自身各器官的新陈代谢、胎宝宝的生长发育以及孕妈妈为分娩和哺乳贮存的养料，都需要一定的营养素供给应多吃一些富含叶酸和其他维生素的食物，预防胎宝宝脑神经管畸形的发生。

2.热量需求量

从事轻体力劳动的妇女，每日需要的热量在2000～2500千卡；而孕妈妈需要的热量比非孕期要高25%，即在2500～3000千卡。特别要注意，孕妈妈不能因为担心自身发胖或怕胎宝宝长得过大，有意控制热量的摄入，这对胎宝宝和孕妈妈本身都不利。

3.蛋白质需求量

就一般而言，妇女平均每日需要蛋白质约60克，而孕妈妈需要70～90克。尽量选择易消化吸收、利用率高的蛋白质，如鱼类、乳类、蛋类、肉类和豆制品。

4.锌的摄入

补充含锌丰富的食物，这对提高精子和卵子的质量是有益的。要注意避免食用可能引起胎宝宝畸形、流产和孕妈妈呕吐的食物。各种植物性食物中含锌量比较高的有豆类、花生、小米、萝卜、大白菜等；各种动物性食物中，以牡蛎含锌最为丰富，此外，牛肉、鸡肝、蛋类、羊排、猪肉等含锌也较多。

别着急，孕1月补充叶酸不算晚

怀孕初期第17～30天是胎儿神经管发育的关键期，很多孕妈妈都知道要补充叶酸，以便帮助胎儿神经系统正常发育。明显降低神经管畸形，使无脑儿与先天性脊柱裂胎儿的发生率大大降低。同时，可以使胎儿发生唇裂或腭裂的危险减少50%。而且还可以降低早产及低体重新生儿的危险性。

就一般而言，建议在怀孕前3个月时就应该补充叶酸，而且从怀孕前3个月就开始每天补充400～800微克的叶酸，并一直服用到妊娠2～3个月。如果你还没有补充叶酸也不用过分担忧，从此时开始，每天服用400微克的叶酸，可以预防胎儿大部分神经管畸形的发生。

除服用叶酸片剂外，也要注意在日常饮食中吃一些富含叶酸的食物，比如菠菜、芦笋等，深绿色的蔬菜普遍都含有丰富的叶酸，豆类、动物肝脏以及苹果、酵母等食物也含有叶酸。

要注意的是，服用叶酸应在医生指导下进行，不要擅自加大剂量。目前市场上还有1毫克规格的叶酸片，是每天推荐剂量400微克的两倍还多，但这一规格不一定适用于孕妈妈，因为长期大剂量服用叶酸片对孕妈妈和胎儿会产生不良的影响，所以一定不要擅自滥服。

此外，对于孕妈妈来说，仅仅补充叶酸是不够的，从现在开始必须建立起良好的饮食习惯：有规律地进餐，均衡地摄入各种营养，少吃那些过高油脂和糖分的“垃圾食品”，尽量做到：吃下的每一口，都是优质的营养。

跟进营养，确认怀孕后饮食宜“四多”

妊娠初期，合理摄取营养的重要方法就是平衡膳食，既使摄入的能量适宜，又使营养素之间的比例恰当，同时供给含有各种维生素、微量元素及无机盐的食品。

1.多清淡

孕妈妈易发生食欲不振、轻度恶心和呕吐，此时孕妈妈应注意吃些容易消化、清淡少油腻的食物和符合口味的食物，避免食用过分油腻和刺激性强的食物。

2.多餐

可将每日饮食调整为少量多餐，每天加两三次辅食；为了补充足够的钙质，应多进食牛奶及奶制品。

3.多粗粮

多吃粗粮、甘薯等含糖较多的食物，以提高血糖，降低酮体。

4.多鱼

鱼类营养丰富，滋味鲜美，易于消化，特别适合妊娠早期食用，因此可多吃鱼。

如何喝水，孕妈妈切忌口渴才饮水

日本的一项研究说明：白开水对人体有“内洗涤”的作用。因此，建议每天清晨起床后先空腹喝一杯新鲜的白开水或矿泉水。可以起到洗涤体内器官的作用，而且对改善器官功能、防止一些疾病的发生都有很大好处。

早饭前30分钟喝200毫升25～30度的开水，孕妇饮水应每隔2小时一次，每日8次，共1600毫升。可以温润胃肠，使消化液得到充足的分泌，以增进食欲，刺激肠蠕动，有利定时排便，预防痔疮便秘。清晨空肚饮水能很快被胃肠道汲取进入血液，使血液稀释，血管扩大，从而加快血液循环，填补细胞夜间丧失的水分。

孕妈妈切忌口渴才饮水。道理很简单，口渴实际上表明体内水分已经失衡，已经确定脑细胞到了脱水的程度。

苦甜酸辣咸，孕期营养“五味宜忌”

1.孕妈妈吃“苦”更给力

就保健而言，与良药苦口相近似，很多苦味食品在发挥着较为广泛的治疗、保健作用。其中餐桌上常见的苦瓜、芦荟、苦丁、水箭草、岗梅根、玉蝴蝶等就是很好的养生菜。以苦瓜为例。它除了可以清热消暑之外，还可以起到刺激唾液及胃液分泌、促进胃肠蠕动的作用，对于改善孕妈妈的消化吸收、增进食欲等方面都很有好处。

吃苦宜忌

（1）苦瓜能刺激唾液及胃液分泌，促进胃肠道蠕动，对于改善孕妈妈的消化吸收、促进食欲等方面都很有好处，同时其含有的维生素C比一般瓜类蔬菜高出许多，可提高孕妈妈的免疫力。

（2）苦瓜性凉，脾胃虚寒的孕妈妈不宜过多食用。

2.孕妈妈吃“甜”有节度

众所周知，吃甜食过量是引起高血糖的一个主要诱因，而妊娠糖尿病又是孕妈妈常见的病症之一。研究显示，如果血糖浓度持续增高可导致胎儿巨大，体重可达4000克甚至更多，容易并发难产、滞产、死产、产后出血及感染。因此，无论是糖尿病患者妊娠，还是妊娠后高血糖，为了防止继发各种感染，不可过量食甜。

孕妈妈吃甜食应适量

吃甜宜忌

（1）为了避免体重上升过快，增加分娩的难度，少食甜食，每日食糖量应控制在50克之内。而且要尽量少喝人造饮料，少吃甜食。需要说明的是，甜食除糖类外，还包括蛋糕、水果派、饼干、果酱、加糖的起泡饮料、加糖的水果汁、巧克力、冰淇淋等。

（2）容易饿的孕妈妈，别把糖当零食吃。可采取少食多餐的方法；多吃一些富含纤维素的食品，如谷类、蔬菜等，注意维生素、铁、钙的补充。

（3）想吃水果最好选在两餐之间，每日不超过200克，而且要选择含糖量低的水果，如番茄、黄瓜等。而且要加强血糖测定，一般在怀孕第24周和第28周进行，如果两次空腹血糖均大于5.8毫摩尔/升，可能是妊娠糖尿病。

3.孕妈妈吃“酸”有讲究

怀孕后，多数孕妈妈都爱吃酸味食物，这是因为酸味食物能刺激胃分泌胃液，有利于食物的消化与吸收。比如，酸性食物有利于铁的吸收，有利于钙质增加，从而促进血红蛋白的生成，有利于胎儿骨骼的形成。

吃酸宜忌

（1）孕妈妈要少吃人工腌制的酸菜、醋制品，防止维生素、蛋白质、矿物质、糖分等营养摄取不足，建议选择番茄、橘子、杨梅、石榴、葡萄、绿苹果等新鲜果蔬，这样既能改善胃肠道不适症状，也可增进食欲，加强营养，有利于胎儿的生长。

（2）山楂有可能导致流产和早产，所以，尽管富含维生素C，无论是鲜果还是干片孕妈妈都不能多吃。已往有流产、早产史的孕妈妈更不可贪食山楂。

4.孕妈妈吃“辣”别图爽

辣椒营养丰富，研究显示，每100克辣椒维生素C含量高达198毫克，维生素B_2、胡萝卜素及钙、铁等矿物质含量也很丰富，可以提高机体的免疫功能。而且能帮助调节口味，适当吃些辣椒，有助于增加食欲。吃饭不香、饭量减少时，孕妈妈可以尝试在菜里放上一些辣椒改善一下食欲，增加饭量。但同时有一点，孕妈妈也要注意，做辣椒时一定要掌握火候，因为辣椒本身所含的维生素C不耐热，很容易被破坏，还有最好避免使用铜质餐具。

吃辣宜忌

（1）孕妈妈并不一定要绝对禁止吃辣椒，但一定要适量，以免刺激肠胃，引起便秘、血流量加快等。

（2）超市里卖的老干妈这样经过加工过的辣椒，孕妈妈最好不要吃，因为里面含有亚硝酸盐和防腐剂。

5.孕妈妈吃“咸”别超标

孕妈妈爱吃咸，则透露出怀孕期间胃口的改变，饮食上喜好重口味无伤大雅，但必须注意盐分的摄取不应过量。如果接受不了苦味，烹饪前可将苦瓜切好后放入少量食盐渍一下，将汁滤去。

吃咸宜忌

（1）孕妈妈不宜吃太多咸味食物。一般一天的摄取量别超过6克。

（2）若孕妈妈在孕期罹患了妊娠高血压、子痫前症等疾病，那么吃得太咸就会对胎儿及孕妈妈的健康造成极大危害。

优生食谱，怀孕了怎么吃

三鲜冬瓜汤

【备料】淡菜30克，水发海带100克，冬瓜500克，料酒、盐、味精、葱、姜各适量。

【做法】

①淡菜用温水泡软，洗净，去杂质。放锅内，加少许水、料酒、葱丝、姜片，用中火煮至酥烂。

②海带切成菱形块。冬瓜去皮、籽，切成块。

③锅内放熟猪油，烧至五成热时，放入冬瓜、海带略炒一下，加入开水，用中火煮30分钟，再放入淡菜及原汤，烧沸后用味精、食盐调味即可。

【功能】补充丰富的蛋白质、钙、铁、锌、碘等微量元素。

什锦果冻

【备料】苹果、梨、草莓（或杏）、玉米粉、桂皮、冰糖各适量。

【做法】

①苹果、梨洗净去皮，切成小橘瓣形状，分开放置待用。草莓洗净切开。

②锅内加水，放冰糖、桂皮煮沸，再放入切好的梨煮10分钟，放苹果和草莓煮沸后，用玉米粉调稠度，凉后放入冰箱冰镇即可。

【功能】此菜富含多种维生素和微量元素。

番茄鱼片

【备料】净鱼肉150克，黄瓜1条，番茄酱50克，鸡蛋、料酒、盐、白糖、淀粉各适量。

【做法】

①先将鱼肉洗净，切成片，用精盐、味精、蛋清和淀粉调匀码味。黄瓜切片。

②锅内放油烧热，放入鱼片滑散，至鱼片呈白色时捞出，控干。

③锅内留底油，加番茄酱炒出红色后，加入清汤烧沸，酌加盐和白糖，再放入鱼片和黄瓜片，最后用湿淀粉勾芡收汁即可。

【功能】番茄有菜蔬中的“维生素仓库”的美称，所含维生素量多且质高，与鱼片成菜，营养十分丰富，孕妈妈可多食用。

炒鲜芦笋

【备料】鲜芦笋300克，色拉油、精盐、味精、姜末、淀粉各适量。

【做法】

①将鲜芦笋洗净整理干净，切成3厘米长的段，沸水中焯透，捞出投凉，沥净水分备用。

②炒锅上火烧热，加适量底油，用姜末炝锅，添少许汤，加精盐、味精，再下芦笋，翻炒均匀，用水淀粉勾芡，淋明油，出锅装盘即可。

【功能】具有健脾养胃、增进食欲的功能。

番茄焖青豆

【备料】番茄1个，青豆300克，火腿肠50克，食盐、胡椒粉、鸡精、白糖各适量。

【做法】

①番茄入沸水烫过，撕皮切丁。

②火腿肠切成丁。锅内放油烧至六七成热时，下青豆略炒。

③加适量清水、盐和白糖，烧开后，用中火煮至青豆松软、汁少时，放番茄丁、火腿丁合炒，用鸡精、胡椒粉调味即成。

【功能】此菜能提供优质的植物蛋白质和丰富的维生素。

水晶番茄

【备料】番茄300克，白糖50克。

【做法】

①将番茄洗净，切去蒂，用开水烫一下，剥去薄皮，然后切成块，放在盘内。

②把白糖均匀地撒在番茄上即可。

【功能】本菜含碳水化合物、维生素C、胡萝卜素及水分含量较高，具有祛火开胃之功效。

金玉满堂

【备料】玉米粒罐头2罐，虾仁50克，红腰豆25克，青豆15克，色拉油、精盐、味精、糖、水、淀粉各适量。

【做法】

①玉米粒同虾仁、青豆、红腰豆均焯水。

②净锅加底油，把原料放入锅中，加入调味料翻炒，勾芡、淋明油出锅即成。

【功能】具有补肾健脾的作用。

第二节 胎教方案："预订"一个聪明宝宝

认为胎教是从宝宝发育到"懂事"才开始，这是一个误解。胎教是优生的重要内容，是一个循序渐进的过程，从孕前就可以开始了。需要说明的是，只要对胎儿有益的事情都可以归入胎教的范畴。而且准父母的耐心和恒心远比胎教的方法、技巧更重要，每天抽出5分钟，怀着轻松的心情与胎宝宝亲密交流，给胎宝宝良好的刺激！

知识胎教：胎教是不是真的管用

不少孕妈妈每天不厌其烦地跟腹中"宝宝"说话，听音乐，做抚摸，难免心中会问，胎教对胎儿真的有效吗？

随着现代医学不断发展，越来越多的研究表明，胎宝宝在母体内不仅仅是个单纯的营养索取者，随着他（她）逐渐"长大"，他（她）的感觉器官和神经系统无时无刻不在接收来自母体内外的信息。他（她）能感知母亲的心跳，甚至还能"体察"母亲的情绪和精神活动。母亲和胎儿之间的种种奇妙的联系最终构成了胎教实现的基础。

可以说，胎教虽不能创造奇迹，却可以激发胎儿内部潜能，让他在生命之初接受良好有益的教育。因此，胎教应该属于优生学范畴。那么，胎教从什么时候开始最好呢？

胎教建议

胎教是一个循序渐进的过程，十月怀胎，从怀孕之前就正式拉开帷幕，一直延续到与早教相衔接。因此，胎教讲技巧，更考验的是准父母的耐心和恒心，既不能操之过急，也不能三天打鱼，两天晒网，准父母生活工作再忙，每天也要抽出一些时间与胎宝宝进行亲密愉快的交流。

运动胎教：有益于胎教的孕期体操

适时开展胎教体操，是有益于强健母子体质的，也是早期进行间接胎教的手段之一。孕妈妈做体操运动，除有利于解除疲劳、增强肌力外，也可使胎儿的身心得到良好的发育。体操运动项目是多种多样的，孕妈妈可以根据自己的环境条件与身体状况自行选择体操项目进行锻炼。

胎教建议

除了针对性的孕期体操之外，散步既练腿也练了心，是一种不错的运动胎教。散步呼吸新鲜空气，可以提高神经系统和心、肺功能，促进全身血液循环，增强新陈代谢，加强肌肉活动；肌肉能力的加强，为正常顺利分娩打下了良好的基础。所以散步是增强孕妈妈和胎儿健康的有效运动方式，孕妈妈应坚持每天都散步。

情绪胎教：良好情绪是无声的胎教

父母的好情绪、好心情是胎教最根本、最朴实的内容。怀孕后，过去人们常称为“有喜了”，是件很高兴的事，这个消息必将给盼望已久的父母带来无限的欢乐和希望。这种喜悦情绪是最原始的胎教。事实上，孕妈妈的精神情绪，不仅可以影响本人的食欲、睡眠、精力、体力等几个方面的状况，而且可以通过神经、体液的变化，影响胎宝宝的血液供给、胎宝宝的心率、胎宝宝的呼吸和胎动等许多方面的变化。所以，如果母亲情绪不佳便可能对胎宝宝产生不利影响。

实验观察表明：妊娠1个多月，孕妈妈情绪过度紧张，可能导致发生兔唇；如受到惊吓、恐惧、忧伤、悲愤等严重刺激，或其他原因造成的精神过度紧张，使大脑皮层与内脏之间不平衡，关系失调，引起胎宝宝循环紊乱，严重者可死亡。可见，孕妈妈情绪虽然仅属于间接胎教范畴，但对胎宝宝大脑发育有着相当大的影响，务必要引起重视，切实加以做好。

胎教建议

1.为了给宫内胎宝宝良好的生活环境，孕妈妈除了保持稳定的情绪外，还可适当地欢笑、思考，甚至看看喜剧片。

2.保持良好情绪是胎教成功的一半，准爸爸要学会“哄老婆”。

幸孕小礼包

助力胎教，准爸爸怎么做

怀孕的第1个月，即是确认孕妈妈怀孕的时候。通常这时候孕妈妈的生理状况会有一些微妙的变化：比如胃口跟以前有点不一样了，常常提不起劲。在确认已怀孕的情况下，准爸爸就得开始爱心旅程了，全心遵守爱心守则：

（1）陪妻子到医院确认是否受孕成功，并在医生的指导下准备叶酸及所需补充的维生素，督促妻子每天按时按量服用。

（2）戒烟、戒酒、戒药物，因为烟、酒、药物都会对胎宝宝的成长造成不良影响。

（3）准备关于孕期指南及育儿方面的书籍。

（4）和妻子一起制定一个孕期日程表，罗列每个月该做的事情。

（5）节制自己的性欲，避免前3个月进行性生活。

（6）跟一些已经当爸爸的同事、朋友交流，吸取经验。

（7）帮妻子做家务。帮妻子做一些比较花力气的事，如搬重物、上街采购等。

（8）常为妻子换口味。女性怀孕时，最重要的就是维持均衡的营养，丈夫如果能在妻子怀孕时，为妻子经常变换不同口味的菜色，不但能满足妻子的口福，也能使妻子摄取足够的营养。

（9）为妻子创造良好的胎教环境。环境的绿化、美化、净化是胎宝宝健康发育的必要条件，应力求排除环境污染和噪音危害。为妻子创造一个安静、温馨的生活环境，是丈夫义不容辞的责任。

（10）注意妻子的性情和心理变化，多体贴照顾妻子，不与妻子斤斤计较，注意调节婆媳关系，尽量多花些时间陪妻子消遣娱乐。

第三节 保健方案：听人劝好孕常相伴

孕1月，胎宝宝大体可以看做是一粒“种子”，自然是十分脆弱的，此时是孕妈妈成功受孕的关键期，同时也是胎儿发育的重要时期，孕1月孕妈妈要特别注意远离不利于胚胎发育的环境。应尽早安排好今后的工作和生活，不要盲目使用药物、盲目做检查。注意卫生，戒掉有害宝宝的习惯，远离有毒物质、X光等放射性物质，营造一个和谐轻快的氛围。

制订计划，孕期知道自己该做什么

如果本月中你已经实施了“怀孕”计划，或者你觉得自己已经怀孕了，那么你应该立刻为自己做一个每日生活行为“标准参照”，要求自己应该做什么，不应该做什么。

1.减轻压力

保持有规律的、轻柔的运动对孕妈妈和胎儿是有利的。每天至少保证8小时睡眠，一般控制在9小时。不要忽视自己的健康问题，有任何不适症状都应该及时就诊，孕期里要拒绝任何的不适，因为孕妈妈身体的不适也会影响到胎儿。所以，痔疮、头痛、腿抽筋都需要帮助解决。

2.谨慎服药

改变每天喝咖啡、喝可乐的习惯——过量的咖啡因无益于胎儿，所以每天最多只喝一杯低咖啡因咖啡，而可乐每天不能超过半罐。很多人不知道的是，其实红茶里也含有咖啡因，所以柠檬红茶也要适量饮用。

3.避免尾气

尽量少逛路边的小店，因为这类小店一般开设在机动车流量比较大的道路边，在这样的道路上长时间行走会吸入大量受到汽车尾气污染的空气，对身体非常不利。当然，如果你每天上下班要长时间在这样的道路上骑车或者行走也是应该尽量避免的，应该换一条路线或者方式上下班。

4.洗涤用品

停止使用一切有强烈刺激气味的家庭清洁用品，例如任何配方的杀虫剂。而且，即使在使用一些相对安全的清洁用品时，也应该戴上橡胶手套，可以防止有毒物质通过皮肤被吸收到体内。绝对禁止酗酒、抽烟、接触有害的化学物质，比如在新装修的环境中工作或者生活、使用含汞或铅等有害物质的化妆品等。

阴道分泌物增多应注意卫生

有些女性在怀孕初期发现自己的阴道分泌物较往常多，遇到这种情况，要去医院求诊吗?

怀孕初期，受激素急剧增加的影响，阴道分泌物增多是正常的现象。如果外阴不发痒，白带也无臭味，就不用担心。但如果出现外阴瘙痒、疼痛，白带呈黄色、有怪味等症状时，就需要去医院就诊，这可能是因为外阴或阴道疾病所致。如果放任不管，可能会影响胎宝宝的生长发育。所以这更要求孕妈妈注意清洁卫生，勤换内裤，保持内裤及会阴部清洁。

当心，电磁波阻碍胚胎的发育

目前，各种电子电器设备广泛应用于工厂和办公室；电冰箱、收录机、电视机、空调机、电热毯等已进入千家万户，给人们的生活带来很多方便和乐趣。但是，近年来研究发现，各种电子电器设备在使用过程中都会散发出不同波长和频率的电磁波。这种看不见、摸不着、闻不到的电磁波充斥空间，能扰乱人的生理节律，向人体健康频频发起攻击，令人防不胜防。由此而带来的不仅有许多稀奇古怪的现代病，而且还对优生构成新的危害。

美国麻省理工学院的莱特尔教授指出，孕妈妈使用电热毯会导致胎宝宝畸形。电热毯通电后产生的电磁场可使胎宝宝细胞的正常分裂发生异变，尤以骨细胞对磁场最敏感，而且电热毯温度越高，磁场对胎宝宝的影响越大。因此，孕妈妈长时间使用电热毯，可能生下骨骼畸形胎宝宝。

美国公共卫生专家布罗杜尔对旧金山湾区1500名妇女做了调查，发现每周坐在终端机前工作20小时以上的妇女，其流产率是从事同类工作但不使用终端机妇女的两倍。西班牙和瑞典的学者所做的实验表明，类似终端机周围产生的电磁波，确实阻碍了小鸡和老鼠胚胎的发育。另据美国一家杂志对10种电脑显示器产生的电磁波进行分析后发现，电脑周围的电磁场会导致流产、胎宝宝畸形和癌症，且发病率极高。测试结果显示，电脑两侧、后部和顶部的射线最强。而孕妈妈频繁使用电磁炉可增加后代癌症的发生率。最近美国权威性的华盛顿技术评定指出，家用电器和各种接线产生的电磁波在试管内实验表明，对人体细胞确实有害。

综上所述，为了自身安全和确保胎宝宝发育，孕妈妈应注意下述事项：

在看电视或听收录机时应保持4～5米的距离，且时间不宜过长；最好不要使用电热毯，如需使用，也应在电热毯变暖后切断电源；使用电脑时应保持一臂距离；不宜使用电磁炉；从事微波通讯工作的妇女在妊娠期间应尽量回避；平时应多吃一些含维生素C丰富的蔬菜、水果等。

讲究卫生，孕妈妈洗澡宜与忌

妇女在妊娠期间要特别注意个人卫生。如果很少洗澡，皮肤上的污垢会成为感染源，不仅容易患化脓性皮肤病，而且还容易引起其他感染性疾病。因此，孕妈妈更要经常洗澡，最好能每天清洗一次，这样既能保持身体清洁，又能促进血液循环，还有助于恢复体力。若条件不允许，可以每天用水擦一次澡。妊娠期间一定要天天清洗外阴，保持清洁，预防感染。

一般正常的育龄妇女，阴道内分泌的糖原在阴道杆菌的作用下分解成乳酸，而使阴道内保持一定的酸度，防止致病菌的生长繁殖。怀孕以后，尤其是在妊娠后期，子宫颈渐渐变短，阴道对致病菌的抵抗力减弱，容易引起感染。所以，孕妈妈洗澡最好淋浴，切忌坐入浴盆、浴池内，或到公共浴池去洗池浴，以免脏水进入到阴道、子宫腔内，引起感染或早产，影响母子安危。

另外，在洗澡时要特别注意防止滑倒。由于孕妈妈身体笨重，身体重心不断改变，稳定性不好，浴池的地面又较滑，稍不注意容易滑倒，一旦滑倒会产生严重后果，流产、早产都会发生，所以要特别小心。

孕妈妈洗澡时水温不宜过高，时间不宜过长，尤其是冬季，更不能洗时间太长。据实验发现：孕妈妈在39℃热水中洗浴15分钟或在41℃水中洗浴10分钟，体内温度就可随之升高至39℃。这样的温度可以影响到胎宝宝脑细胞的正常发育，而且会将分裂中的细胞杀死，引起胎宝宝畸形。若孕妈妈经常用高于40℃水温的热水洗澡，还可能损伤胎宝宝关节或导致肌肉组织萎缩。另外，热水浴与桑拿产生的高温会损伤胎宝宝的中枢神经系统；同时，关门闭户的洗澡间内雾气腾腾，空气中含氧量较低，长时间处在这种环境内，会引起诸多不适。

因此，孕妈妈在洗澡时，应注意水温不可过高，一般不应超过

38℃，洗浴时间不能太长，一般不宜超过10分钟，若过长会引起胎宝宝缺氧，对发育中的胎宝宝会产生不良影响。

放宽心，妇科检查不会引发流产

有些妇女怀孕后不愿做妇科检查，担心妇科检查会引发流产或对胎宝宝有影响等。其实这些担心是不必要的，检查倒是有益的。

孕妈妈在妊娠早期做妇科检查，可确定是否妊娠。因为月经不来不一定就是怀孕，经过检查就可以准确地知道是否怀孕了，如不属于怀孕即可查病，如确认怀孕就做好孕期保健。

另外，通过妇科检查，医生还可以了解怀孕时间与停经时间是否相符合，如子宫小于停经时间的子宫，应考虑胚胎死亡、宫外孕等异常情况，以便做进一步的检查和及时处理。

一般地讲，做检查时，医生的手法都比较轻，会尽量减少孕妈妈的不适感，更不会影响胎宝宝。

结婚新房，小心祸及胎宝宝

现代居室的建筑材料、装饰材料往往散发出各种有毒有害的化学物质，有些甚至是致癌物。根据美国环保部门对新建筑的抽样调查统计，新房内的空气中竟含有500余种对人体有害的化学物质。例如，建筑材料中都含有不同浓度的氡，并向室内空气中扩散氡气和氡子体。氡子体能放射出对人体有伤害作用的射线。长期受氡子体的射线照射，人易患癌。新房空气中氡的浓度远远超过标准。环境专家认为，人在新房中生活，主要避害的方法是每5小时换一遍室内空气。

室内污染除建筑材料外，还有新家具、地毯散发出的化学物质，宠物身上脱落的毛、皮屑，旧被褥及衣服上的霉菌，植物花粉及排出的二氧化碳等，都会对孕妈妈产生危害。

安胎有方：怀孕我知道

已婚妇女若未避孕，约有85%的人在第一年内就会怀孕。尽早知道自己怀孕有很多好处。对暂时不想怀孕的妇女来说，如果及早地知道自己怀孕了，可以尽早采用药物流产或人工流产的方法终止妊娠。对希望优生的妇女来说，尽早知道自己怀孕，就可以尽早避免接触有害物质，避免患传染病；假如患了一些常见病，在用药时，就能选择对胎宝宝影响最小的药物治疗，而不滥用药物。因此凡有性生活的育龄女性，掌握相应的怀孕自我判断方法是非常有必要的。

停经：如果月经一直很规律，一旦到期不来，超过10天以上，应该考虑到怀孕的可能性，这是怀孕的最早信号，过期时间越长，妊娠的可能性就越大。

早孕反应：停经以后孕妈妈会逐渐感到一些异常现象，叫做早孕反应。最早出现的反应是怕冷，以后逐渐感到疲乏、嗜睡、头晕、食欲不振、挑食、喜欢吃酸食、怕闻油腻味、早起恶心，甚至呕吐，严重时还有头晕、疲乏无力、倦怠等症状。

尿频：由于怀孕后子宫逐渐增大，会压迫膀胱，所以小便次数增多。但由于是怀孕第1个月，这种现象很多人表现不太明显。

乳房变化：可出现乳房发育，乳头增大，乳头、乳晕颜色加深，乳头周围出现小结节，甚至乳房刺痛、胀痛，偶尔还可挤出少量乳汁。

基础体温升高：每天早晨有持续记录体温的妇女，若发现持续两周体温37℃左右，也应想到，这是有喜的征兆。

此外，还有的妇女怀孕之后，特别容易感到头晕目眩、发热、疲倦或感到不安、易怒，乳房颜色变深、变黑，有些孕妈妈乳头变得比较敏感，稍微一碰即痛，这些也都是怀孕的信号。

第三章

孕2月：胎儿大小像葡萄，脐带开始形成

孕2月，本月胎宝宝会长到葡萄大小，也是胎儿脑部和内脏的形成时期，不能接受X光检查，不要随意服药。此时，任何的激烈运动和性生活都可能导致流产。此外，放松心情，多喝水，多休息，避免感冒，戒烟、戒酒，不接触宠物都是防止早孕反应、先兆流产的“基本功”。

胎儿发育指标

胎　长	1～3厘米。
胎　重	1～4克。
五　官	外耳开始有小皱纹，鼻部膨起，眼睛、嘴巴开始出现轮廓。
四　肢	骨骼处于软体状态。5周时手、脚处于萌芽状态。8周末，头、身体和手足已经清晰可辨。
器　官	脑、脊髓、眼、听觉器官、心脏、胃肠、肝脏初具规模，内外生殖器的原基能辨认，但从外表上还分辨不出性别。
胎　盘	子宫内底锐膜内绒毛大量增加，逐渐形成胎盘。
脐　带	脐带开始形成。

孕妈妈体态指标

身体变化	乳房增大、胀痛，时有刺痛或者抽动感觉，部分孕妈妈还会出现尿频、白带增多、腰腹酸胀等情况。
妊娠反应	早孕反应由轻到重，孕妈妈多有流涎、恶心、呕吐、头晕、乏力、嗜睡等表现，有部分孕妈妈较喜欢酸性食物，厌油腻。

第三节

饮食方案：“养”一个健康宝宝

本月最核心的工作就是防止流产，孕妈妈要尽量均衡营养，不挑食、不偏食。注意摄入含有适量蛋白质、脂肪、钙、铁、锌、磷、维生素（A、B、C、D、E）和叶酸（预防神经管畸形）等的食物，确保胎宝宝正常生长发育。喜欢山楂的孕妈妈尤其要注意，大量食用山楂容易造成流产。

饮食总则：本月孕妈妈饮食指导

妊娠第二个月是器官形成的关键时期，最原始的大脑已经建立，为确保营养胎教的实施，孕妈妈应注意摄入含有适量的蛋白质、脂肪、钙、铁、锌、磷、维生素（A、B、C、D、E）和叶酸（预防神经管畸形）等的食物，这样才能使胎儿得到赖以实施营养胎教的物质基础，也是确保胎儿正常生长发育的必备条件。

在这一时期，胚胎每天生长仅1克左右，需要的营养不多，可是饮食的质量十分重要。因此，孕妈妈的饮食应以蛋白质为主，适量加食鱼、肝等荤菜。除了要重视营养的均衡之外，在制作的方式上最好能多清炖，少煎炸。按照营养学家的说法，你最好每日摄取蛋白质100克左右，便于胎宝宝的大脑生长发育，通常动物蛋白质的营养价值较高。如家禽、鱼、鸡蛋等。还应注意维生素A、维生素D、维生素B_2的摄入。动物的肝脏、蛋类、鱼类含较多维生素A、维生素D。

新鲜蔬菜和水果含较多维生素C。米、面粉、花生、蛋黄、鱼类等含较多维生素B。

孕妈妈最需要的营养素排行榜

孕2月孕妈妈的反应比较厉害，常伴有呕吐、头晕、懒散等症状。这个时期的饮食是以口味清淡为主，多喝汤粥，来减轻妊娠反应。但同时要注意的是，这个阶段是胎儿脑部器官开始发育的时候，倘若营养供给不足，容易引起流产、死胎和胎儿畸形。因此，在怀孕初期也要尽量多吃些有营养的食品。怀孕第2个月所需营养除了注意补充叶酸和蛋白质，还要注意钙和维生素D的补充。

1.维生素D

维生素D能够促进膳食中钙、磷的吸收和骨骼的钙化，妊娠期如果缺乏维生素D，可导致孕妈妈骨质软化，严重时可引起骨折等现象。对于孕妈妈来说，维生素D的每日摄入量不应超过10～15微克。因为照射阳光可促进维生素D的吸收，孕妈妈最好每日有1～2小时的户外活动。

2.钙

含钙量高的食品包括奶制品、鱼、虾、蛋黄、海藻、芝麻等，对于有足量乳类饮食的孕妈妈，一般不需要额外补给钙剂。对于不常吃动物性食物和乳制品的孕妈妈，应根据需要补充钙剂，补钙的同时，还需注意补充维生素D，以保证钙的充分吸收和利用。

3.叶酸

叶酸为B族维生素中的一种，叶酸是胎儿神经发育的关键营养素，它能减少胎宝宝脑神经管畸形的发生率。孕妈妈每天补充400～800微克叶酸才能满足胎儿生长需求和自身需要。菜花、油菜、菠菜、番茄、蘑菇、豆制品、坚果中都含有丰富的叶酸。

切不要忽视维生素的充足摄入

孕妈妈对各种维生素的需要量较非孕妈妈多，因为孕妈妈要承担供应自己和胎宝宝的需求量。在早期妊娠缺乏维生素A、维生素B、维生素C、维生素D、维生素E，可引起流产和死胎，妊娠晚期可引起胎宝宝窘迫或胎宝宝死亡。妊娠期间，切不要忽视维生素的摄入，除了上面提及的维生素D外，以下几种也很重要。

（1）维生素A

维生素A有促进胎宝宝生长发育的作用，并能增强母体抵抗感染的能力，对预防产褥热有显著疗效。因此，孕妈妈需要量比平时多，如成年人每日需要维生素A 5000～6000毫克，而孕妈妈需要量比常人多20%～60%。

（2）维生素B

维生素B有预防流产、早产、脚气病、神经炎和维持正常饮食的作用，可减轻早期妊娠呕吐，帮助消化，增强食欲，还能维持子宫肌肉的一定张力，使分娩顺利。如成年人每日需要维生素B_1为1.1毫克、维生素B_2为1.5毫克、烟酸为11毫克，而孕妈妈每日需要分别为1.8毫克、2.5毫克、18毫克。

（3）维生素C

维生素C可加强铁的吸收和利用，预防孕妈妈贫血、坏血病和传染病，增强孕妈妈对疾病的抵抗力，避免胎宝宝发育不全和发生流产、早产等，还能起到使胎宝宝皮肤细嫩的作用，如出现供给不足，新生儿易患先天性心脏病和神经器官缺陷，分娩时新生儿易患颅脑出血。如成年人平日需要量为70毫克，孕妈妈则需要100毫克。

怀孕2个月，吃面时能吃蒜吗

主食南方多米，北方多面，吃面的人都清楚，很多人从小就习惯了来两瓣大蒜，那么，怀孕都2个月了，想吃面条，不知道能不能吃蒜？很多孕妈妈都是一种“蒜不是杀菌的吗？应该可以吃吧”的心态。

总的原则是，怀孕后饮食尽量注意清淡些，少吃刺激性食物。这样对胎儿好些，蒜和生姜都是属于热性，如果是加入菜中做配料的话，不会影响，但是如果生吃的话还是尽量少吃。如果伴有以下情况则尽可能别吃。

1.非细菌性腹泻不宜吃。辛辣味的大蒜素会刺激肠道，使肠黏膜充血、水肿加重，促进渗出，使病情恶化。

2.肝病患者不宜吃。大蒜的某些成分对胃、肠有刺激作用，抑制肠道消化液的分泌，从而加重肝炎病人的恶心。大蒜的挥发性成分可使血液中的红细胞和血红蛋白等降低，有可能引起贫血。

3.眼病患者不宜吃。长期大量地食用大蒜会“伤肝损眼”，应尽量不吃大蒜，否则时间长了会出现视力下降、耳鸣、头重脚轻、记忆力减退等现象。

小心，容易引起流产的5种食物

螃蟹：它味道鲜美，但其性寒凉，有活血祛瘀之功，故对孕妈妈不利，尤其是蟹爪，有明显的堕胎作用。

甲鱼：虽然它具有滋阴益肾的功效，但是甲鱼性味咸寒，有着较强的通血络、散瘀块作用，因而有一定堕胎之弊，尤其是鳖甲的堕胎之力比鳖肉更强。

薏米：是一种药食同源之物，中医认为其质滑利。药理实验证明，薏米对子宫平滑肌有兴奋作用，可促使子宫收缩，因而有诱发流产的可能。

马齿苋：它既是草药又可作菜食用，其药性寒凉而滑利。实验证明，马齿苋汁对子宫有明显的兴奋作用，能使子宫收缩次数增多、强度增大，易造成流产。

芦荟：芦荟本身就含有一定的毒素，中毒剂量为9～15克。中国食品科学技术学会提供的资料显示，怀孕中的妇女若饮用芦荟汁，会导致阴道出血，甚至造成流产。对于生产后的女性，芦荟的成分混入乳汁，会刺激孩子，引起下痢。

优生食谱，怀孕了怎么吃

蛋醋止呕汤

【备料】鸡蛋2个，白糖、米醋各适量。

【做法】

①将鸡蛋磕入碗内，用筷子打匀，加入白糖、米醋，再搅匀。

②锅中加入水，上旺火烧沸，倒入碗内鸡蛋液，煮沸即可食用。

【功能】鸡蛋富含优质蛋白质，米醋可促进消化，减少油腻，减轻恶心。此汤适用于孕妈妈妊娠反应呕吐者。

松子鲫鱼汤

【备料】松子一小撮，鲜鲫鱼一条，生姜、葱、食盐各适量。

【做法】

将松子放入鲜鲫鱼腹中，放进沙锅里，加水用文火煮开，加入生姜、葱、食盐后，即可食用。

【功能】生津开胃，抑制呕吐，促进食欲，补充营养。

宫保鸡丁

【备料】核桃仁、鸡脯肉各100克，葱、姜、蒜、干辣椒、花椒、酱油、醋、盐、白糖、料酒、味精、淀粉各适量。

【做法】

①鸡脯肉切成丁，放入碗中，用少许盐、料酒、湿淀粉调匀码味；葱切成马耳朵状，姜、蒜切片，干辣椒切段；另用料酒、白糖、味精、酱油、湿淀粉芡汁备用。

②锅内放花生油烧热后，放花椒炒到快焦时捞出；放干辣椒炒成紫黑色时，放入鸡丁，炒散；加入姜、葱、蒜炒出香味后，倒入芡汁，再加几滴醋；最后加入核桃仁，翻炒均匀即成。

【功能】鸡肉与核桃仁都含有丰富的不饱和脂肪酸，且都含有胎宝宝智力发育所需的多种维生素，非常适合孕妈妈食用。

开胃三丝

【备料】新鲜黄瓜1根，大鸭梨2个，山楂糕100克，白糖、香油各适量。

【做法】

①将黄瓜去蒂、洗净，用凉开水冲一下，切成细丝，放入盘内。

②山楂糕切成细丝，放在黄瓜丝上。

③鸭梨去蒂，削去外皮，去核，切成细丝，放入盘内，与黄瓜丝、山楂糕丝拌均匀，再将白糖均匀地撒入盘中，再滴入几滴香油，调拌均匀即可食用。

【功能】此菜含有丰富的优质蛋白质和维生素C、维生素D、维生素B_{12}和胡萝卜素及叶酸、钙、锌、磷、碘、铁等矿物质，能提供孕妈妈所需的营养成分。

姜汁菠菜

【备料】菠菜500克，生姜、盐、醋、香油、味精各适量。

【做法】生姜拍破捣烂，加入少许清水浸泡（浸出姜汁）。

菠菜洗净，经开水烫一下，捞出控干水分，整齐地码放在盘中。淋入姜汁、盐，加味精和醋少许，滴香油即成。

【功能】此菜富含钙、铁等营养物质，具有开胃止呕之功效。

蜜汁鲜桃

【备料】鲜桃750克，白糖100克，蜂蜜50克。

【做法】

①将鲜桃一切两半，取出桃核，放在盘内，上笼蒸熟，取出去掉外皮，再切成小块，放在盘内晾凉。

②锅置火上，放入少量水，加入白糖、蜂蜜烧开，用小火慢慢熬制，待到水分大部分蒸发，汤汁浓稠时，倒出晾凉，浇在蒸熟的桃上即成。若再将成品放入冰箱内稍冰，其口味更佳。

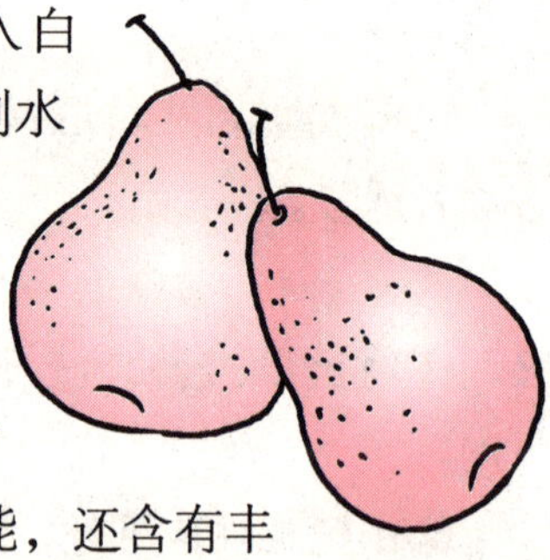

【功能】此菜可开口胃，并且含有丰富的碳水化合物，能提供较多的热能，还含有丰富的维生素、蛋白质和矿物质，适宜孕妈妈食用。

草莓果汁

【备料】草莓100克，乳酪半杯，柠檬1/3个，冰片1～2片，白糖适量。

【做法】将草莓、柠檬去皮，全部放进榨汁机中榨汁，并与乳酪混合。再注入杯中，放进冰片与白糖。

【功能】草莓是维生素C含量比较高的水果，润肺生津，健脾和胃，补血益气，凉血解毒，可用于脾胃虚弱、食少纳呆、神疲乏力、头晕等症。长有面疱、粉刺者多食有益。

第二节 胎教方案："预订"一个聪明宝宝

孕2月，眼、耳等发育渐渐明显，听觉器官已经开始发育，而且神经系统也已初步形成，因此，这个时候通过母体的调理，胎宝宝已经能在一定程度上接受刺激，始终要强调的是，孕妈妈愉快的情绪，是胎教全过程的重中之重。

情绪胎教：喜怒无常是胎教大忌

从妊娠的第二个月开始，孕妈妈就有了早孕反应，除了恶心、呕吐之外，还会出现口中发酸、头痛、肩膀僵硬、腰痛、倦怠、焦躁等现象。因此，妊娠第二个月应当继续树立"宁静养胎即教胎"的观点，在整个妊娠期间确保孕妈妈的情绪乐观稳定，切忌大悲大怒，更不应吵骂争斗，力求始终保持平和的心态。

据资料显示，孕妈妈怀孕1个多月时，如果受到惊吓、恐惧、忧伤、悲愤等严重刺激，或其他原因造成的精神过度紧张，会引起流产等不良反应。另外，在惊恐状态下，人体血液中去甲肾上腺

素浓度可增加到正常时的100倍，引起心率加快。心脏收缩力加强，周围血管收缩，使血液重新分配；肝糖原及脂肪分解血糖和游离脂肪酸增加。去甲肾上腺素增多可以引起孕妈妈周围血管收缩，使胎盘供血供氧不足；去甲肾上腺素还能导致子宫平滑肌收缩，更进一步使已经缺氧的胎宝宝血液循环受限，从而引起发育畸形、流产、早产。幸存者出生后不仅性格异常，而且智力低下。

胎教建议

1.学会自我调控心情。比如：凡事要往好处想，不要生气，不要着急，离开不愉快的环境，转移注意力；坐下来，跟自己说话，说话慢一点，平和一些，逐渐使心情平静下来，偶尔把眼睛闭上几分钟，什么都不要想，全身放松，按摩头部和太阳穴。

2.工作之余到附近草木茂盛的宁静小路上散步；将自己置身于欢乐的人群中，使自己的情绪受到积极的感染，从中得到快慰。

3.听听自己喜爱的乐曲，翻翻自己喜爱的书籍，想一想未来小宝宝的模样等。总之，尽量做一些令自己愉快的事情，心情舒畅才会对胎宝宝有利。

音乐胎教：内耳形成，可以“听”音乐

胎宝宝在怀孕的第一个月没有听觉能力，只能通过母体内的波动而感受到外界的刺激。怀孕第二个月时，胎宝宝的内耳已经形成，而且神经系统也已初步形成，尽管发育得还不成熟，但已具备了可以接受训练的最基本条件。因此从这个月的月末开始，可以给母亲和胎儿放一些优美、柔和的乐曲。每天放1～2次，每次放5～10分钟。可以正式进行音乐胎教了。

胎教建议

1.本月由于早孕反应的影响，孕妈妈需要一些舒心、镇静、促进食欲的音乐。如《矫健的步伐》、《锦上添花》等乐曲，清丽柔美、抒情明朗，可以消除孕妈妈的疲劳。

2.民族管弦乐《喜洋洋》、《春天来了》等乐曲，优美细致、柔和平缓，充满诗情画意，具有镇静的作用。

3.《欢乐舞曲》、《花好月圆》等乐曲，令人心情舒畅，可以促进孕妈妈食欲。这些优美、柔和的乐曲，每次放5～10分钟，每日1～2次。

抚摸胎教：加强与宝宝的亲密感

实验证明，2个月的胎宝宝已经开始有了感觉，到了6个月皮肤感觉（痛觉、温觉、触觉、压觉）就开始发育了。母亲对胎宝宝进行抚摸、拍打等运动训练，能激发胎宝宝活动的积极性，增强体质，同时有益于胎宝宝的智力发育。

在开始胎教之前，建议准父母给未出世的小宝宝起个名字，这样可以在今后9个月的胎教过程中呼唤宝宝，加强与宝宝的亲密感和联系。

胎教建议

1.孕妈妈可用双手轻抚腹部，一边抚摸一边可呼唤宝宝的名字，还可以跟宝宝说话，把宝宝当成每时每刻都和自己生活在一块儿，把自己正在做的或可以和宝宝一起的事告诉宝宝。

2.准爸爸也可以选择合适和固定的时间抚摸宝宝，或用手指轻按妻子的腹部，把压力通过腹壁传至胎宝宝皮肤，以产生压觉和触觉。这样可满足胎宝宝的皮肤饥饿感，激发胎宝宝活动的积极性，促使其发生蠕动。但要注意的是，孕妈妈早期有宫缩及腹痛者禁止用此方法。

孕孕小礼包

助力胎教，准爸爸怎么做

怀孕的第2个月，是胎宝宝各器官分化发育的敏感时期，孕妈妈要特别注意远离一些容易对胎宝宝致畸的元素：比如辐射、X光线、化学药品等。有些孕妈妈开始了强烈的妊娠反应，身体虚弱的孕妈妈更要注意休息，过度劳累容易引起先兆流产。所以准爸爸这个月应做到以下几点：

（1）体贴妻子，安抚她不安的情绪。

（2）对有妊娠反应的孕妈妈，准爸爸要更加悉心关照，在妻子反应时多给予协助，为她准备可以接受的食物。

（3）主动承担一些家务，减轻妻子的体力劳动消耗，保证她有充分的休息和睡眠。

（4）把房间布置得干净、温馨，可以添置妻子喜欢的物品和宝宝海报。

（5）给妻子添置防辐射衣、电脑防辐射屏等用品，叮嘱妻子远离家中的辐射源：微波炉、电脑、电热毯等。

（6）为妻子做一些爱吃且营养丰富的饭菜。

第三节

保健方案：听人劝好孕常相伴

孕2月是胚胎发育最关键的时刻，荷尔蒙改变使血流量增加，乳房组织发生变化，乳房肿胀、酸痛，有刺麻感。这种感觉很像是月经前乳房胀痛的感觉，但会更剧烈些。这时胚胎对致畸因素也特别敏感，因此，日常生活要慎之再慎：平时要适量补充水分，尽量不要憋尿。早孕反应造成孕妈妈性欲和性反应减弱，事实上，性生活容易导致流产，所以，准爸爸要充分理解。

对号入座，这些工作要提前交办

怀孕了，孕妈妈在用手抚摸小肚肚的时候，公交车上细心的人会让座；怀孕了，在办公室里，同事会给予很多照顾。边工作边孕育着胎儿，并不是一件容易的事情。在这一过程中，尽可能做好以下工作。

1.报告上司

知道怀孕后，要尽早报告给上司。商谈好，什么时候停止工作，什么时候复职。做好之后的工作进程安排，自己产假时继任者的安排等，但是绝对不要勉强工作。如果从事的工作可能对胎宝宝不利，更要提早报告。常见的几种情况有：

（1）有受放射线辐射危险的工作，如放射科技术人员；

（2）震动或冲击能波及腹部的工作，如公共汽车的售票员；

（3）频繁上下楼梯的工作，如送公文或文件的服务员；

（4）接触刺激性物质或某些有毒化学物品的工作，如化工厂某些车间的工人；

（5）过重的体力劳动，如搬运工人；

（6）长时间站立的工作，如售货员、电梯服务员、招待员等；

（7）长时间紧张的工作，如机器作业的工人；

（8）不能得到适当休息的流水作业的工人；

（9）工作环境温度过低，如冰库工人；

（10）单独一人工作，万一发生问题无人帮助。

2.交接工作

如出现因身体不适等原因而比预定时期提早休产假的情况，就要早早交代工作，和后任同事做好交接，保证在自己休假期间工作顺利进行，但要记得与外部情况相关的工作计划要留有余地。为使工作感觉不至于迟钝，在产假期间也要收集与工作相关的信息，进行学习。

孕妈妈外出旅游宜做好哪些准备

对于孕妈妈来说，出游时要特别注意旅途安全，因此需要认真做好准备工作。

1.制订合理的旅行计划

由于孕妈妈不能过度疲劳，所以，孕妈妈不适合参加行程紧凑的旅行团；定点旅行、半自助式的旅行方式则比较适合。此外，在出发前必须查明旅游地区的天气、交通、医疗与社会治安等状况，若认为没有把握，不去为宜。

2.途中要有人全程陪同

孕妈妈不宜一人独自出游，与一群陌生人出游也不恰当。最好是丈夫、家人或朋友等关心你、爱护你的人在身边陪伴。这样不但会使旅途愉快，而且当你觉得累或不舒服的时候，也有人可以照顾你，在有意外情况发生时，可视情况改变行程，这样才能有个安全快乐的旅行。

3.出游中衣食住行要多留心

（1）衣：出游时若旅游地区天气较冷，衣着应以穿脱方便的保暖衣物为主，记得带上帽子、外套、围巾等，以预防感冒；若旅游地区天气较热，遮阳帽、防晒油、润肤乳液则不可少；应穿底部宽平的鞋而不要穿高跟鞋，以方便走路；必要时可以穿托腹带与弹性袜，以减轻妊娠的不适；另外要多带一些纸内裤备用。

（2）食：避免吃生冷、不干净或吃不惯的食物，以免造成消化不良、腹泻。奶类、海鲜等食物易腐坏，若不能确定是否新鲜，不食为宜。多吃水果，可防脱水与便秘。多喝开水，孕妈妈可以在旅行中自备矿泉水或果汁。

（3）住：避免前往岛屿或交通不便的地区，以免发生紧急情况时不能及时赶到医院；蚊蝇多、卫生差的地区不可前往；传染病流行的地区更应避免。

（4）行：坐车、乘飞机一定要系好安全带，要随时了解一下最近的洗手间在哪里，因为孕妈妈容易尿频，而且憋尿对孕妈妈身体不好。不要乘坐摩托车或快艇，不要骑马、登山，走路也要注意，不要太费体力，一切量力而为。

4.活动量不要太大或太刺激

活动量太大容易造成孕妈妈体力不堪负荷，因而容易导致流产、早产及破水。太刺激或危险性大的活动也不可参与，例如：云霄飞车以及海盗船等较刺激的游乐活动、自由落体、高空弹跳等。游泳是可以的，但必须保证水源干净；潜水不超过18米深度也是允许的，但潜水若超过18米，胎宝宝会得“减压病”，十分危险。那些速度快的冲浪、滑水最好能免则免，以免撞伤、跌伤而导致流产。

5.携带必备药品

每个旅行者都要准备些药品，孕妈妈出行也不例外，但必须要考虑药物在怀孕期间的安全性，所以出发前，请教你的产检医师是非常重要的环节。比如准备一些对胎宝宝没有影响的抗腹泻药及维生素类药物，是非常必要的。

孕妈妈妊娠早期还是少用洗涤剂

现在日用洗涤剂很多，洗衣、洗发都有各种各样的洗涤剂。但是，孕妈妈在妊娠早期不宜多用洗涤剂。

洗涤剂中的一些化学成分能够使受精卵变性或坏死。孕妈妈在妊娠早期，过多使用洗衣粉、洗发精、洗浴精会被皮肤吸收，存贮在体内，使受精卵外层细胞膜变性，造成流产。若妇女经常使用洗涤剂，体内吸收达到一定浓度，在受精48小时后，即可使受精卵变性、死亡，这也是不孕的原因之一。

阴道卫生，当心坐浴出现早产

妇女在经期经常洗澡是很必要的。但是，有些孕妈妈洗澡时使用浴盆，采取坐浴法，特别是在一些工厂、企事业单位无淋浴设备的浴室中，一些孕妈妈甚至进入池塘洗澡，这是不符合孕妈妈卫生要求的，容易给孕妈妈母子带来致病危险。

妇女的阴道分泌物呈酸性，具有抑制细菌生长的自然防御能力。妇女怀孕后，如果在洗澡时将臀部浸入污水中，污水流入阴道，冲淡了阴道酸性分泌物，同时将大量细菌带入阴道，这样就给细菌造成可乘之机，很容易引起感染发炎，危及胎宝宝的正常发育和母体健康，严重时甚至会造成早产。

孕妈妈洗澡最好使用淋浴，如用浴盆，则应注意臀部要高出水面，不要浸入水中。

幸孕小礼包

安胎有方：防辐射

英国优生研究表明，孕2月胎宝宝的各项器官、组织开始迅速分化、形成，是胚胎发育期最敏感的时期，比如，脑的敏感期是受精后的15～27天，心脏为20～30天，四肢为24～36天，生殖器为38～60天。现代生活中无处不在的电子产品都会对孕妈妈的身体带来辐射，使新生儿的畸形率增加。因此，孕妈妈在本月要特别注意远离辐射，为胎宝宝的身体发育提供一个良好的环境。

1.辐射在身边——手机

手机就是一个无线电的发射、接收台，电磁辐射量很大。把它挂在腹部、下身附近，从优生的角度而言危害更大。

应对方法：使用耳机，随身携带最好放在包里。另外，长话短说较保险，能少用一些就少用一些！

2.辐射在厨房——微波炉、电磁炉、电火锅

有研究显示，微波照射在阴囊、睾丸上，可以使精子数目减少、精子活力降低，甚至还可以作为男性避孕的方法，因此，微波对生殖的危害就不言而喻了。

电磁炉、电火锅等加热电器的电磁辐射也很高，和微波炉不同的是，它们是开放工作的，更要注意安全。

应对方法：使用电磁炉时，要先关掉电源才能移开锅；使用微波炉时听到“叮”的一声后不要急着打开炉门，最好等半分钟后再打开。使用电磁炉、电火锅时，由家人烹调好了再关掉电源后一起享用，不要边煮边吃。

3. 辐射在卧室——电热毯

电热毯通电后产生的磁场必然造成电磁波污染，虽然污染程度较小，对成人不会造成健康危害，但对孕妈妈腹中的胎宝宝会有一定影响，严重的可导致流产、胎宝宝畸形等。

应对方法：建议孕妈妈最好不使用。

4. 辐射在书房——电脑

现代人每天要近距离地接触电脑几个小时甚至十来个小时。从辐射量的角度而言，电脑确实不高，但长期面对也会造成辐射伤害。

应对方法：电脑主机的背面是电磁辐射最强之处，应注意避免正对它的后面，无法避免时，最好以屏蔽罩罩住电脑背后。

5. 辐射在客厅——电视

怀孕后究竟能不能看电视呢？一般说来，非长时间地持续看电视，对胎宝宝不会造成大的危害。

应对方法：每天不应超过2小时，每看1小时左右应稍休息几分钟；应选择轻松、欢快的节目，以欣赏或消遣的态度去看，不宜看情节紧张和场面惊险的节目，不要全神贯注、过于认真地看；距电视屏幕应在2米以上，坐的姿势要正确，以免引起躯体疲劳。

6.辐射在办公室——复印机

由于复印机的静电作用，空气中会产生臭氧，它使人头痛和晕眩，启动时，还会释放一些有毒的气体，有些过敏体质的人会因此发生咳嗽、哮喘。

应对方法：如果你的办公室里有一台复印机的话，你可以跟同事商量，把它放在一个空气流通比较好的地方，并要避免日光直接照射。你还要经常减少与复印机打交道。并要适当增加含维生素E的食物。

第四章

孕3月：胎儿大小像李子，可分辨宝宝性别

孕3月，胎宝宝差不多跟李子大小了。这个过程胎宝宝在妈妈肚里建造的“基础工程”已经完工，从严格意义上说，从第9周起可以被称为胎儿了（一般也亲切称之为胎宝宝），关于胎宝宝流产，本月还不能松懈，通过日常生活的细致呵护，通过接受初次产前检查等，让自己平稳过渡。

胎儿发育指标

胎长	3～10厘米。
胎重	4～40克。
五官	面颊、下颌、眼睑及耳郭已发育成形，眼睛清晰可见。
四肢	手指、脚趾清晰可辨，左右腿还可交替做屈伸动作。
器官	肋骨、皮下血管、心脏、肝脏、胃肠更加发达；输尿管已可排出一点点尿；外生殖器分化完毕，可分辨胎宝宝性别。
胎动	暂感觉不到胎动。

孕妈妈体态指标

体重	食欲增加，体重逐渐上升。
身体变化	阴道分泌物比平时略增多，膀胱容量减小，出现尿频。子宫压迫直肠，精神忧虑，或有便秘、腹泻发生。
乳房	乳房进一步长大，乳晕和乳头色素沉着更明显，颜色变黑。
子宫	孕3个月末时，子宫已长如握拳大小。
妊娠反应	孕3月前2周是妊娠反应最严重的阶段，之后开始减轻到自然消失。

第一节 饮食方案：“养”一个健康宝宝

本月胎宝宝尚小，因此，母体营养应该以重质为核心。此时要注意摄取如肉、鱼、豆、蛋、奶等蛋白质和维生素含量较多的食物。害喜严重的孕妈妈，如果食欲不佳，可以适当侧重自己喜欢的食物，但应以容易消化的、新鲜的食物，尽量避免吃油炸、辛辣的食物为原则。

饮食总则：本月孕妈妈饮食指导

进入第3个月虽然是关键期，在孕3月初期由于胎儿体积尚小，所需的营养不是量的多少，而重要的是质的好坏，尤其需要蛋白质和维生素较多的食物；受孕11周以后，由于胎儿迅速成长和发育，需要的营养也日渐增多。从这个时期起，不仅食品的质要求高，而且量也逐渐要多。这个时期，如果孕妈妈胃口好转，可适当加重饭菜滋味，但仍需忌辛辣、过咸、过冷的食物，以清淡、营养的食物为主。

怀孕第3个月的饮食总原则为：保证每日供给量，食物多样化，

不偏食、不挑食。具体如下：早晚进餐后各喝250毫升牛奶，最少每周进食2～3次鱼和鸡肉，每周至少进食2～3次鸡肝或猪肝，以保证铁和维生素的需要，保证每日进食豆类食物，有益于胎宝宝发育，每日不能少于供给量，并且其中1/2～2/3应为黄绿色蔬菜。并注意水果不能代替蔬菜。此外，还可适量进食一些核桃、瓜子仁、花生、栗子等干果类食物。

孕早期反应时有出现，如何补充蛋白质

因为孕早期不是胎儿快速生长的时期，要求的营养补给量除了量上有所增加外，没有什么明显的变化。所以不用吃得太多。另外，孕早期还会有早孕反应的出现，所以饮食一般以清淡、容易消化的食物为主。正因为这样，蛋白质补充变得更为重要。孕妈妈这时可根据自己的口味、习惯，可以多方面摄入植物蛋白和动物蛋白。

食物来源：口蘑、松蘑、猴头菇等菌类，黄豆、蚕豆、绿豆、红小豆、芸豆等豆类，蛋白质含量都较高。奶酪含有丰富的蛋白质、钙、磷、钾、钠、镁等微量元素，及维生素A、维生素D和B族维生素。孕妈妈都可以尝试一下，牛蹄筋、海参、贝类等海产品含蛋白质丰富，做出来清淡可口，也很适宜现在的孕妈妈食用。

想吃厚味的食物，就选择猪肉、牛肉、鸡肉等做成红烧肉、罐焖牛肉、辣子鸡等来吃；想吃清淡的就选择鱼、虾或各种肉馅做成清蒸鱼、清炒虾仁、蒸肉饼来吃。如果什么肉都吃不下去，还可以选择豆制品及口蘑、鸡腿蘑等菌类来补充蛋白质。

巧吃零食，为孕妈妈补充能量

妊娠反应比较严重的孕妈妈，不能正常进餐，可选择饼干、面包、蛋糕等补充能量，还要喝些牛奶，吃些鱼干、肉松、肉脯、豆腐

干等，以补充蛋白质和钙。各种水果也可以多吃，既补充维生素、无机盐、膳食纤维，又增加水分的摄入，妊娠反应严重的孕妈妈往往也有缺水的现象。

妊娠反应较轻的孕妈妈，最好选择营养价值高的零食。营养价值高的零食是指含有多种营养素的零食，零食中营养素的种类越多，营养素的含量越高，营养价值也越高。我们可以简单地做一个比较。

巧克力中含量最多的是糖和脂肪，这两种营养素在人体内的主要作用是供给能量，因而称为高能量性的零食，不能列入营养价值高的零食行列；而核桃、花生等因为含有较多的脂肪，可供给比较高的能量，同时蛋白质的含量也较高，还含有比较多的维生素，它们的营养价值就高于巧克力。

鱼干和猪肉脯都可以供给人体优质蛋白质，营养价值都比较高。但再仔细比较，鱼干还能提供丰富的钙，如果是海产鱼干，还含有人体需要的微量元素碘、锌等，这些都是对胎宝宝健康成长十分有利的营养素，因而鱼干的营养价值高于猪肉脯。

水果作为零食时，也有特别重要的作用，因为一般的零食都要经过反复加工，大多缺乏维生素C和膳食纤维，而新鲜的水果特别是新鲜的橘子、猕猴桃等，就可以补充其他零食中的不足。

食用绿色蔬菜要注意的问题

绿色蔬菜中维生素、纤维素和微量元素含量高。为充分摄取绿色蔬菜中的营养物质，应注意以下几点：

（1）能生吃的蔬菜尽量生吃，可减少维生素的缺失，但生食蔬菜应注意卫生。

（2）绿色蔬菜最佳吃法，是在开水中快速烫一下，尽量不加作料，力求清淡，品尝自然味。

（3）蔬菜榨取汁液饮用，会影响唾液中的消化酶分泌。因为咀嚼的作用不是单纯地嚼烂蔬菜，更重要的是通过嚼的手段，使含在唾液中的消化酶充分地混合于汁液里。

当心，进补也会造成先兆性流产

孕妈妈需要增加营养是人所共知的常识，但是，并非所有营养品都适合孕妈妈，不加选择地盲目进补，对孕妈妈是很危险的。曾有一位妇女，在其怀孕后，家人给她买来桂圆、黄芪、人参、蜂王浆等各种滋补品，但是她吃了以后却出现了漏红现象，经医生检查诊断为乱用补品造成的先兆流产。

孕妈妈由于缺乏医学知识而盲目进补，如：有些地方的孕妈妈习惯食用黄芪或黄芪炖鸡，结果不仅没有起到保健作用，反而还造成了难产和疾患。为什么会这样呢？从中医学的角度看，妇女怀孕后，由于阴血聚以养胎，多数人有阴血偏虚的症候，而阴虚则会滋生内热，从而出现口干、口苦、大便干结、小便短赤等阴虚火旺的症状。结合上面的情况来看，黄芪具有益气、升提的作用，会扰乱妊娠后期胎宝宝正常下降的生理规律，从而使产程延长或导致难产。所以，孕妈妈不应听信“桂圆力大可保胎，食之将来孩子可眼大、漂亮”等说法，孕期应禁食桂圆。对人参和蜂王浆，若孕妈妈的确气血亏虚，需要使用，也必须严格按照医嘱使用。

因此，孕妈妈除了吃多样化食物以保证蛋白质、维生素以及铜、铁、锌等微量元素充足之外，不要乱用补药，否则，会使阴阳气血失调、脏腑功能受到干扰，出现各种不适症状，甚至造成严重后果。所以，孕妈妈进补一定要谨慎，千万不可乱用补品。

幸孕小礼包

优生食谱，怀孕了怎么吃

肉炒黄瓜干

【备料】猪瘦肉150克，黄瓜干200克，色拉油、绍酒、白糖、精盐、味精、葱片、淀粉各适量。

【做法】

①将猪肉切成薄片；黄瓜干用清水泡软洗净，挤干水分备用。

②炒锅上火烧热，加入适量底油，放入肉片煸炒至变色，下葱片爆香，烹绍酒，加入酱油，放入黄瓜干煸炒片刻，添少许汤，加精盐、味精、白糖，调好口味，翻炒使入味均匀，用水淀粉勾薄芡，淋明油，出锅装盘即可食用。

【功能】本菜富含优质蛋白质、维生素及其他营养物质，适宜孕妈妈食用。

鲫鱼姜仁汤

【备料】鲫鱼1条（约重400克），生姜6克，砂仁15克，猪油、精盐、味精各适量。

【做法】

①将鲫鱼去鳞及内脏，洗净。

②把砂仁冲洗干净，沥干，研成末，放入鱼腹内。

③将生姜去皮，洗净，切成细丝。

④取一炖盅，将鱼放入盅内，再加入姜丝，盖好盅盖，隔水炖2小时，加入猪油、精盐、味精调味，再稍炖片刻，出锅即成。

【功能】鲫鱼除营养丰富外，还有治疗子宫下垂的作用，有利安胎，可防治先兆流产和习惯性流产。对于妇女妊娠期间呕吐不止、胎动不安有较好的疗效。

打卤面

【备料】水发香菇5朵，五香豆腐干2块，猪肉250克，慈菇5个，豆瓣、葱、姜、蒜、酱油、湿淀粉、食醋、鸡精、高汤、白糖各适量。

【做法】

①香菇、豆腐干、慈菇和葱、姜、蒜切均匀细粒，猪肉剁碎。湿淀粉、酱油和白糖对芡待用。豆瓣剁细。

②锅内放油烧热，先后放豆瓣、葱、姜、蒜、碎肉、香菇和豆腐干、慈菇翻炒出香味。

③加高汤，改中火烧沸后加对好的湿芡和鸡精，稍加搅拌即成酱汤。另煮面条，食用时加入做好的酱汤即成。

【功能】此面富含动物和植物蛋白质，面汤有较好的健脑作用。

肉丝榨菜汤

【备料】瘦猪肉100克，榨菜50克，香菜、香油、精盐、味精、料酒、清汤各适量。

【做法】

①瘦猪肉洗净切成细丝；榨菜洗去辣椒糊，也切成细丝。香菜择洗干净，切段。

②将汤锅置火上，加入汤（或清水）烧开，下肉丝、榨菜烧沸，加精盐、味精、料酒、香菜，淋香油，盛入汤碗内即成。

【功能】此汤含有优质动物蛋白质、多种矿物质和维生素，并能补充人体需要的水分，适宜孕妈妈食用。

芹菜拌豆芽

【备料】芹菜、绿豆芽、香干各150克，香油、醋、精盐、蒜泥各适量。

【做法】

①芹菜择洗干净，大的破开，切成3厘米长的段，放入开水锅内焯一下，用凉开水泡凉，沥水备用。

②绿豆芽掐去两头洗净，放入开水锅内焯一下捞出，用凉开水泡凉，和芹菜放在一起。

③香干洗净，切成细丝，放入芹菜、豆芽中，加入香油、醋、精盐、蒜泥，拌匀即成。

【功能】

此菜含有丰富的铁、钙、磷、维生素C、蛋白质等多种营养素。常吃芹菜对高血压、血管硬化、贫血、神经衰弱、小儿软骨病等有辅助治疗作用。

清蒸大虾

【备料】带皮大虾500克，汤50毫升，香油、料酒、酱油各、味精、醋、葱、姜、花椒各适量。

【做法】

①大虾洗净，剁去腿、须，摘除沙袋、沙线和虾脑，切成4段；葱切条；姜一半切片，一半切末。

②将大虾段摆入盘内，加入料酒、味精、葱条、姜片、花椒和汤，上笼蒸10分钟左右取出，拣去葱、姜、花椒装盘。

③用醋、酱油、姜末和香油对成汁，供蘸食。

【功能】此菜含有丰富的优质蛋白质、维生素A、尼克酸及多种矿物质。

第二节 胎教方案："预订"一个聪明宝宝

渐渐地，胎宝宝要开始"闹腾"你啦！踢腿、吃手指、转身等在一些母亲那里似乎能够清晰地感觉到。一些带有互动性的胎教方式将收到更为明显的效果。

情绪胎教：心音是胎儿最动听的音乐

正常母亲有节律的心音是胎儿最动听的音乐，母亲规律的肠蠕动声也给胎儿以稳定的感觉，处在良好的子宫内环境之中，使胎儿能得到良好的生长发育。反之，当孕妈妈生气、焦虑、紧张不安或忧郁悲伤时，会使血液中的内分泌激素浓度改变，胎儿会立即感受到，表现不安和胎动增加。如果长时间存在不良刺激，胎儿出生后患多动症的几率增加，有的还可发生畸形。

胎教建议

一个温馨的家庭是最无声的胎教，它可以使孕妈妈心情舒畅、心境平和、情绪稳定，使母亲始终生活在充满爱的环境之中，这对胎儿身体和心理的健康成长，以至未来性格的发育都会起到积极的和良好的作用。因此，孕妈妈始终保持平和、宁静、愉快而充满爱的心理，是此阶段胎教的主要内容。

语言胎教：“对话”增加母子交流

父母亲通过动作和声音与腹中的胎宝宝进行对话，是一种积极有益的胎教手段。在对话过程中，胎宝宝能够通过听觉和触觉感受到来自父母爱的呼唤，对促进胎宝宝的身心发育十分有利。在实施对话胎教时，可根据生活场景的变化，而改变对话内容，最好每次都以相同的句子开始和结束以加强胎宝宝的印象。

胎宝宝长至3个月时，父母就可以每天定时与胎宝宝讲话，每次时间3分钟左右，对话的内容可与实际生活联系在一起，以简单轻松为原则。

胎教建议

1.每天清晨，孕妈妈可以一边抚摸肚子，一边说：“该醒醒了，小宝宝！”孕妈妈梳洗时，可以向宝宝描述当天的阳光、空气：“今天的太阳真明亮，空气中一阵阵清香。”

2.吃饭时，可以向宝宝介绍：“小鸟在歌唱，小草在舞蹈，风暖洋洋的。”还可以由父亲轻轻抚摸妻子的腹部，对宝宝说：“宝宝，爸爸来看你了。把小手伸出来，小脚丫蹬一蹬……”

音乐胎教：每天可进行两次听觉训练

本月胎宝宝耳郭已发育成形，即原始的耳朵已经形成，虽然内耳发育尚需一段时间，但从宫内观察，胎宝宝对声音已经有了一些反应，因此为了提高对胎宝宝的听觉训练，在本月应继续音乐胎教。

胎教建议

1.每天可进行2次听觉训练，每次3～5分钟。

2.孕妈妈适宜听优美动听、轻松愉快的音乐，以缓解不安的心情，同时也利于胎宝宝成长。

3.孕妈妈还可以每天哼唱几首自己喜爱的抒情歌曲，也会起到满意的效果。

幸孕小礼包

助力胎教，准爸爸怎么做

怀孕1～3个月，为了胎宝宝安全，孕妈妈要学会拒绝丈夫的性要求。此时，准爸爸一定要明白，这样做并不是因为自己的关系，而是为了你的胎宝宝健康成长。其实，夫妻间的肉体关系并不是只有性行为而已，有时可借由二人一起沐浴，或牵手散步等肌肤相亲的动作来替代。在本月，准爸爸除了需要特别控制性冲动外，还要做到以下几点：

1.妥善安排好妻子的饮食，培养她良好的饮食习惯，摄入均衡营养，为胎宝宝的成长打下良好的基础。同时，帮妻子规律作息，养成良好的生活习惯，并且多给妻子鼓励和赞扬，帮助她建立面对以后孕期生活的信心。

2.尽量抽时间陪妻子去做产检。健康检查都会测量胎宝宝的发育程度，比如大小、身长等项目。本月你可以通过一种名叫多普勒的医学仪器，听到宝宝强有力的心跳，这恐怕会成为你终生难忘的经历，千万别错过。

3.陪妻子一起去听课。目前很多医院的产前检查服务中都有“孕妈妈课堂”这项内容。孕妈妈在课堂里可以学到一些关于怀孕和分娩的必要知识，这种课堂是欢迎准爸爸参加的。所以，你最好能抽点时间和爱妻一起去听课，一来学了知识，二来也是体现自己对爱妻“心理支持”的有力行动。

第三节 保健方案：听人劝好孕常相伴

安心养胎，给胎儿一个健康、安宁的环境，防止意外流产是这个月保健的核心，解决相关的困惑，对于外界环境趋利避害，则是胎教不可或缺的内容。

接受一次最全面和细致的检查

妊娠3个月时，应该接受一次最全面和细致的检查。在这次检查中，不仅要仔细检查胎宝宝的生长情况，也要全面了解孕妈妈的身体情况，以便一旦有问题，可以早期进行干预和治疗。所以，这次的检查意义重大。

为了让妇产科医生了解孕妈妈的健康状况和胎宝宝的生长发育状况，第一次产检一定要空腹。随着孕检的开始，孕妈妈们会面临着选择孕检医院。孕妈妈应尽量选择离家比较近的正规医院做孕检，这样比较方便。另外，我国对产前筛查实验室实行准入制度，所以，孕妈妈一定要选择正规的、通过国家认证的产前筛查中心进行检测，保证检查结果的可靠性和权威性。此外，专家建议孕检医院与生产医院尽量选同一家，这样医生对孕妈妈的情况比较熟悉，如果发生意外，容易做出明智的选择。

产检项目量身高在整个孕期中只测一次。医生将通过身高和体重的比例来估算你的体重是否过重或过轻以及盆骨大小。测体重是每次孕检必测项目。通过孕妈妈的体重间接检测胎宝宝成长。孕期体重增加约为

12.5公斤，孕晚期平均每周增加0.5公斤。量血压是每次孕期检查必测项目。血压高是先兆子痫的症状之一，它将影响胎宝宝的发育成长。询问病史，询问孕妈妈及家属得过哪些病，半年内是否接触过有害物质及月经史、婚姻史等。听胎心音，怀孕第12、13周时，已经能听到胎心音。听到胎心音即可表明腹中的胎宝宝为活胎。测宫高、腹围，每次产检都要测量宫高及腹围，根据宫高画妊娠图曲线了解胎宝宝宫内发育情况，看是否会诱发迟缓或巨大儿。具体检查项目如下。

血常规检查

检查血色素，判断孕妈妈是否贫血。检查血型，防止新生儿溶血症，如果丈夫为A型、B型或AB型血，孕妈妈为O型血，生出的小宝宝有ABO血型不合的可能。

尿常规检查

检查检查尿液中是否有蛋白、糖，提示有无妊娠高血糖等疾病的出现。

肝、肾功能检查

检查孕妈妈有无肝炎、肾炎等，怀孕时肝脏、肾脏的负担加重，如肝、肾功能不正常，怀孕会使原来的疾病“雪上加霜”。

测艾滋病

抗体检查孕妈妈是否感染了艾滋病，母婴传染是艾滋病的主要传播途径之一。

测甲胎

蛋白筛查神经疾病，如：无脑儿及脊柱裂。正常值<20。

乙肝检查

六项检查孕妈妈是否感染乙肝病毒。如果已经感染就要转到传染病专科医院去生产。

丙肝检查

病毒检查孕妈妈是否感染丙型肝炎病毒，如果已经感染要转到传染病专科医院去生产。

病毒检查

感染孕妈妈在妊娠4个月以前如果感染病毒，胎宝宝都可能出现先天性畸形，甚至流产。

心电图

排除心脏疾病，以确认孕妈妈能否承受分娩，如心电图异常，可进一步进行超声心动的检查。

做漂亮妈妈，自制三款美白面膜

（1）将薏米、绿豆粉混合，加入适量的清水或蛋清及小黄瓜汁，搅拌成糊状面膜，15分钟后用清水洗去。

（2）可取一个生鸡蛋的蛋清和小黄瓜、鲜牛奶各一汤匙，混合搅拌，调成糊状，用于涂敷，15分钟后用清水洗去。

（3）将西红柿去皮，切碎挤汁，再加入少许的蜂蜜和半汤匙的黄豆粉，拌匀涂敷，15分钟后用清水洗去。

本月小两口尽可能避免性生活

人与动物的区别之一在于他能理智战胜情感，控制生理上的需要，尤其为了第二代的平安健康，有时必须做出理智选择。

夫妻过性生活是婚后夫妇正常的生活。但当妻子怀孕后，如何过性生活却是应该高度重视的事了。为了保证胎宝宝的健康，妊娠头3个月应避免性交。

为什么妊娠3个月要禁止性生活呢？这是因为妇女怀孕后内分泌机能发生改变，对性生活的要求降低。同时还有心理方面的因素，担心性生活会影响胎宝宝正常发育和安全等。更重要的是妊娠3个月里，由于胚胎正处于发育阶段，特别是胎盘和母体子宫壁的连接不紧密，如果进行性生活，很可能由于动作的不当或精神的过度兴奋时的不慎，使子宫受震动，很容易使胎盘脱落，造成流产。即使性生活时十分小心，由于孕妈妈盆腔充血，子宫收缩，也会造成流产。

对于性生活造成的细菌感染也要注意。怀孕期分泌物增多，外阴部不仅容易溃烂，而且对细菌的抵抗力也减弱。被细菌感染，症状如加重就有流产的危险。所以平时要注意保持局部清洁，同时在性行为前必须特别注意。关于这一点，丈夫也应同样要注意。

同时，由于你内分泌的改变，早孕反应的发生，使得你对性生活没有多大兴趣，常常表现出厌倦或对丈夫不满意。因此，丈夫应了解这一情况，可以用其他方式交流夫妻感情。夫妇过性生活应该相互体贴和谅解。如果男方不能做到这一点，就容易造成孕妈妈的不愉快和夫妻感情上的隔阂。因此，在能不能性交的问题上，应首先考虑对自己将来的孩子有无影响。

孕期乳房卫生包括的几项内容

众所周知，母乳是婴儿的理想食品。为了产后能顺利地授乳，准备工作应始于孕期。孕期乳房卫生包括以下几项内容：

（1）妇女怀孕后，乳房进一步发育长大，孕期不宜穿过紧的上衣，以免由于压迫乳房而妨碍其发育；应佩戴合适的乳罩，防止乳房下垂。

（2）孕妈妈的皮脂腺分泌旺盛，乳头上常有积垢和痂皮，强行清除可伤及表皮，应先用植物油（麻油、花生油或豆油）涂敷，使之变软再清除。

（3）妊娠4或5个月后，每日应用毛巾蘸肥皂水擦洗乳头数次，以增加其弹力，并可使表皮增厚，从而耐受婴儿吸吮，减少产后乳头皲裂的发生。

（4）内陷的乳头于擦洗干净后，用双手手指置乳头根部上下或两侧同时下压，可使乳头突出。乳头短小或扁平者则可用一手压紧乳晕，另一手自乳头根部轻轻外牵（有早产倾向者不宜使用牵法）。这些都是简便易行的纠正方法，每日可进行10～20次，甚至更多，数月后，就可见到成效。

胎儿着床，孕3月身体锻炼正当时

妊娠各阶段生理特点各不相同，健身方式也要做出相应的调整。在怀孕头3个月，胎儿尚处于胚胎阶段，孕妈妈的活动量宜小不宜大，以免引起流产。此时最佳的选择就是散步。到了妊娠3个月，胎儿着床已稳定，孕妈妈可根据个人体质及过去的锻炼情况，适当加大运动量，进行力所能及的锻炼，如游泳、孕妈妈体操、瑜伽等。这个时候做做家务，只要科学掌握要领，也不失为运动的好方法。

比如，在厨房里就能完成的一些简单运动有助于下半身的锻炼，特别是能提高脂肪燃烧率。手上端一个空盘子，向桌子方向慢慢跨出一步。这时两膝稍稍弯曲，重心放到前脚上。身体慢慢向后，前脚脚掌由踩地变为足尖点地。同时逐渐将重心移到后脚。将前脚收回，换另一只脚做。每天做2遍。

又比如，晾衣服的时候，左膝着地，单膝跪在地上。右手置于大腿上，左手拿起衣物，保持背部挺直。保持右手放在右腿上不变。站起时呼气。然后慢慢吸气。站起身的时候保持身体与地板垂直。可以的话双脚交替运动，每天做2遍。这个时候运动可以有效地预防腰痛并提升力气哦！

孕孕小礼包

安胎有方：预防流产

怀孕早期也就是怀孕的前3个月，是流产风险相对比较大的时候。那么究竟都是什么原因导致有些孕妈妈失去孕育新生命的机会呢？首先是胚胎本身存在自然淘汰的问题，存在异常的胚胎在怀孕的前三个月里是最容易流产的。另外，遗传因素也可能导致流产，如有不良基因，孕妈妈也容易流产。除了自身的原因外，孕妈妈在怀孕早期或者怀孕前如果接触电脑比较多，或是有吸烟、饮酒、生病或受污染了的环境影响，或是没有提前3个月补充叶酸，都有可能是造成流产的原因。

专家还提醒，如果发生一次自然流产还是偶然，但如果发生多次流产事件，就该到医院查染色体，或者查血，找到流产的根由。而为了减少流产的危险，孕妈妈不但要远离烟、辐射等有害物质，还要注意休息，避免劳累和剧烈活动。

（1）充分的休息，切勿过度劳累。不要做过重的体力劳动，尤其是增加腹压的负重劳动，如提水、搬重物。

（2）防止外伤。出门最好穿平底鞋；孕期尽量不要外出旅游；避免振动的工作环境；做家务时避免危险性动作，如登高。

（3）摄取均衡的营养。远离烟酒，清淡饮食，不吃辛辣的食品，尽量少食多餐，必须保持大便通畅，避免肠胃不适。

（4）节制性生活。性生活时腹部受到的挤压和宫颈受到的刺激均会诱发宫缩。在孕早期，胎盘的附着尚不牢靠，宫缩非常容易导致流产，所以妊娠早期应禁止性生活。妊娠中期虽然可以有适当的性生活，但次数和幅度都应少于孕前，准爸爸们应该克制一下。

（5）保持心情愉快，情绪稳定。鲜牛奶可以帮助孕妈妈预防骨质疏松，还能帮你稳定情绪；橘子、芹菜等高纤维的蔬菜水果，既去火又补充维生素，并且让你心情愉快起来。

（6）保持身体特别是会阴部的清洁。生殖道炎症也是诱发流产的原因之一。怀孕期间，阴道分泌物增多，因此外阴清洁工作显得非常重要，孕妈妈每晚都应坚持清洗外阴，必要时一天清洗两次。

（7）每两周需到医院做产检一次。

第五章

孕4月：胎儿大小像西红柿

从本月开始，孕育步入一个新的阶段——孕中期，此时，胎儿看上去更像一个漂亮娃娃了。孕妈妈也能通过那些不合体的衣服以及需要穿孕妇装才不“憋得慌”的体验感受到胎宝宝的成长。此外，胎动也开始一路与孕妈妈相伴了。

胎儿发育指标

胎　长	10～18厘米。
胎　重	40～160克。
五　官	脸部初具人形，下颌骨、面颊骨、鼻梁骨等开始形成，耳郭伸长；听觉器官基本完善，对声音刺激开始有反应；头发也开始长出。
四　肢	手脚肌肉、骨骼继续发育，稍微能活动。
器　官	脊柱、肝、肾都开始原始分化。
胎　动	胎动不明显。

孕妈妈体态指标

体　重	食欲增加，体重逐渐回升。
身体变化	阴道分泌的白带增多，频尿、尿急。
子　宫	子宫增大，腹部隆起，渐出“孕味”。
乳　房	乳房增大明显，乳周发黑，乳晕更为清晰，乳头似有初乳。
妊娠反应	早孕反应自然消失。

第一节 饮食方案：“养”一个健康宝宝

本月开始，胎宝宝迅速发育，为了使胎儿的发育良好，孕妈妈要大量地摄取蛋白质、钙、铁、维生素等营养素，尽量满足胎儿及母体营养素存储的需要，避免营养不良或缺乏营养的影响，尤其要注意对铁质的吸收，以防止妊娠贫血症的发生，补归补，但应避免过多脂肪和过分精细的饮食。

饮食总则：本月孕妈妈饮食指导

孕期第4个月，为了配合胎儿骨骼发育和胎教的需要，增加各营养素的摄入量，尽量满足胎宝宝迅速生长以及母体营养素贮存的需要。比如，每天蛋白质的供给量应增加15克，达到75～95克；每日增加约200千卡膳食营养素；每天饮用6～8杯水，就能保证孕妈妈的需要。这8杯水中（果汁的量最好不要超过2杯），每日的维生素D需要量为10毫克；每日钙供给量为1000毫克。除了量的满足，还要根据自己的情况，把握一些原则。孕4月还要遵守五条原则，具体如下：

1.孕妈妈机体代谢加速，糖分利用增加，热量需要比孕早期明显增加。主食：米饭、馒头等，副食：鱼、肉、蛋、牛奶、酸奶、豆制品、芝麻、花生、核桃等。

2.此期胎儿及母体对蛋白质的需要迅速增加，孕妈妈应当摄入较多的蛋白质，动物蛋白和植物蛋白各占一半，如：肉、鱼、蛋、奶、大豆及豆制品。

3.孕妈妈应保证每天适量的脂肪摄入，以补充生理需要，为分娩和产后哺乳做贮备。但要注意动植物脂肪的比例，要平衡摄入。

4.整个妊娠中期是贫血的高发期，因此，要多吃含铁质丰富的动物血、精肉、肝、蛋、深色蔬菜、水果和维生素C，以促进铁质的吸收。

5.不要挑食、偏食，防止矿物质及微量元素的缺乏，做到荤素搭配、合理营养，同时把好食物质量及烹调关。

将钙添入到日常饮食中的窍门

（1）在面包、饼干和薄烤饼上涂上糖蜜。芝麻和芝麻酱的含钙量也较高，饼干和蔬菜可以蘸着它们吃。

（2）将脱脂奶粉放入汤、奶里。在准备松饼或薄饼面粉时加入脱脂奶粉。

（3）用原味酸奶作为沙拉酱的底料，或用水果味的酸奶做水果沙拉，或新鲜水果的蘸酱。

（4）吃带骨鱼。

（5）多吃含钙量高的蔬菜。

（6）用柔软光滑的豆腐做布丁和沙拉酱的底料。

（7）用牛奶或奶粉做奶油汤。

（8）用含有2倍钙的奶粉做土豆泥、布丁和奶油沙司。

（9）食用奶制品做的食物，如布丁、酸奶和奶昔。

（10）在土豆泥、蔬菜、意大利面条中放入低脂或脱脂奶酪。

（11）多吃玉米，2个玉米饼大约含有400毫克的钙。

孕妈妈喝牛奶，胎宝宝好处多

牛奶营养丰富，尤以钙的含量高，且特别易被人体吸收，故而是孕期的保健佳品，孕妈妈喝牛奶，胎宝宝受益多。

据测定，在一瓶227毫升消毒牛奶中，所含蛋白质相当于55克鸡蛋；脂肪相当于385克带鱼；热量相当于120克猪肝；钙相当于500克菠菜；磷相当于300克鸡肉；维生素A相当于125克活虾；维生素B_2相当于225克羊肉。

最新研究发现，牛奶中含有对机体生理功能具有调节作用的肽类，可以发挥类似鸦片的麻醉镇痛作用，使全身产生舒适感，又不会成瘾。临睡前喝一杯牛奶，既可以补充营养，又能使孕妈妈情绪稳定；既促进睡眠，又有利于胎宝宝的发育成长。由此可见，孕妈妈常喝牛奶，胎宝宝确实受益多多。因此，若条件允许，孕期最好能保证每日2~3杯牛奶，以满足母子健康的需求。

饮食“红灯区”，不可逾越的饮食雷区

孕妈妈从本月开始，孕中期内应忌食的食物有以下几种：

（1）过寒食物

这类食物一般不完全禁忌，应少食而有节制，如珍珠粉、柿子、甲鱼、蟹等。这些食物吃多了，可能会让孕妈妈腹中冷痛、胃

痛不适、消化不良。如体质虚寒者则忌食。以螃蟹为例，尽管食用螃蟹已有久远的历史，曾有“一盘蟹，顶桌菜”的民谚。但不是人人适合食用。螃蟹味道鲜美，但因其性寒凉，有活血祛瘀的作用，故对孕妈妈不利，尤其是蟹爪，有明显的堕胎作用，在妊娠期间不宜食用。此外，甲鱼尽管有较高的药用食疗价值，具有滋阴益肾的功效，但由于其性味咸寒，有着较强的通血络、散瘀块作用，因而有一定堕胎作用，尤其是鳖甲，堕胎效果比鳖肉更强。孕妈妈及产后泄泻的产妇不宜食用甲鱼，以免吃后引发胃肠不适等病症，或产生其他不良反应。

（2）高草酸蔬菜

如茭白、笋、芹菜、菠菜、空心菜等草酸的含量较高。草酸在胃肠道中和铁结合，会降低铁的吸收率，在体内则会和钙结合，形成草酸钙，增加引发胆结石、肾结石的危险。尤其是已有结石和贫血的孕妈妈，更应禁忌这类食物。

（3）辛辣大热的食物

如桂皮、茴香、芥末、辣椒、龙眼、荔枝、巧克力，这些食物吃多了，可能会让孕妈妈们脸上长青春痘，引发口腔、口角溃疡、牙龈肿痛、喉咙痛、便秘、易发痔疮。

（4）大量的油腻食物和甜食

到孕中期，妊娠反应消失以后是胎宝宝最容易长胖的阶段。很多人会想，前几个月都没好好吃东西，现在要多吃点补回来。糖分和脂肪是最易吃了发胖的，孕妈妈摄入过量，则体重过快增加，会增加孕妈妈心脏、关节的负担，增加妊娠期发生糖尿病和妊高征的危险。

（5）咖啡、茶、可乐等含咖啡因的饮料

其中的咖啡因会刺激胎宝宝的神经，这会降低钙、维生素的吸收率。孕中晚期都应注意尽量少喝这类饮料。

添加剂，防止天然食品并非天然

许多食物在生产加工的过程中，为了增加其色、香、味、形，往往要加入一些天然或人工合成的物质。这些物质在适量的范围内对人体是无害的；但用量过大时，就不能保证其安全性。

随着食品工业的发展，人工合成的添加剂种类越来越多，使用范围也越来越广：有改善肉制品色泽的硝酸盐类、各种面点制作时使用的色素、使面点更加松软的膨松剂、各种水果口味的香精、使面制品颜色更白的脱色剂、为了延长食物保质期使用的防腐剂等。

食物加工的过程越精细、越复杂，使用的食品添加剂种类就越多。从这个角度来说，尽量食用加工方法简单的食物，可以避免过多地接触食品添加剂。例如，经过腌制的肉，因为加入了添加剂亚硝酸盐或硝酸盐，可能含有亚硝胺，这是一种致癌物质，因此，鲜肉要比腌肉安全。裱花蛋糕很美丽，但使用的人工合成色素很多，如奶油黄这种色素经过多年的使用和研究，已发现了对人体有致癌作用而被禁止使用，普通蛋糕的色泽虽然不如裱花蛋糕，但可安全食用。天然的水果对人体有益，就不必去喝各种果汁饮料，因为即使标有“天然”果汁的饮料，也会添加色素和香精。

人工合成的色素不能保证其安全性，天然的各种食品添加剂也并不能保证100%的安全，所以“天然的就是安全的”这种说法并不科学。现代研究发现，我们经常使用的某些香料，食用过多对人体也有致癌作用，如丁香、桂皮等。所以，孕早期的孕妈妈最好选择制作简单的食物，尽量避免食品添加剂对人体产生危害。

海带焖饭

【备料】大米300克，水发海带100克，盐适量。

【做法】

①将大米淘洗干净；水发海带放入凉水盆中洗净泥沙，切成小块。

②锅置火上，放入海带块和水，旺火烧开，滚煮5分钟，煮出滋味，随即放入大米和盐，再开后，不断翻搅，烧10分钟左右，待米粒涨发，水快干时，盖上锅盖，用小火焖10～15分钟即熟。

【功能】海带含碘、钙丰富，孕期食用，有利胎宝宝的生长，防治孕妈妈肌肉抽筋。

烫面蒸饺

【备料】面粉、净肉各500克，熟肉150克，笋片100克，精盐、味精、酱油、香油、姜末各适量。

【做法】

将肉切成小碎丁，笋片和熟肉也切成小丁，加作料拌匀成馅。面粉加开水和成烫面，晾凉揉匀，擀成小薄皮，包进馅心捏边，上笼蒸熟即可。

【功能】本品含动植物性混合蛋白质及丰富的碳水化合物、脂肪，还含有多种无机盐和维生素。

紫米粥

【备料】紫米、糯米、红枣、红糖各适量。

【做法】将紫米、糯米分别淘洗干净；红枣去核洗净。锅内放入清水、紫米和糯米，先用武火煮沸后，再改用文火煮到粥将成时，加入红枣共煮，以红糖调味即成。

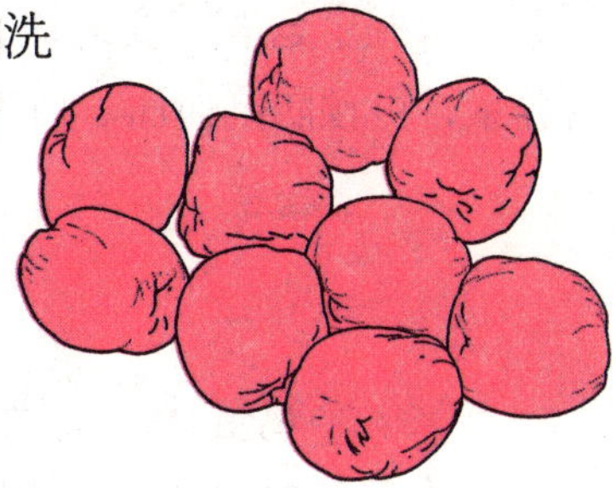

【功能】此粥补血健体。

素火腿

【备料】油豆腐皮、精盐、酱油、白糖、鸡精、鲜浓高汤汁、虾子、香油各适量。

【做法】

①将油豆腐皮先用冷水浸一下，取出待用；将盐、酱油、白糖、鸡精及鲜浓高汤汁、虾子、香油等调匀。

②将上述汤汁均匀涂在油豆腐皮上，将豆皮像卷草席一样卷紧，外面再用麻线绳捆紧，在蒸锅中蒸1小时，以便虾子味透到油皮内。取出晾凉后，将绳打开，即成素火腿，切成薄片，即可食用。

【功能】本品含钙、铁丰富，还含有蛋白质、脂肪、维生素B_2、尼克酸及磷等营养素，可增加钙质的摄入。

香干拌芹菜

【备料】绿豆芽、芹菜、香干、香油、醋、精盐、蒜泥各适量。

【做法】绿豆芽掐去两头；芹菜洗净，切成3厘米长的段。分别放入开水锅内焯一下（不能焯烂），用凉开水泡凉，沥水备用。香干洗净，切成细丝，放入芹菜、豆芽中，加入香油、醋、盐、蒜泥，拌匀即成。

【功能】含有丰富的铁、钙、磷、维生素C、蛋白质等多种营养素，可预防高血压、血管硬化、贫血、神经衰弱等。

家常蛋花汤

【备料】鸡蛋1枚，水发黄花菜、水发木耳各50克，小白菜250克，盐、味精、葱、胡椒粉、香油各适量。

【做法】锅内放适量清水烧开，放入择净的木耳、黄花、小白菜。煮至白菜茎变软后，将鸡蛋直接打入汤中，用筷子调散。最后以盐、味精、葱、胡椒粉、香油调味即成。

【功能】此汤提供胎宝宝成长必需的蛋白质和丰富的维生素A和维生素B_1。

牛奶椰汁

【备料】椰子1个，椰子汁1罐，砂糖120克，牛奶80毫升，清水500毫升。

【做法】

①椰子肉切碎，加入清水500毫升，放入果汁机搅成汁，倒出过滤去渣。

②椰子水倒入锅中煮滚，依个人口味加糖，煮溶。加入牛奶及椰子肉粒，即可饮用。

【功能】本品富含多种营养物质，具有清热去火、美容养颜的作用。

第二节 胎教方案：“预订”一个聪明宝宝

科学工作者在对母亲腹壁直接进行光照射时，采用B超探测观察可以见到胎儿出现躲避反射，背过脸去，同时有睁眼、闭眼活动。也就是说，胎宝宝在视觉上有了明显的刺激反应，因此，光照胎教变得更加有效。此外，语言、音乐也是胎教的重要方式。

语言胎教：和胎宝宝亲密对话

孕4月胎儿已产生了最初的意识。母亲可以给胎儿朗读一些笔调清新优美的散文、诗歌，也可以和胎儿聊天。说话的语调要温柔而富于情感，母亲充满爱意的声音对胎儿既具有一种神奇的安抚作用，也是对胎儿听觉发出良性刺激的有效途径，有利于胎儿的发育。

胎教建议

作为未来孩子的父亲，可开始面对孕妈妈的腹部和胎儿进行“对话”，比如，先给孩子起个小名（如“明明”），而后，每天面对宝宝，用亲切的语调呼唤孩子的名字说：“明明真乖！”等，以此逐步刺激宝宝的听觉，并着手建立父子间的亲情。

音乐胎教：优美的音乐减缓妊娠反应

到了妊娠第4个月时，科学家采用现代科学技术对胎儿听力进行测定，发现胎儿除有完整的听力外，并提出胎儿在子宫内接受“教育”，进行“学习”，并形成最初“记忆”的新认识，为胎教提供了科学依据。孕4个月后胎儿对声音已相当敏感，其声音来自母体内大血管的搏动，其节律与心脏跳动相同。还有规律的肠蠕动声音。胎儿在宫内就有听力，能分辨和听到各种不同的声音，并能进行“学习”，形成“记忆”，可影响到出生后的发音和行为。

胎教建议

孕妈妈和胎儿听的音乐可以丰富一些，种类也可多一些。父亲低音唱歌、大提琴独奏曲或歌声和乐曲之类，胎儿最容易接受。孕妈妈亲自哼唱歌曲，如哼唱几首自己喜欢的抒情歌曲，或是优美而又富有节奏的小调、摇篮曲等，都会得到十分满意的效果。这样对母胎两方面都可以得到情绪上的满足。

意念胎教：对宝宝耳语般的冥想

怀孕4个月，妊娠初期的不良反应大多数都已经结束，孕妈妈把更多精力放在胎宝宝身上，很容易有各种各样的猜想，为了使孕妈妈心情平和，也使胎宝宝朝着健康方向发展，从本月开始采取意念胎教。

胎教建议

1.采取最舒适的方法坐定后，由上至下将从尾骨到后颈部的各节椎骨挺直，按照肩部——胳膊肘——手的顺序放松。

2.将眼睛闭上，也可以闭合片刻待感舒服后睁开，然后凝视一米远的前方。在放松状态下，感受自己的呼吸，在每次吸气和呼气时默默数数。如果精神未集中就重新开始。

3.将手放于腹部，借助手向胎宝宝传递健康的气力。在脑海中想象宝宝的模样，仿佛对宝宝耳语一样传递积极的信息。将注意力逐一集中到胎宝宝、包裹胎宝宝的羊膜、充盈在羊膜的羊水、脐带和胎盘等与胎宝宝紧密相关的各个结构，心无旁骛地吸气和呼气，继而便会感觉吸气时吸入的是清净的自然之气，呼气时排出的是混浊之气和代谢废物。

视觉胎教：手电筒做光照胎教

胎宝宝在4个月时，就已基本形成视觉，只是眼睛尚未睁开，但对光线已经非常敏感。这期间，他的大脑也在进一步成长之中，因此对宝宝的视力训练和智力训练可以开始。父母每天定时用手电筒（弱光）作为光源，对胎宝宝进行光照胎教。从妊娠第四个月起，胎儿科学工作者在对母亲腹壁直接进行光照射时，采用B超探测观察可以见到胎儿出现躲避反射，背过脸去，同时有睁眼、闭眼活动。因此有人主张在胎儿觉醒时可进行视觉功能训练。这说明胎儿发育过程中，视觉也在缓慢发育，并具有一定功能。

胎教建议

1.在室内将孕妈妈腹部袒露，将光线照射在孕妈妈的腹部上，每次5分钟左右。结束前可反复多次关、开手电筒，让胎宝宝有个适应的时间，以减少对胎宝宝视力的不良刺激，切忌光线太强。

2.大多数的时候可以用各种颜色的彩灯，先后照向腹部，1～2分钟转换1次，而且灯光要活跃，由近而远，逐渐形成多种形式。

3.孕妈妈也可以迎着阳光散步，让太阳温暖柔和的光线直射在腹壁上，刺激胎宝宝的视觉发展。

助力胎教，准爸爸怎么做

告别了孕早期，孕妈妈迎来了感觉稍舒服一点的孕中期。此阶段尽管身体日益凸显，但孕妈妈因为少了初期强烈的妊娠反应，所以，表面上看会显得更有活力，但内心却有难以掩饰的精神焦虑与担心。此时，准爸爸则要引导妻子多接触一些美好的事物，多做一些有益的活动，建立良好的心态，让妻子在丈夫积极的引导下产生美好的愿望，让胎宝宝在美好的愿望下逐渐成长。专家建议准爸爸本月可以做以下事情：

1.为妻子挑选贴心礼物

亲自为孕妈妈挑选舒适的平跟鞋和漂亮的孕妈妈装送给妻子当礼物，最好可以附加一份浓情蜜意的小卡片，让她感受你的爱。要记住你的支持是对孕妈妈最大的鼓励。

此外，准爸爸记得给妻子买预防妊娠纹的护肤品，并提醒孕妈妈从本月开始预防妊娠纹。也可以每天晚上亲自为孕妈妈擦上驱除妊娠纹的除纹霜，并给以适当的按摩。相信孕妈妈一定会被深深打动。

2.节制性生活

从本月开始，准爸妈之间可以适当过夫妻生活，但必须注意节奏。倘若房事过频，用力较大，压迫腹部，胎膜就会早破，以致脐带可能从破口脱落到阴道甚至阴道外边，使胎宝宝因得不到营养和氧气而立即死亡或者导致流产。如果胎膜不破，未发生流产，也可能导致子宫腔感染。重症感染可使胎宝宝死亡，轻症感染也会使胎宝宝的身体和智力的正常发育受到影响。

第三节 保健方案：听人劝好孕常相伴

日常站姿、穿鞋、卫生、美发应该注意什么问题，随着日渐隆起的腹部给孕妈妈的日常生活带来的诸多不便，一个小小的问题就可能对孕妈妈和胎宝宝造成重要的影响。比如，孕中期，皮肤色素沉着变得明显，皮肤开始粗糙，失去原有的光泽，但依然不宜涂口红、指甲油，不宜烫发和染发，而要尽量避免日光直射。这其中，孕妈妈的腹部护理开始变得异常重要。

产前检查，4个月需要做哪些项目

就通常情况而言，做产检不能再晚于4个月了，因为要测一下基础体温、基础血色素、基础的血糖代谢、肝功，等等，而且尤其是一些比如肝炎的筛查都应该进行。

除非你的子宫大或者小或者有什么问题做B超，真正看孩子发育有没有正常应该是20～24周，因为孩子只有长到足够大才能发现问题，不然太小了B超的分辨率发现不了什么。所以，4个月B超不是必须做的。

站有站相，孕妈妈宜采取的站姿

平时有些人在站立时不讲究姿势，或两脚并立，直挺身子，或歪腰斜胯，站不正，立不稳。这当然不利于身体健康。但因无孕妈妈般的额外身体负担，倒也不太重要。孕妈妈则不然，必须有一个正确的站立姿势，既有利于稳定安全，更显得人精神有力。如长时间站立时，隔几分钟就要把两腿的位置前后倒换一下，把重心放在伸出的前腿上，可以减少疲劳。

孕妈妈宜采取的走姿

行走姿势得当，会使人不感觉累，而且还显得精神抖擞，也有利于安全。很多人用猫腰或过分挺胸的姿势行走，这不但不好看，而且会感到劳累。尤其是孕妈妈这样走，会压迫腹部或使重心后移，不但劳累，而且很不安全。

孕妈妈应选择正确的行走姿势：抬头，伸直脖子，挺直后背，绷紧臀部，使身体重心稍有前移，并能使较大的腹部抬起来，保持全身平衡地向前行走，眼睛既能远眺前方又能平视脚前。这样一步一步踩实了再往前走，既可防止摔跤，又能轻松不累。

注意睡姿，左侧卧位睡姿利人利己

由于心脏位于左侧，为了减轻对心脏的压迫，所以一般提倡以右侧卧位为最好。然而孕妈妈右侧卧位并不好。这是因为妊娠以后，子宫体积逐月增大，羊水增多，流向子宫的血流量也增多。膨大的子宫使得能维持子宫正常位置的各种系膜和韧带拉紧，呈紧张状态。这样，在系膜

之中的子宫血管就受到压迫、牵拉，使供应胎宝宝的血液减少，胎宝宝就会发生慢性缺血缺氧。因此，孕妈妈睡姿宜左侧卧位，尤其是妊娠后期，左侧卧位不但可以避免以上情况发生，而且也利于孕妈妈以后的分娩，对孕妈妈与胎宝宝来说，可谓是“利人利己”。

当然，在一夜睡眠内，躺卧的姿势不可能固定不变，大约需要翻身20次左右。所以，左侧卧位和右侧卧位可以相互交替，但孕妈妈尽量采取左侧卧位的姿势为好。

涂指染发，别给宝宝和自己找麻烦

爱美之心人皆有之，时下众多姑娘描眉、涂唇、涂指甲油已是很普通的化妆。然而，孕妈妈不能涂指甲油，因为涂指甲油虽然美化了纤纤十指，却可能害了腹中胎宝宝。目前市场上销售的指甲油大多是以硝化纤维为基料，配以丙酮、乙酯、丁酯、苯二甲酸等化学溶剂和增塑剂及各色染料制成，这些化学物质对人体有一定的毒副作用。

孕妈妈大多数喜吃零食，指甲油中的有毒化学物质很容易随食物进入孕妈妈体内，并能通过胎盘和血液进入胎宝宝体内，日积月累，影响胎宝宝健康。此外，有的孕妈妈指甲脆而易断，往往也是由于涂指甲油造成的。孕妈妈去医院做产前检查时尤应注意不要涂指甲油，因为指甲的颜色有时需作为诊断的参考，如贫血、心脏病等。

有的女性孕前有染发、烫发的习惯，但在怀孕后则应限制染发、烫发。这是因为孕妈妈的皮肤敏感度很高，染发剂、烫发剂会给自己和胎宝宝带来伤害。

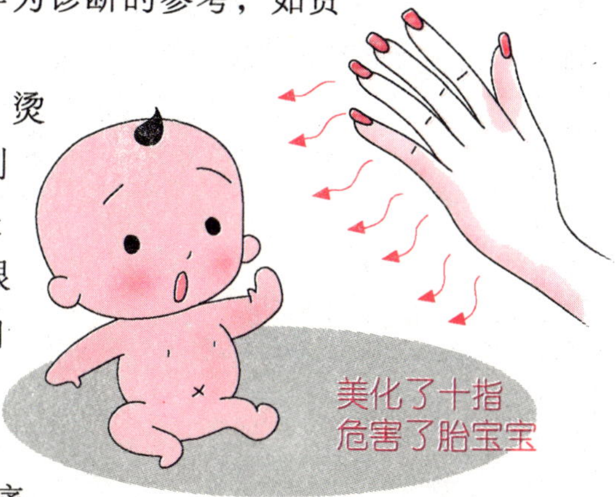

一些染发剂接触皮肤后，可刺激皮肤，引起头痛

和面部肿胀，眼睛也会受到伤害，难以睁开，严重时还会引起流产。有报道说，染发剂对胎宝宝有致畸作用。其实长期染发也会对妇女的皮肤有损害，有资料表明，不良的染发剂，可引起皮肤癌和乳腺癌，这对孕妈妈和胎宝宝健康十分不利。

有的孕妈妈烫发用冷烫精，也有害于头发。妊娠中期以后，孕妈妈的头发往往比较脆弱，且易于脱落，用冷烫精来做头发，会加剧头发的老化和脱落。为了胎宝宝和自身的健康，孕妈妈应忌染发、烫发。

放松心情，压力导致胎儿“神经质”

对动物进行的相关研究表明，母亲因为遭受压力而产生的紧张和抑郁会对胎儿产生不良影响。以小白鼠为例，如果母鼠精神紧张，幼鼠大脑中的化学物质就会发生永久性变化。如果母鼠体内的应激激素水平较高，幼鼠大脑中这种应激激素受体的数量就会比一般幼鼠少，并因此对压力和刺激反应过激。

对人类而言，母亲在孕期的精神紧张，甚至会导致胎儿早产。一项压力的测试实验的结果也表明，心理状况良好的母亲，其胎儿的心跳没有发生波动；而那些患有抑郁症或属于焦虑型性格的母亲，其胎儿的心跳次数出现了明显增加。因此，有专家建议在孕妈妈接受的产前检查中，就应该增加心理健康方面的检查，从而及早治疗孕妈妈的抑郁症和精神方面的其他疾病。

幸孕小礼包

安胎有方：宽松着装

爱美之心人皆有之，但分情况和场合。许多年轻妇女，为了展示女性的风采，喜欢穿紧身衣裤。但对已怀孕的孕妈妈，穿紧身衣裤则会产生不良影响。孕妈妈怀孕后穿着过紧，一方面限制胎宝宝的生长及活动，导致胎位不正，影响胎宝宝的生长发育；另一方面还可阻碍孕妈妈自身的血液循环，使孕妈妈感到不适，甚至可引起外阴和下肢静脉曲张、水肿等。尤其是从第4个月开始，孕妈妈的体型会发生剧烈的变化，因此，建议孕妈妈尽量选择宽松式的衣服，腰带、胸罩不要过紧，更不要裹胸、束腰。衣着面料最好选用吸水性强、通气性好的棉布为宜，不宜选用化纤制品。

1.上衣

上衣要宽大柔软，这是因为孕妈妈怀孕4个月后，体内胎宝宝发育较快，腹部逐渐隆起，穿着宽大的衣服既适合孕妈妈的体型特点，又有利于孕妈妈的全身血液循环和胎宝宝的生长发育。所以，建议从本月开始孕妈妈要穿着宽大的孕妇装或下摆很宽的韩版服装。至于样式与颜色，以合孕妈妈的心意为好。

2.乳罩

乳罩是女性不可少的服装附件。使用乳罩可以支托乳房，减少因行走、运动时乳房的上下左右摆动，避免乳头与内衣剧烈摩擦，防止乳房组织松弛下垂。随着妊娠月份的增加，乳腺管增殖，乳房也逐渐增大。这时孕妈妈应随时更换乳罩或放松乳罩的松紧带，注意不要用过小的乳罩紧束胸部，以免限制乳房增大，造成乳腺发育不良，影响产后乳汁分泌。

3.裤子

孕妈妈的裤子不必全做新的，因为只是暂时穿几个月，可以找一些旧裤子，改制一下即可。如将旧裤在前裆处找一块颜色相近的布料，剪成三角形，作为拼裆，或将裤腰改宽放长，也能使旧裤子放大。不需要时，将这些拼布拆去，仍可在平时穿用。或者孕妈妈也可以选择穿着准爸爸的裤子。但值得注意的是，在穿着时，不要把裤腰系得太紧，以免腹部受到挤压。或者干脆把裤子改为背带式的，不用系腰带，这样穿起来既方便又舒服。

4.袜子

孕妈妈的袜子除大小合适外，还不能过紧，如果要穿长筒袜更应注意。因为太紧的袜子会压迫血管，影响血液循环，促进水肿和静脉曲张的形成。目前市场上出售的孕妈妈专用长筒袜和连裤袜最适用。休息时最好脱下袜子，以利于静脉回流。

5.裙子

如果孕期正是穿裙子的季节，一定要注意袜子与裙子的配色协调一致，这样可使隆起的腹部导致的躯体变形得以掩饰。一般来讲，袜子配裙子最适宜的颜色就是肉色，如果选用其他颜色的袜子，就要使它与裙子的色调协调一致，以便把自己打扮得修长一些。

6.鞋子

因为随着胎宝宝的发育成长，孕妈妈的行动会日趋笨重，鞋子过大或穿不随脚的拖鞋会使自己行动不便，踩上异物容易摔倒，从而增加流产和早产的危险性；而瘦小的鞋或硬底鞋，则会影响脚及下肢血液循环，引起脚部疼痛，加重脚及下肢水肿。所以从本月开始，建议孕妈妈换上鞋前部较为柔软、宽松，面料富有弹性、坡度适中并且鞋底可以起到防滑作用的软底鞋，比如羊皮鞋、布鞋等。

穿高跟鞋对孕妈妈也不合适，因为穿上高跟鞋后会使人的身体前倾，改变身体重心，加重各个肌群特别是腹部和腿部肌肉的负担。穿平底鞋，就会使身体的震动直接传到脚后跟上，若是站立、行走得久一些，孕妈妈也容易出现疲倦或脚跟痛。

第六章

孕5月：胎儿大小像西柚

本月要注意宝宝的胎动，孕妈妈腹部显现更加“孕味十足”了。尽管如此，总起来看，这个时候的胎宝宝运动量不是很大，动作也不激烈，孕妈妈通常觉得“咕噜咕噜”吐泡泡，跟胀气、肠胃蠕动或饿肚子的感觉有点像，没有经验的孕妈妈常常会分不清，此时胎动的位置比较靠近肚脐眼。

基于这些情况，孕妈妈除了保证充足的营养，应坚持有规律地数胎动。比如，利用休息时可以做些轻微的运动，如活动脚踝、伸屈四肢等。

胎儿发育指标

胎　长	18～25厘米。
胎　重	160～300克。
五　官	胎儿的听力形成，感觉器官开始按照区域迅速发展。头已占全身长的1/3，耳朵入口张开；牙床开始形成；头发、眉毛齐备。
四　肢	手指、脚趾长出指甲。
器　官	皮肤变成半透明；生殖器清晰可见。胎儿肾脏已经能够制造尿液。
胎　动	刚刚开始能够感知胎动，此时胎动的位置比较靠近肚脐眼。

孕妈妈体态指标

体　重	孕妈妈最少增加了2千克体重，有些也许会达到5千克。
身体变化	尿频现象基本消失。
子　宫	子宫在腹腔内慢慢增大，可测得子宫底高厚度在耻骨联合上缘15～18厘米处。19周的时候，子宫底每周会升高1厘米。
乳　房	部分孕妈妈还能挤出透明、黏稠、颜色像水的微白液体，乳房更加丰满。

第一节 饮食方案："养"一个健康宝宝

怀孕第五个月，孕妈妈需要补充维生素D和钙来帮助胎儿的骨骼生长。此时尤其要注意的是，年轻的孕妈妈们不要因为过度担心发胖或胎儿过大而限制饮食，以免造成营养不足，严重的甚至患贫血或影响胎儿的生长发育。

饮食总则：本月孕妈妈饮食指导

进入孕期的第5个月，大多数孕妈妈的早孕反应已消失，食欲较好，胎宝宝的生长速度加快，对各种营养素的需要量显著增加。此期可根据个人的经济条件，结合个人饮食喜好进行调节。

最好每天膳食中的营养物质要保证：含钙1.5毫克，铁1.5毫克，维生素A 3000国际单位，胡萝卜素6毫克，维生素C 6200毫克。100克鸡蛋中含有丰富的蛋白质14.7克，脂肪11.6克，钙55毫克，磷210毫克，铁2.7毫克，胡萝卜素1440毫克，营养丰富，且易于消化吸收，是准妈妈此时养血安胎的极好食品。

在主食方面不要单调，应以米面和杂粮搭配食用。副食要做到全面多样，荤素搭配，要多吃些富含多种营养素的食物，如猪肝、瘦肉、蛋类、海产品、鱼虾、乳制品、豆制品等，并且要多吃些新鲜黄绿色叶菜类和水果，以保证胎宝宝的正常生长发育。请你把以下食物合理搭配，安排到每天的各餐饭及加餐中。

一般不主张准妈妈减肥、节食，更不赞成毫无限制地增加热能的摄入量。准妈妈应根据个人体质，合理安排饮食，保持各种营养成分平衡，并将食物热量限制在适当范围内。按照孕中期的每日营养需求，提出如下的饮食建议，供你参考：

鸡蛋1～2个，瘦肉（包括动物内脏、鱼虾）100克，豆类（包括鲜豆、干豆、豆制品）100～150克，时令蔬菜500～750克，谷类（包括米饭、馒头、粟米、薯类等主食）400～500克，牛奶250～500毫升，油、盐及糖适量，海产品适量，应季水果250～500克。

此时孕妈妈易出现便秘和烧心，应多吃些富含纤维的食品，如芹菜、白菜、粗粮等。烧心多是由于食入糖分过多引起的，可多吃些萝卜，因其含有消化糖的酶类。

补充维生素，B族一马当先

豆类经水泡发制成的豆芽菜和一些谷类也是维生素的重要来源，其中B族维生素的含量尤其高。

黄豆芽，含有大量蛋白质、维生素C、B族维生素、纤维素等。蛋白质是生长组织细胞的主要原料；维生素C能增加血管壁的弹性和韧性，防止出血；B族维生素能参与体内各种代谢活动；纤维素能通肠润便，预防便秘。

小米富含维生素B_1和维生素B_2，小米中的维生素B_1是大米的几倍，有防止消化不良及口角生疮的作用。此外，小米中纤维素含量也很高，食用后会刺激肠蠕动，增进食欲。但是，不能完全以小米为主食，最好与大米、大豆或其他肉类食物一起食用，这样既可以达到营养互补，又能避免其他营养的缺乏。

苦瓜，也称凉瓜，含有比柠檬高四倍的维生素C，有健脾去热、祛脂降糖的作用。可以凉拌，也可以用肉炒着吃。

酸酸甜甜，莫拿果奶代替牛奶

市场上果奶的品种很多，其味酸酸的，甜甜的，还带有各种水果的香味，很受消费者的欢迎，有些人甚至将它作为牛奶来饮用，这是一个误区。

我们仔细比较一下果奶和牛奶中营养素的含量就可以发现，果奶的营养价值，特别是钙的营养价值是不能与牛奶相比的，果奶中钙和蛋白质的含量都只有鲜奶的一半。因此，对于孕中期需要大量钙的孕妈妈来说，如果用果奶来替代牛奶，是永远也达不到补钙效果的。

此外，果奶不宜作为牛奶替代品还有一个原因，就是一般鲜奶的保质期都比较短，而果奶的保质期要长得多，可能果奶中含有更多的防腐剂。果奶的各种果味主要来源于人工合成的香精，从这个角度来说，果奶也不宜作为牛奶的替代品。

逃离“铅毒”魔爪，多吃排铅食物

铅是一种对人体有害的金属，但由于铅的用途非常广泛，我们在日常生活中随时都可碰到它。大家都知道，铅在儿童体内积蓄可导致儿童生长缓慢并影响孩子的智力发育。

其实，对于孕妈妈来说，铅的危害也不小。孕妈妈接触过多的铅可使流产的发生率增加。铅还可以妨碍铁的吸收，引起孕期贫血。

对于胎宝宝来说，胎盘是一道天然的屏障，可以把很多有毒物质挡在外面，从而保护胎宝宝不受伤害。但胎盘的屏障功能也不是万能的，对铅就是如此。胎盘对铅毫无屏障作用。因此，孕妈妈体内的铅可以“长驱直入”进入胎宝宝体内，对胎宝宝的生长发育造成损害。预防血铅过高的最简单有效的办法就是减少与铅的接触，包括从饮食上防止“铅从口入”。

下面这些食物具有抑制铅吸收或促进铅排出的作用，同时这些食物也是维持良好的孕期营养所必需的食物，可以适当多选用。

（1）含钙、铁、锌丰富的食物。钙、铁、锌对铅的吸收起拮抗作用，从而减少铅吸收。含钙丰富的食物有牛奶、炸酥鱼、虾皮、油菜等。含铁丰富的食物有瘦肉、肝脏、血豆腐等。含锌丰富的食物有瘦肉、动物内脏及牡蛎等。

（2）高蛋白食物。蛋白质可与铅结合成可溶性络合物，促进铅从尿中排出。肉类、蛋类、奶及奶制品、鱼类、禽类及大豆制品均为质量较高的蛋白质食物。

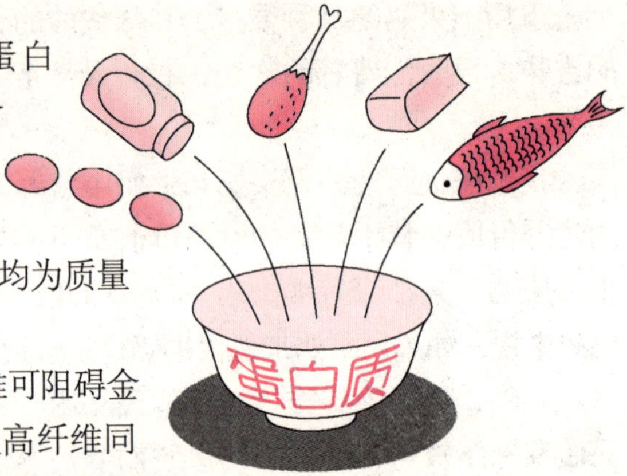

（3）高纤维食物。纤维可阻碍金属离子的吸收，但应注意过高纤维同时也会阻碍无机盐及一些有益的微量元素吸收，如钙、铁、锌等，应同时注意补充。膳食纤维含量较高的食物有芹菜、韭菜、海带等植物性食物。

除上述食物外，胡萝卜、苹果、绿豆汤、茶水、金针菇及含维生素C丰富的蔬菜水果等都是有助于排铅的食品。

饮食“红灯区”，孕妈妈忌吃薏米

薏米又名薏苡、薏仁、六谷米等。薏米在我国栽培历史悠久，是我国古老的药食皆佳的粮种之一。由于薏米的营养价值很高，被誉为“世界禾本科植物之王”；在欧洲，它被称为“生命健康之禾”；在日本，最近又被列为防癌食品，因此身价倍增。薏米具有容易被消化吸收的特点，不论用于滋补，还是用于医疗，作用都很缓和。

薏米是一种药食同源之物，中医认为其性质滑利。药理实验证明，薏仁对子宫平滑肌有兴奋作用，可促使子宫收缩，因而有诱发流产的可能，孕妈妈禁忌食用。

优生食谱，怀孕了怎么吃

松子爆鸡丁

【备料】鸡脯肉250克，松仁、核桃仁各20克，姜、葱、蒜、盐、酱油、料酒、胡椒粉、白糖、淀粉、鸡汤、鸡蛋各适量。

【做法】

①鸡肉切丁，用盐、料酒、酱油、胡椒粉、蛋清、淀粉调匀码味；另用盐、酱油、胡椒粉、白糖、淀粉和清水对成调料汁，备用；葱、姜、蒜均切成细末。

②锅内放油烧热，放入核桃仁和松仁，炒熟，捞出。

③锅内留底油，放入葱、姜、蒜炒香；加鸡肉，滑散；倒入调料汁翻炒；最后加核桃仁和松仁，炒匀即成。

【功能】此菜能够促进大脑及各器官发育，对孕妈妈眩晕、便秘等症有食疗作用。松子富含不饱和脂肪酸、蛋白质、碳水化合物、钙、磷、铁等，营养丰富，具有增液息风、润肺滑肠之功效。

干贝烧冬瓜

【备料】冬瓜500克，水发干贝30克，盐、味精、葱、姜、料酒、淀粉、鸡汤或高汤各适量。

【做法】

①干贝与鸡汤、葱、姜、料酒一起用小火焖30分钟；冬瓜去皮洗净，切条。

②锅内放油烧热，将葱、姜放入，炒香后去掉，加入鸡汤、盐、味精、冬瓜条及干贝，烧至入味，即可。

【功能】干贝富含蛋白质、谷氨酸和琥珀酸。冬瓜健脾除湿。

拌茄泥

【备料】茄子、酱油、香油、蒜泥、盐各适量。

【做法】将茄子洗净，削皮，切成两半，装在盆中上笼蒸烂，略凉后，放上酱油、香油、蒜泥、盐，拌匀即可食用。

【功能】清暑热，补铁补钙。适于夏秋季节食用。

玻璃肉

【备料】瘦猪肉500克，蛋清、淀粉、面粉、花生油、香油、白糖各适量。

【做法】

①把瘦猪肉切成宽0.5厘米、长3厘米的肉条，放进少许蛋清、淀粉、面粉拌匀。

②锅内放花生油，烧热，将肉条炸到金黄色捞出。

③另起锅放入香油烧热，加入白糖，用微火熬到起泡，可以拉丝时，将炸好的肉条放入，迅速搅一下，即盛盘中，待稍凉，外皮光亮酥脆即成。

【功能】此品富含蛋白质、脂肪、维生素B_2、维生素B_1和钙、磷、铁等多种营养素。

什锦蛋炒饭

【备料】米饭100克，鸡蛋2枚，莴苣、火腿肠各1根，鲜蘑菇

3朵，洋葱半个，花生油、香葱、蒜、鸡精、盐各适量。

【做法】

①将鸡蛋打入碗内，略加精盐，调成蛋液；莴苣、火腿肠、鲜蘑菇、洋葱、蒜切丁；香葱切成细末。

②锅内放花生油，烧热后，倒入蛋液煎至熟，捣烂捞出。

③炒锅内再放少许油，下蘑菇丁、蒜粒炒出香味后，再入莴苣、洋葱略炒；加入米饭和煎熟的鸡蛋同炒，再下火腿肠；最后加葱花、盐和鸡精即成。

【功能】此品富含蛋白质、不饱和脂肪酸、碳水化合物、多种矿物质和维生素。

青花腰果虾仁

【备料】黄瓜250克，虾仁150克，腰果50克，胡萝卜、葱花、色拉油、精盐、味精各适量。

【做法】

①黄瓜、胡萝卜切片，腰果炸熟，虾仁焯水备用。

②净锅加入底油烧热，放葱花炸出香味，倒入黄瓜、腰果、虾仁、胡萝卜同炒，加入调料，淋明油，出锅盛盘即成。

【功能】具有清热去火、美容养颜的作用。

第二节 胎教方案：“预订”一个聪明宝宝

随着骨骼和肌肉的健壮，胳膊、腿的活动活跃起来，手指可以单独地动作，会吸吮手指，动起来仿佛在跳舞似的。慢慢地会用脚踢子宫壁，向母亲传达“我很健康”的信息。心脏的搏动也强劲起来，这时会感到明显的胎动。内耳区负责传递声音的“蜗牛壳”也完成了，可以感觉声音，因此，在这个时期可以记忆母亲的声音，更为全面的胎教都可以登场了。

绘画胎教：动手动脑娘俩一块儿学

这个月的胎儿四肢健全，脑细胞虽没长全但已十分敏锐，对认识外界事物已有接受能力。通过绘画胎教，使胎儿认识外面事物的形象更具体，更深刻。还可发育胎儿的艺术细胞，如何进行呢？有的孕妈妈说，我不会画怎么办，其实不会画有不会画的好处。在进行绘画胎教时，自己先学绘画，在学的过程中，不论是动脑还是动手，都能波及胎儿。

胎教建议

学画一个苹果，孕妈妈先照图样画个圆形，再画上苹果把儿，然后向胎儿做介绍：这个大苹果红红的，多漂亮，吃起来甜甜的、沙沙的，可好吃了。孕妈妈这些举动会使自己的脑细胞特别活跃，所产生的脑电波系统也会动起来。

艺术胎教：培养宝宝朦胧的审美意识

孕妈妈应该在学识、礼仪、审美、情操等各方面全面发展，既可提高自己在各方面的修养，又对胎儿进行了良好的胎教。最好的方法是读书。一位哲人说过："读一本好书，就像是与一位精神高尚的人在谈话。那精辟的见解和分析、丰富的哲理、风趣幽默的谈吐，都会使人精神振奋，耳目一新。"

胎教建议

读书时也要有所选择，读一些伟大人物的传记、优美的诗歌、儿歌、令人神往的童话和神话、鼓励人向上的世界名著、著名的山水和名胜古迹的游记以及精美的画册等，从中可以感受到大自然母亲般的胸怀。不好的书籍，如充满暴力内容的书刊、趣味低下的街头画册、思想过于低沉的书等，都充满了下流、淫秽、打斗、杀戮，会使孕妈妈长期处在不良的精神状况中，对胎儿的发育极为不利。因此，孕妈妈应该选择一些语言优美、引人入胜的文学作品，会得到好的艺术胎教效果。

音乐胎教：用乐曲陶冶宝宝的情操

音乐对孩子的作用是不可估量的。不同的乐曲对于陶冶孩子的情操起着不同的作用。如巴赫的复调音乐能促进孩子恬静、稳定；圆舞曲促进孩子欢快、开朗；奏鸣曲激发孩子热情、奔放等。通过有针对性的训练，还能使孩子在气质上发生改变……那么究竟应当从什么时候起对孩子进行训练呢？

胎教建议

从妊娠第5个月起，音乐胎教应更有计划与选择。每天1～2次，每次应以不超过15分钟为宜。应选择在胎儿觉醒期，即有胎动的时期进行，一般固定在晚上临睡前比较合适。

孕妈妈最好也通过耳机收听带有心理诱导词的孕妈妈专用音乐，或选择自己喜爱的各种乐曲，并随着音乐表现的内容进行情景的联想，力求达到心旷神怡的意境，借以调节精神情绪，增强胎教的效果。

语言胎教：胎宝宝适宜听中、低频调声音

声学研究表明：胎宝宝在子宫内最适宜听中、低频调的声音，而男性的说话声音正是以中、低频调为主。因此，为了消除孩子对男性包括父亲的不信任感，妊娠5个月后父亲应对胎宝宝讲话。

胎教建议

1.先让妻子坐在宽大舒适的椅子上，然后由妻子对胎宝宝说："乖孩子，下面我们开始与你的爸爸进行十分愉快的对话！"这时，丈夫应该坐在距离妻子50厘米的位置上，用平静的语调开始对话，随着对话内容的展开逐渐提高声音，不能一下子发出高音而惊吓胎宝宝。

2.开场白的语言是："宝宝（或者叫乳名），我是你的爸爸，我会天天和你讲话，我会告诉你外界一切美好的事情。"父亲应将每天讲授的话题构思好，最好在当天的"胎教日记"中拟定一篇小小的讲话稿，稿子的内容可以是一首纯真的儿歌、一首内容浅显的古诗、一段优美动人的小故事，也可以谈自己的工作及对周围事物的认识，以刻画人间的真、善、美。用诗一般的语言，童话一般的意境，描述祖国的锦绣大地等等。对话结束时，要对胎宝宝给予鼓励："宝宝学习很认真，你是一个聪明的孩子，但愿我对你讲授的一切都能对你将来的人生有用。好吧，今天就学习到这儿，再见！"

幸孕小礼包

助力胎教，准爸爸怎么做

怀孕5个月，准爸爸应该每周都用皮尺测量孕妈妈的腹围，记录孕妈妈腹围的变化。一般来说，孕5月孕妈妈的腹围增长最快，孕8月后，腹围增长速度减慢。如果经过一段时间的测量，发现腹围增长过快，就要考虑是否存在羊水过多、双胎等情况。除了为孕妈妈测量腹围，准爸爸还应做到：

1.本月的胎宝宝感觉器官发育迅速，从这个月开始，味觉、听觉和视觉有了更大的发育。所以，从本月开始，在饭菜的准备上要照顾胎宝宝的味觉。此外，准爸爸也要注意自己的言行举止，配合孕妈妈对胎宝宝进行胎教。

2.本月孕妈妈很容易感到疲倦，所以准爸爸在生活中要体贴妻子，并帮妻子分担一些家务，尽量让妻子好好休息，保证体力的充沛。

3.本月开始可以全方位地对胎宝宝进行胎教。准爸爸应该为胎宝宝做到：

（1）和妻子一起胎教，每天跟胎宝宝说话，“抚摸”胎宝宝，给胎宝宝听胎教音乐。

（2）协助妻子做好孕期的自我监护：量体重、数胎动。

（3）保持居家环境的安静，让妻子远离强烈的噪音，以免造成胎宝宝的不安。

（4）如果妻子身体情况允许，准爸爸可以安排一次短期的旅行，减缓妻子的忧虑和不适。

此外，在妻子进行胎教的同时，准爸爸不能袖手旁观，不仅要积极参与，还要帮助妻子安排好胎教节奏。在妻子过分热衷时，准爸爸要适时制止，把握好时间的长短和强度，并随时提醒妻子注意胎宝宝的反应；在妻子漫不经心时，丈夫要鼓励妻子耐心地与胎宝宝沟通，通过对妻子的爱心来影响胎宝宝，让胎宝宝感受到父爱，与胎宝宝建立起亲密的关系。

第三节 保健方案：听人劝好孕常相伴

本月由于荷尔蒙的变化，孕妈妈的头发生长速度会加快，但腹部更加隆起，进一步增加孕妈妈行动的困难，所以出行时要特别小心。同时，监测胎动是这个月一项非常重要的工作。此时，注意休息、头发护理、骑车等日常的细节更加不容忽视。

五五原则，孕5月保健五项注意

孕5月保健应该注意什么呢？为了便于孕妈妈们记忆，这里简明扼要，提炼五个方面的事项，简称“五五原则”。

1.饮食有节

孕5月不要太饿才吃，也不要吃得太饱。饮料也一样。特别是不要喝浓茶和含咖啡、巧克力的饮料，因它们都可加重食道肌肉的松弛。因为随着体内孕激素逐渐增多，它可使食道下段控制胃酸返流的肌肉松弛，加之逐日加大的子宫对胃的挤压，而使得胃内的东西排空速度减慢，胃液因此很容易返流到食道下段，刺激损伤食道下段黏膜。所以在怀孕中后期，孕妈妈经常会有“烧心感”，在弯腰、咳嗽、用力时更容易发生。

辛辣性食物、过冷或过热的食物也会刺激食道黏膜，加重“烧心感”，最好少吃为宜。同时还应注意，进食后不要立即躺下。当有“烧心”感时，在睡眠时可在头部床脚下垫高15～20厘米，使得上身抬高角度，这样可有效减少胃液返流。采取垫高枕头的办法不可取，因为它不可能使整个上身抬高角度。

2.腹压调控

孕5月要避免腹压增加，如便秘。排便时不要过于屏气用力，衣带要宽松，咳嗽时应积极医治。

3.注意保暖

有些孕妈妈可能出现腰、腿部神经痛或膀胱刺激症。因此，应该格外注意身体下身的保暖，特别是寒冷时节，贴身的内裤应挑选覆盖式内裤，即裤腰能覆盖肚脐以下部分，保暖效果好。

4.腹带宽松

使用腹带既可便于腹部保温，又可使身体的稳定性增加，还能从下腹部轻轻托起增大的腹部，从而防止子宫脱垂，保护胎位。但一定要选用可随腹部增大而可自行调节的腹带，不能有勒的感觉，以免影响胎宝宝的正常发育。

5.劳逸结合

妇女怀孕以后，已经给身体增加了许多负担，如果再让孕妈妈参加重体力劳动，就会吃不消了。因为重体力劳动需要消耗的热量很多，这就要大大增加心脏的输血量；而心脏输血量增多，必然要增加心脏负担，使心跳加快，有发生心力衰竭的危险。

此外，孕妈妈也不要长时间弯腰或蹲着干活，因为这样腹部的压力会大大增加，影响血液循环，不利于胎宝宝的生长发育。

孕妈妈骑车出行应注意的问题

只要活动度适宜，在妊娠初、中期，骑自行车仍不失为一种比较好的运动方式，但须注意以下几点：

（1）要骑女式车以利上下车方便。

（2）调整车座的倾斜度，让车座后边稍高一些，并套上一个厚实柔软的座套。

（3）骑车时活动不要剧烈，否则易形成下腹腔充血，容易导致早产、流产。

（4）骑车时间不宜过长，外出购物不要负荷太重。

（5）骑车不要上太陡的坡或是在颠簸不平的路上行驶，否则容易造成会阴部损伤。

（6）人多的地方最好下车推行，避免和他人发生碰撞或因躲闪不及而摔倒。

在妊娠后期，最好不要骑车，以防羊水早破。

生活上应注意的事

怀孕到了第5个月，应注意腹部的保温并预防腹部松弛，最好使用束腹、腹带或腹部防护套。

乳房胀大，最好换穿较大尺码的胸罩，有些人可能已有些许乳汁排出。

胎儿日渐加速发育，需要充分的营养，尤其是铁质不足时，极易造成母体贫血，严重时还会影响到胎儿的健康。

此时是怀孕期间最安定的时期，若要旅行或搬家宜趁此时机，但孕妈妈应避免过度劳累。

孕5月准妈妈旅行有讲究

怀孕5个月是旅行的好时机。大多数孕妈妈是没问题的，但是任何事都没有绝对，出行的时候千万不要忘记自己已经怀孕，旅行中尽量注意，避免出现流产、早产的危险。外出旅行前4～5天，为了放心起见，一定要向医生确认一下，自己有没有上述征兆。

此间旅行应注意的事项

（1）长时间保持一个姿势会感到疲劳，因此能在车内自由走动的火车是较好的选择。如果乘汽车，建议每隔1小时请司机停下来，下车走一走。

（2）还要考虑到能够经常去洗手间。如果预先知道有可能遇到塞车的话，要准备携带式便器。另外，如果可能的话逗留期为2～3天的短途旅行比较理想。

（3）在旅游时容易发生便秘，所以要多吃蔬菜、水果，多摄取水分。

厨房，孕妈妈危险的温床

妇女怀孕后应保持心情舒畅、愉快，补充丰富的营养，呼吸新鲜空气，以利于胎宝宝在母体内生长发育。好生活就要有好营养，根据孕妈妈的特殊饮食需求，要求吃得好，花样多，还要吃容易消化吸收的食物，如此一来，孕妈妈在厨房待的时间可能就会相应延长。但厨房里的空气却对孕妈妈的身体不利，尤其是厨房里的潮湿空气和天然气燃烧后排放出的气体，都会危害到孕妈妈，故孕妈妈宜少入厨房，尽可能把留在厨房里的时间缩短。

当然，从外部环境讲，厨房内应保持良好通风，尤其要注意在冬季气候寒冷、门窗紧闭时厨房内的通风。厨房内要安装排风扇、烟囱、烟罩等排烟除尘设备，达到净化空气的目的。那么，既要让孕妈妈吃得好、吃得有营养，又要尽量在厨房里待的时间短，这岂不是矛盾？这时就是准爸爸大显身手的时候了，如此一来，矛盾就解决了。

当心，铅毒60%来源于汽油

有的孕妈妈喜欢闻汽油味，其实，汽油味对孕妈妈和胎宝宝都有一定危害。

飞机、汽车及摩托车等机动车辆所使用的动力汽油对人体的危害较大。因这种油为了防震防爆，都加入了一定量的四乙基铅，故又称为乙基汽油。乙基汽油燃烧时，四乙基铅即分解放出铅，随废气排放到大气中。

据调查，空气中的铅有60%来源于汽油，人通过呼吸吸到体内的铅会在血液中沉积，进而对人体包括孕妈妈腹中的胎宝宝产生危害，可引起铅中毒和先天性发育畸形。据报道，从1976年到1980年，美国将汽油中的铅含量标准降低了一半，于是，美国人血液中的铅含量便降低了37%，这充分说明了汽油中的铅对人体的影响之大。因此，孕妈妈不宜多闻汽油味。

此外，乙基汽油中的四乙基铅毒性剧烈，短时间内吸高浓度四乙基铅的蒸气或皮肤大量接触吸收后，均可能发生急性中毒。倘若由于用嘴吸或不慎误服，则会通过消化道吸收而引起严重的铅中毒。

幸孕小礼包

安胎有方：从胎动知健康

早在孕妈妈有感觉前就已经开始了，妊娠8周以后，至少13分钟就会有一次胎动。在孕3月时用超声波检查，就可清楚地看到宝宝在子宫里拳打脚踢、伸懒腰，但要等到本月时，才会明显感到胎动。刚开始，胎动是很轻微的，感觉就好像肚皮突然被电了一下，又似乎像有人在敲门，有时还错以为是肠子在蠕动，慢慢地，孕妈妈有了经验就能分辨出来了。

胎动除了是孕妈妈和胎宝宝间的亲密互动外，也是胎宝宝传达健康信息的方式。胎动能表达胎宝宝在子宫内的成长发育状况，是胎宝宝给孕妈妈发出的信号，胎动次数多少、快慢、强弱等常预示着胎宝宝的安危。所以更好地了解胎动状况对每个孕妈妈来说都是非常重要的。

一天之内，正常的胎动频率和次数，一般是每小时3～5次，12小时胎动约为50～70次。不过，一天之中清晨最少，下午6点以后增多，晚上8～11点最为活跃。如果孕妈妈有这种类似的情况发生，就表示胎宝宝已形成自己的睡眠规律，称之为“胎宝宝生物钟”。至于胎动的强弱与频率，因个体的不同而有很大的差异。有的12小时多达100次以上，有的则30～40次。

若12小时内，胎动少于30次，或1小时内胎动小于3次，就表示胎宝宝可能有缺氧的情形，孕妈妈最好到医院做详细检查。如果胎动减少发生在以前胎动正常的胎宝宝身上，可能是胎盘功能有障碍，或胎宝宝健康状况有不良变化，应尽快去医院。尤其是12小时无胎动，或一天内胎动小于10次，或者与前一天相比较，胎动减少了一半者，更应小心处理，马上就医。

那么，该怎样计算胎动呢？下面介绍三种方法，供孕妈妈选取：

方法一：孕妈妈在白天计算胎动，如能够测得10次胎动，就可以放心了。如12小时内测得的胎动小于3次，应尽快就医进行必要的检查。

方法二：每日分早、午、晚，各固定1小时，如早上8～9点，下午1～2点，晚上8～9点测量胎动。再将一日所测的三个时段胎动总数乘以4，即为胎宝宝一天12小时的胎动。

方法三：孕妈妈每日抽出一段空闲的固定时间，计算胎动10次所需的时间。可以在饭后进行，若10次胎动花的时间超过3小时，就需要到医院检查。

第七章

孕6月：胎儿大小像茄子

孕6月，孕妈妈开始明显感觉到笨拙起来，身体重心前移，可能还发现原来凹进去的肚脐开始变得向外突出了。孕妈妈腹部隆起更高，这是宝宝更“壮实”的表现。此时，宝宝可以用脚来“表态”了——如果觉得不舒服就会踢妈妈的肚子。本月除了营养供给之外，睡好觉慢慢变成了头等要务。

胎儿发育指标

胎长	25～28厘米。
胎重	300～800克。
五官	胎宝宝眉毛和眼睑清晰可见，21周的胎宝宝已经能够听到声音了；牙齿开始发育。
四肢	胎宝宝在子宫羊水中游泳并会用脚踢子宫。
器官	22周时，皮肤依然是皱的，红红的，样子像个小老头。肺中的血管形成，呼吸系统正在快速建立。
胎动	如果子宫收缩或受到外方压迫，胎宝宝会猛踢子宫壁，把这种信息传递给妈妈。

孕妈妈体态指标

体重	22周时身体越来越重，大约每周增加250克。
身体变化	腰部增粗开始明显，由于子宫增大和加重而使脊椎骨向后仰，身体重心向前移。
子宫	子宫进一步增大，子宫底已高达脐部。
乳房	乳房越发变大，乳腺功能发达，挤压乳房时会流出一些黏性很强的黄色稀薄乳汁。

第一节 饮食方案：“养”一个健康宝宝

随着妊娠反应的一去不复返，随着胎儿的渐渐增大，孕妈妈所需的营养也需要增加。所以，本月要做的就是大补特补，尤其是保证多吃含铁食物。为了自身和宝宝的健康——开吃！

饮食总则：本月孕妈妈饮食指导

孕妈妈妊6个月需要补充铁元素，不仅仅是为了自身需要和防治缺铁性贫血，而且还要将部分铁贮藏在组织中，备胎儿需要时从这种“仓库”中摄取。因此，孕妈妈应该为了给胎儿的发育提供一个良好的环境，多吃一些富含优质蛋白质和铁元素的食物（如牛奶、瘦肉、鱼、猪肝、大叶青菜、水果等）。仍然要强调的是，注意营养的均衡搭配。此阶段开始，孕妈妈的原则不是吃得好不好，而是是否吃得多样化。与此同时，也要注意热量的摄取，提前做一些防止产后肥胖的准备。

（1）控制热量，防止肥胖

在妊娠中期，孕妈妈基础代谢增强，热量的摄入与消耗以保持平衡为宜，过多摄入热量并无益处。一般可根据定期测量体重的增长正常与否来判断热量是否过多。孕妈妈每周体重增加少于0.4千克者可略增加，超过0.55千克者要减少。

（2）足够的碳水化合物

孕妈妈日常所需的热量，大部分是由碳水化合物（米饭和面包等主食）和脂肪中得来的。如果摄取的碳水化合物不足，光吃蔬菜和蛋白质食品，得不到饱腹感，就容易感到饥饿。感到腹内饥饿，就会吃很多饭，身体当然就会发胖。这就要靠孕妈妈自己参考体重的增加量，根据个人生活决定每天的食量。

营养过剩、运动量不足会造成热量的堆积，所以孕妈妈每天要保持适度的运动，如散步、买东西等。这样既可以活动身体，也可以接触到外面新鲜的空气。

妊娠期糖尿病的一天饮食安排

怀孕快六个月了，孕23周时做了一系列检查，结果是：血压稍高，尿糖极微量，早餐后血糖含量6.79，一周后50克糖筛血糖含量10.2，要求控制饮食，一周后查75克糖耐量。推荐饮食参照如下:

1.上午

7:30　起床

7:50　早餐（五谷豆浆1杯、水煮鸡蛋1个、荞麦馒头1个）

8:30　多种维生素胶囊1粒、乳酸钙1瓶

9:30　五谷豆浆1杯

11:00　小青瓜1个（或西红柿1个）

2.中午

12:30　午餐（白米饭半碗、鱼半条、蔬菜一盘、瘦肉少许、汤一至两碗）

1:30　午休半小时

3.下午

2:10　纯牛奶1瓶、水煮鸡蛋1个

3:30　坚果（核桃3个、夏威夷果仁3个、花生1小把、开心果）

4:30　苹果或猕猴桃1个（血糖稳定前吃小青瓜或西红柿）

4.晚上

6:30　晚饭（白粥1/3碗或素菜汤一碗、蔬菜一盘）

7:30　乳酸钙口服液1瓶

9:00　如果觉得饿，白水烫一小盘青菜，或蛋白质粉1杯

10:30　热水泡脚。准备睡觉

孕妈妈补铁，给胎宝宝补血补氧

膳食中的铁有两种存在形式：动物性食物中的血红素铁（卟啉铁）和植物性食物及乳制品中的无机铁。前者的吸收率约为11%～25%，后者的吸收率只有1%～5%。也就是通过动物性食物（不包括牛奶）补铁效果最好。而我们中国人的饮食结构决定了铁的有效吸收只有0.7～1.2毫克／人·日。

补铁远没有那么难，更不需要吃什么补品，搭配一下日常饮食就能得到很好的解决。一般而言，红色食物多补铁。比如，用红枣、枸杞、花生、红糖、鸡蛋做的糖水，每天都喝500～800毫升，效果很好。

此外，动物的肝脏、血液，是预防缺铁性贫血的首选食品。以猪肝为例，每100克猪肝含铁25毫克，而且也较容易被人体吸收。猪血、鸡血、鸭血等动物血液里铁的利用率为12%，也是补铁的佳食。

玉米，胜过精米的“宝宝营养王”

孕期饮食不能随心所欲，吃精米的饮食习惯也要改改了。以精米精面为主，这对自身不利，如果怀孕后还不吃玉米，将对胎宝宝健脑

无益。相反，玉米则有宝宝“营养王”的美誉。

玉米中含蛋白质、脂肪、糖类、维生素和矿物质都比较丰富。它特有的胶质蛋白占30%，球蛋白和白蛋白占20%～22%。由于黄玉米中含有维生素A，对人的智力、视力都有好处。玉米脂肪中的维生素较多，对防止细胞氧化、衰老有益处，从而有益于智力。玉米中粗纤维多，食后宽肠，有利于消除便秘，有利于肠的健康，也间接有利于智力功能的开发。有一种甜玉米，蛋白质的氨基酸组成中以健脑的天冬氨酸、谷氨酸含量较高，脂肪中的脂肪酸主要是亚油酸、油酸等不饱和脂肪酸。这些营养物都对智力发展有利。

既然玉米有此健脑作用，如果孕妈妈按平时的饮食习惯不吃玉米，显然是一大错误，将会影响胎宝宝大脑的发育及智力的开发。因此，孕妈妈应适当有意地在饮食中补充玉米，以利胎宝宝健脑。

孕妈妈本月要忌口的食物

随着人们物质生活水平的不断提高，越来越多的地方出现了西式快餐，出售薯条、薯片等油炸的高脂肪、高热量食物。食用这些食物其实对孕妈妈是有害无益的。

德国最新研究成果表明：妊娠期的孕妈妈和哺乳期的妈妈们应当尽量少食甚至禁食法式炸薯条、薯片或其他含有化学物质丙烯酰胺的食物。研究人员指出，因为胎宝宝和新生儿特别容易受到丙烯酰胺——一种可能致癌的化学物的危害，能够对神经造成损害的丙烯酰胺很容易透过血脑屏障，进入他们幼嫩的大脑，造成危害。因此，孕妈妈应禁食薯条、薯片等快餐食品。

孕妈妈比常人需要更多的营养，她们不仅要维持自身的营养需要，还要供给胎宝宝生长发育的足够养料，并为日后分娩和哺乳进行营养储备，但孕妈妈在食补时并不是所有的食物都适宜。

根据孕妈妈饮食原则，妊娠期妇女应避免进食热性食物，因热性食物能使人体内热加重，有碍机体聚血养胎。这类食物包括羊肉、狗肉、鹿肉、公鸡肉、麻雀、海马、香菜、荔枝、桂圆、杏、杏仁等。

幸孕小礼包

优生食谱，怀孕了怎么吃

阳春面

【备料】鸡蛋面条100克，鸡蛋1个，青蒜苗3棵，香油、花生油、精盐、味精、高汤各适量。

【做法】

①鸡蛋磕入碗内搅匀；炒锅上火烧热，用洁布抹一层花生油，倒入蛋液摊成蛋皮，取出切成细丝；蒜苗洗净，切成2.5厘米长的段。

②锅置火上，锅内加水烧开，下鸡蛋面条煮熟；捞出盛碗内，撒上蛋皮丝、青蒜段。

③将高汤倒入炒勺中烧开，撇去浮沫，加精盐、味精调味，再淋点香油，浇在面条上即成。

【功能】此面营养很丰富。适用于热病烦闷、燥咳声哑、胎动不安等情况，可作为孕中期妇女夏、秋季节的保健食谱。

鹌鹑肉片

【备料】鹌鹑肉100克，冬笋10克，水发口蘑5克，黄瓜15克，半个鸡蛋的蛋清，酱油、料酒、花椒水、精盐、水豆粉、味精、汤各适量。

【做法】

①将净鹌鹑肉切成薄片，用鸡蛋清和水豆粉拌匀；将冬笋、口蘑、黄瓜切成片。

②将勺内放入烹饪油，烧四五成热时，将鹌鹑肉片

放入，炒熟，倒入漏勺内。

③将勺内放入汤，加入精盐、料酒、花椒水、酱油、冬笋、口蘑、黄瓜和炒熟的鹌鹑肉片，烧开后，去除浮沫，放入味精，盛入碗内即成。

【功能】补五脏，益中气。适用于身体虚弱、疲乏、汗多的孕妈妈常食用。

花生猪手汤

【备料】净猪手400克，花生80克，香菜、精盐、味精、老汤、色拉油、酱油各适量。

【做法】

①猪手剁块，焯水备用；花生洗净；香菜切末。

②净锅注入老汤，放入猪手和花生，加酱油、精盐，煮25分钟，煮熟后放味精，出锅，淋明油，撒香菜末即可。

【功能】具有使皮肤丰满、肌肤充盈、皱纹减少、细腻有弹性的作用。

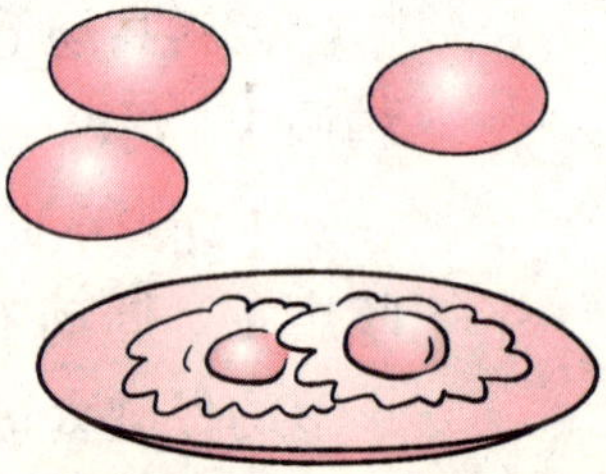

三鲜豆腐

【备料】豆腐250克，蘑菇5朵，冬笋、火腿肠各50克，蒜、精盐、味精、胡椒粉各适量。

【做法】

①豆腐切成2～3厘米的块。在沸水锅内放入精盐少许，然后放入豆腐烫一下，捞起漂入清水内；蘑菇、冬笋和火腿肠切片；蒜拍破一分为二。

②炒锅上火放色拉油，烧至五六成热，放入蒜、蘑菇、冬笋和火腿肠翻炒；放入豆腐（先沥干水分）、精盐、胡椒粉、

味精，加少量清水烧沸入味，用湿淀粉勾芡，推匀起锅即成。

【功能】此菜含大量优质植物蛋白，提供人体所需的钙。

南肉竹笋

【备料】五花猪肉150克，嫩春笋尖（或冬笋）125克，熟油（烹饪油）、料酒、精盐、味精各适量。

【做法】

①把五花肉煮熟，切成3厘米见方的小块，把嫩笋尖切成长方形小块。

②在锅里放清水少许，煮开以后，将肉块及笋块同时放进锅中；煮开后，把锅移到文火上煮，等肉块已烂、笋已熟时，加入味精及盐，浇上少许烹饪油即成。

【功能】中医认为：竹笋具有利膈爽胃、消热化痰功效，食之爽口，与五花猪肉同烧，不觉口腻，适合孕妈妈、乳母食用。

杞子百合莲花汤

【备料】百合100克，莲子、黄花菜各50克，枸杞10克，冰糖适量，清汤1碗。

【做法】

①鲜百合瓣洗净；黄花菜、枸杞用温水泡开，捞出沥干；莲子去心，煮熟，待用。

②净锅加入清汤1碗，放入百合、黄花菜，再加入泡好的莲子、枸杞，依个人口味加入适量的冰糖，待汤开后出锅即可。

【功能】具有补脾润肺、安神消食的作用。

第二节 胎教方案："预订"一个聪明宝宝

此阶段，胎宝宝在子宫羊水中游泳并会用脚踢子宫，手指和脚趾也开始长出指（趾）甲。如果子宫收缩或受到外方压迫，胎宝宝会猛踢子宫壁，胎动变得更加强烈。

音乐胎教：胎宝宝听音乐"喜新厌旧"

在怀孕第六个月里，除了听录音磁带或唱片中的乐曲外，对胎儿进行音乐胎教可采用哼唱谐振法和母教子"唱"法。孕妈妈每天可以哼唱几首歌曲。要轻轻哼唱，而不必放声大唱，最好选择抒情歌曲或轻快歌曲，也可唱些摇篮曲。一些女性喜欢哼唱地方戏如《分飞燕》等，只要是轻松欢快的曲子，便可以大胆地唱，让孩子在肚里就感受到乡土文化的熏陶。唱歌时要心情舒畅，富于感情，如同面对自己的宝宝，向他倾诉满腔柔爱和慈母衷肠。

胎教建议

胎教要循序渐进地进行，对胎儿的语言刺激也是如此。用这些方法让胎宝宝听音乐，可产生与妈妈听音乐不同的效果。比较起来，为孩子放音乐或哼唱显得要亲密、更直接，胎儿的心率、动作等也会发生较大的变化。在器物灌输法中，尤其要注意，给胎儿听音乐的时间不宜过长，一般以5～10分钟为宜。

在利用音乐进行胎教时，最好不要只听几首固定的曲子，应该多样化。但在选曲时应注意到胎动的类型，因为人的个体差异往往在胎儿期就有所显露，胎儿有的“淘气”，有的“调皮”，也有一些是老实、文静的。这些既和胎儿的内外环境有关，也和先天神经类型有关。一般来讲，给那些活泼好动的胎儿听一些节奏缓慢、旋律柔和的乐曲，如“摇篮曲”等；而给那些文静、不爱活动的胎儿听一些轻松活泼、跳跃性强的儿童乐曲、歌曲，如“小天鹅舞曲”等。如果能和音乐的节奏和表达的内容与小宝宝玩耍结合起来，那将对胎儿的生长、发育起到更明显的效果。

游泳胎教：改善血液循环调整胎位

妊娠到了6个月，胎儿的发育处于稳定期，孕妈妈应顺其自然地参加适量运动，这对于顺利分娩，给胎儿的健康出生打下良好的基础。孕妈妈愉快的活动，要有良好的兴致，要时时想着与胎儿同欢乐，游泳是一项不错的选择。

游泳运动借助水浮力，轻松愉快地改善血液循环，可以增强腹部的韧带力量和锻炼骨盆关节，还可以增加肺活量，避免在妊娠中期或后期患心脏和血管方面的疾病。可以减少分娩过程引起的腰痛、痔疮、静脉曲张等症状。此外，游泳运动还可以自然地调整胎儿臀位，是一项帮助孕妈妈顺利分娩的运动。

胎教建议

孕妈妈游泳要注意水温，一般要求在29℃～31℃，否则水温低于

28℃会刺激子宫收缩，易引起早产；水温高于32℃容易疲劳。游泳时间最好在上午10时到下午2时之间。

要说明的是，患有高血压综合征、心脏病的孕妈妈，有过流产、早产史，阴道出血、腹痛者等孕妈妈不宜游泳。

情绪胎教："放松浴"增添浪漫情怀

怀孕第6个月，宝宝已经基本稳定，孕妈妈已经习惯妊娠生活，没有了妊娠反应，孕妈妈的心情稳定，更有利于肚子里的宝宝拥有愉快心情。

胎教建议

1.睡觉前不妨来个"放松浴"，舒舒服服地泡在热水（不要太热）里，让肌肤彻底放松，这样不但能消除一天的疲劳，积蓄体能，同时也是练习深度放松、愉悦心情，是与宝宝亲密接触的好机会。

2.夜里，将浴室的灯熄灭，在浴缸周围点上蜡烛，往水里滴上几滴稀释后的植物精油（如薰衣草或天竺葵的精油），将会给你的放松浴增添温馨浪漫情怀。

环境胎教，孕妈妈不宜进舞厅

舞厅的环境不适合孕妈妈。因为舞厅内经常烟雾弥漫，尼古丁、一氧化碳等有毒有害物质浓度较高，可对孕妈妈和胎宝宝造成损害。

舞厅内还有严重的噪声。有关部门的监测表明，一般舞厅内的音响，无论是轻歌曼舞的华尔兹，还是节奏欢快的迪斯科，大多超过90分贝，有时高达120分贝。不少舞厅为迎合舞客的刺激需求，多采用大功率的立体声扩音装置，噪声都在100分贝左右。经常处于噪声中的孕妈妈，会有听力损害。

胎教建议

1.日常生活中，孕妈妈忌进舞厅。包间的卡拉OK也不好。

2.在家看电视或者听随身听等音乐声不要开太大，听的时间不宜太长。

孕孕小礼包

助力胎教，准爸爸怎么做

怀孕6个月，孕妈妈会发现从这个月起体重开始飞速增长，身体也跟着变化，腹部膨大，行动开始不方便了。面对这些变化，有的孕妈妈会感到沮丧，情绪经常不稳定，进而产生多疑的心理，经常害怕丈夫是不是依然像以前那样爱自己？面对孕妈妈这种不安的情绪，准爸爸要做到：

1.多赞美多倾听

学会倾听和赞美，多听妻子的倾诉，经常赞美她，告诉她你喜欢她怀孕的样子，怀孕的女人是最漂亮的，并不时送一些小礼物。值得注意的是这些礼物可以不贵重，但一定要充满爱意。

2.陪做户外活动

如果妻子是那种不愿到公共场所主动与人接近的人，丈夫应尽量多陪妻子到户外活动，多陪妻子做她喜欢做的事。丈夫还可以邀请朋友和亲人来家中小聚，创造温馨气氛，大家在一起畅快地谈心。

3.多体谅和理解

丈夫不能被妻子的不良情绪所感染，尽量多体谅和理解妻子，面对由于生理变化而引起情绪低落的妻子，表现出宽宏和理解，转移妻子的注意力，激起妻子对宝宝的爱心。这些都有利于孕妈妈的情绪调节，也十分有利于胎宝宝的发育。

4.合理调配营养

做个合格的营养师，在保证妻子营养完备的同时，要随时注意妻子的体重。如果连续几周孕妈妈体重都没有变化，那么说明胎宝宝发育迟缓，可能是孕妈妈不良的饮食习惯造成的；如果孕妈妈体重增长过快，则说明孕妈妈可能患了妊高征等疾病，需要引起准爸爸的高度注意。

5.化解不良情绪

如果白领妻子患有妊高征，要帮助妻子办理离职手续，并提醒妻子注意休息，保持良好情绪。如果妻子觉得无聊，可以建议妻子做十字绣等小手工，既培养了性情，又消磨了时间。

第三节 保健方案：听人劝好孕常相伴

孕6月，子宫变得更大，子宫底高度为18～20厘米。肚子越来越凸出，腹部更沉重，体重日益增加，行动更为吃力。此时，孕妈妈连走路时都要小心了。那么孕妈妈孕6月的该做什么保健呢?

安全第一，且看孕妈妈的坐姿选择

孕妈妈坐的时间较多。坐有个轻松与否和安全与否的问题，尤其是孕妈妈，坐姿不当易劳累，稍不注意还可能因坐空或坐歪而摔倒，可不是小事。

正确姿势：深深地正正地坐在椅子上，后背笔直地靠着椅背。两腿股关节和膝关节要呈直角，大腿呈水平状态。坐在椅子边缘上容易滑倒，如果椅子放不稳还有跌倒的危险。坐椅子一定要先检查椅子稳不稳，然后把屁股放在椅面上，再一点一点向后移动，靠上椅背。孕妈妈最好坐有椅背的椅子，不要坐无背的方凳，方凳无依靠，危险性大，容易摔倒。坐椅子时间长时，要在脚下放一木台阶，有利于休息。

这样为“母子”预防缺铁性贫血病

孕妈妈贫血，最常见的还是缺铁性贫血。这是由于饮食中缺铁引起的。贫血的孕妈妈身体比较虚弱，同时也会使胎宝宝体内储存的铁减少，这种胎宝宝出生时即使没有贫血，但日后也比正常儿童要容易得贫血病。

我国营养学会推荐的每日膳食中铁的摄入量：妊娠初期为15毫克、妊娠中期25毫克、妊娠晚期35毫克、乳母为25毫克。实践证明，通过调整和改善孕妈妈的不合理的膳食结构，保证供给充足的热能和蛋白质，提供充分的铁、维生素C，能有效地预防和纠正孕妈妈的贫血，其效果优于药物治疗。

（1）增加血色素铁的摄入量

血色素铁主要存在于畜禽的肝脏、瘦肉、血液和蛤贝类，所以增加动物性食品的摄入量，即可增加血色素铁的供给，而且血色素铁不受植物性食物中植酸和草酸的影响。因此，孕妈妈应增加肉类、动物血液和动物肝脏的摄入量。另外，动物性食品中含有丰富的蛋白质，也有利于铁的吸收，而动物肝脏还含有较多的核黄素，对铁的吸收也有促进作用。

（2）增加维生素C的摄入量

由于维生素C可促进体内铁的吸收，增加维生素C的摄入量也有助于预防和治疗贫血，孕妈妈应多吃新鲜蔬菜和水果。因为新鲜蔬菜和水果中的维生素C可与铁形成可溶性螯合物，使铁在碱性条件下，仍能呈溶解状态，有利于铁的吸收。

（3）增加叶酸、维生素B_{12}的摄入量

叶酸广泛存在于各种动植物性食品中，其中肝、肾、蛋类及酵母中含量尤为丰富。维生素B_{12}主要存在于肉类、贝壳类、鱼类、蛋类及动物肝脏。因此，应保证孕妈妈每日膳食中有一定量的动物性食品，特别是动物内脏。

注意口腔卫生，防止牙龈炎和口腔炎

怀孕后，在体内大量雌激素的影响下，从妊娠第8~12周起口腔就开始出现一些变化，如齿龈充血、水肿以及牙龈乳头肥大增生，触之极易出血，医学上称为妊娠性牙龈炎。由于这些变化，口腔对一些致病细菌以及有害物质的抵抗力下降，使孕妈妈很容易患牙龈炎和口腔炎。

孕妈妈要坚持早、晚刷牙，每次进餐后或吃水果后都要漱口，及时清除口腔内的食物残渣，防止细菌在口腔内繁殖。并要多吃一些鸡蛋、肉类、豆制品和富含维生素的水果和蔬菜等，这样不仅可以防止牙病的发生，而且对胎宝宝牙齿和骨骼的发育也有好处。牙龈出血时，可局部外涂1%碘甘油，或用2%食盐水、1∶5000呋喃西林溶液漱口，并可口服维生素C，以提高组织的再生能力。

莫贪凉，孕妈妈电扇纳凉坏处多

孕妈妈的新陈代谢十分旺盛，皮肤散发的热量也增加，在炎热的夏季出汗很多，因此常常借助电风扇纳凉。如果孕妈妈用电风扇久吹不停，就会有头晕头痛、疲乏无力、饮食下降等不适反应出现。因为电扇的风吹到皮肤上时，汗液蒸发作用会使皮肤温度骤然下降，导致表皮毛细血管收缩，血管的外周阻力增加，而使血压升高；表皮血管呈舒张状态，血流量增多，尤其是头部因皮肤血管丰富，充血明显，对冷的刺激敏感，所以易引起头晕、头痛症状，为了调节全身体温，达到均衡状态，全身的神经系统和各器官组织必须加紧工作。因此，吹风时间长，人并不感到轻松，反而容易疲劳。

孕妈妈出汗多时，更不要马上吹电风扇，因为这时全身皮肤毛孔疏松，汗腺大开，邪风极易乘虚而入，轻者伤风感冒，重者高热不退，给孕妈妈和胎宝宝的健康造成危害。

因此，孕妈妈应注意避免突然或长时间吹电风扇，更不可用吹电扇的方法落汗。必须吹电风扇时，只宜选用微风间隙吹，或用手扇扇子纳凉。

孕妈妈忌去人多场所“凑热闹”

平时人们免不了经常去人员拥挤的场所，如电影院、商场和公共汽车上，人群攒动，擦身相撞，这对孕妈妈很危险。

（1）人多拥挤的地方，挤来挤去，孕妈妈一旦受挤，便有流产的危险，特别是在公共汽车上，抢上抢下，孕妈妈更有被挤和摔倒的危险。

（2）人多拥挤的场所，容易发生意外，如广场看节目，影院看电影，人员拥挤，就有被挤倒的危险，尤其孕妈妈行动不便，一旦发生意外，孕妈妈受害的危险很大。

（3）人多拥挤的地方，空气污浊，尤其是影剧院，空气不好，孕妈妈会感到胸闷、憋气，胎宝宝也会因缺氧而受影响。

（4）人多拥挤的地方，必定人声嘈杂，形成噪声，这种噪声对胎宝宝发育十分不利。比如看球赛就会有人大喊大叫，放节目的广播更是令人难以忍受。

（5）人多的场合容易传染疾病。人多的地方有各种病菌传播，致病微生物密度相当大，尤其是在传染病流行期间，孕妈妈很容易染上病毒和细菌性疾病，这对母子健康都不利。

幸孕小礼包

安胎有方：孕妈妈防过胖

到了孕中期，尤其是到了第6个月，经过前两个月的营养补充，孕妈妈的腹部会越来越大。正常情况下，孕妈妈在妊娠的前3个月体重应该没什么变化，3个月之后每周体重增加应在350克左右，直至妊娠足月时，体重总增重应在12.5公斤左右。

孕妈妈体重增长过快、过多，体重指数偏高，对妊娠是不利的，这会导致妊娠并发症增多，对胎宝宝发育也不利。其危害主要有以下三个方面：

一是孕妈妈体重异常增长易造成脂质、糖代谢紊乱，会使妊娠高血压综合征、妊娠糖尿病的发病率显著增高。

二是孕妈妈体重异常增加会导致胎宝宝发育过于巨大，增加胎宝宝发生宫内窘迫的几率和分娩困难。

三是孕妈妈过胖，腹部脂肪大量增加可致腹肌力量减弱，导致分娩时产程延长，易发生难产。

因此，妇女怀孕后，不论孕前是否肥胖，都应重视孕后体重控制，不可饮食失度，要做到以下四点：

一是要加强孕期营养指导。做到膳食合理，限制脂肪和高糖食品的摄入，少吃零食，多吃蔬菜水果。

二是要加强体育锻炼，促进脂肪和能量消耗，避免体重增加过快、过多。

三是要经常检测体重增加的情况，将每周体重增加控制在350克左右，发现体重增长过快、过多，要及时调整。

四是要按时进行产前检查，了解胎宝宝的发育情况，如果出现巨大儿要及时就医。

第八章

孕7月：胎儿大小像卷心菜

这个月宝宝跃跃欲试了，不仅身体迅速发育，越来越大，动静也越来越大了，好像随时要跑出来跟大家见见面似的。此时，因为胎儿开始能感受到母体外音乐的节奏和旋律，所以，通过定期定时进行音乐刺激等方式，能更好地促进胎儿感觉神经和大脑皮层中枢的发展。从保健的角度来看，孕妈妈身体往往因为重心偏移会导致腰酸背痛或腿痛，痔疮、便秘等不适。

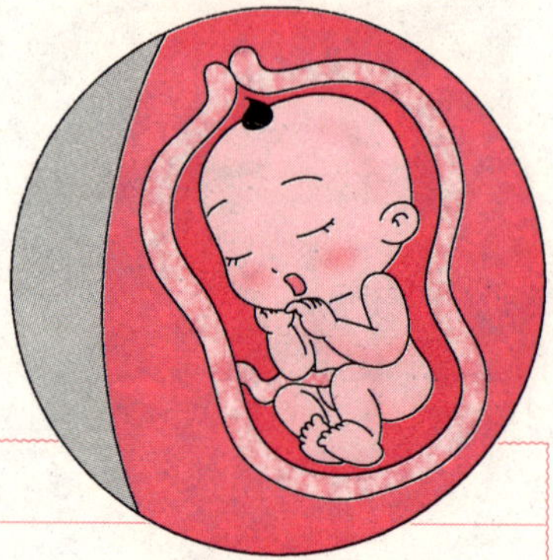

胎儿发育指标

胎　长	28～38厘米。
胎　重	800～1200克。
五　官	满面皱纹酷似沧桑老人，感觉光线的视网膜已经形成。
四　肢	四肢已经相当灵活，可在羊水里自如地“游泳”。
器　官	皮肤皱纹逐渐减少；男孩的阴囊明显，女孩的小阴唇、阴核已清楚地突起。大脑皮层已很发达，开始能分辨妈妈的声音；有了浅浅的呼吸和很微弱的吸吮力。
胎　位	可能出现胎位不正。

孕妈妈体态指标

体　重	胎盘增大，胎儿的成长和羊水增多，孕妈妈体重每周可增加500克。
身体变化	肚子上、乳房上出现妊娠纹，从肚脐到下腹部竖向条纹日益明显。心脏负担逐渐加重，血压开始升高，心脏跳动次数由原来65～70次/每分钟增加至80次/每分钟以上。新陈代谢时消耗氧气的量加大，孕妈妈的呼吸变得急促。
子　宫	宫底上升到脐上1～2横指，子宫高度为24～26厘米。
妊娠反应	有些孕妈妈会感到眼睛不适，怕光、发干、发涩。

第一节 饮食方案："养"一个健康宝宝

胎儿体内需要贮存的营养素增多，孕妈妈需要的营养也达到高峰。为此，应做到膳食多样化，扩大营养素来源，保证营养素和热量的供给。为了满足这个时期的营养需要，孕妈妈应在孕中期的饮食基础上，多增加一些豆类蛋白质，多吃豆腐多喝豆浆。为了满足大量钙的需要，应多吃海带、紫菜等海产品。为了满足维生素的需要，多吃动物的肝脏。

饮食总则：本月孕妈妈饮食指导

孕7月以后，胎儿大脑正在发育，代谢活动也增强，孕妈妈的食欲增加，需要大量的热量和蛋白质。因此，为了满足这个时期的营养需要，孕妈妈应在孕中期的饮食基础上，多增加一些豆类蛋白质，多吃豆腐多喝豆浆。因此，增加烹调所用植物油即豆油、花生油、菜油等的量，既可保证孕中期所需的脂质供给，又提供了丰富的必需脂肪酸。孕妈妈还可吃些花生仁、核桃仁、葵花子仁、芝麻等油脂含量较高的食物，并控制每周体重的增加在350克左右，以不超过500克为宜。

为了满足大量钙的需要，应多吃海带、紫菜等海产品。为了满足维生素的需要，多吃动物的肝脏。由于怀孕后期胎儿生长更快，胎儿体内需要贮存的营养素增多，孕妈妈需要的营养也达到高峰。

为此，应做到膳食多样化，尽力扩大营养素的来源，保证营养素和热量的供给。

此外，妊娠7个月时常出现肢体水肿。因此，首先要少饮水，少吃盐；其次要选富含维生素（B、C、E）的食物，增加食欲，促进消化，有助利尿和改善代谢的作用；再者，多吃水果，少吃或不吃不易消化的、油炸的、易胀气的食物（如白薯、土豆等），忌吸烟饮酒。水肿明显者要控制每日盐的摄取量，限制在2～4克之间。忌用辛辣调料，多吃新鲜蔬菜和水果，适当补充钙元素。

保证每天摄入微量维生素

维生素是人体所有细胞在执行正常功能中所必需的物质。维生素与其他营养素、酶等一起，在人体每个系统乃至每个细胞中发挥作用，保证人体的一切代谢工作处于最佳状态。必须保证每天都能微量摄入。

桃子、西瓜、葡萄、芹菜、油菜、莴笋等水果、蔬菜中，含丰富的维生素和矿物质，可以多吃一些。

食盐每日控制在3克内更安全

孕晚期由于身体负担增加，胎宝宝压迫下腔静脉，母体血液循环不好等原因，孕妈妈较前几个月更易出现浮肿的情况。最常见的是下肢浮肿，严重时可有大腿、腹部，甚至全身水肿的情况。这不但加重了怀孕的辛苦，还容易发生妊娠高血压疾病。因为食盐中的钠会增加体内水分的潴留，加重浮肿的程度。

因此，这个时期应限制饮食中的盐分，每日盐的摄取量限制在2～4克之间。那么，怎样在缺少盐分的情况下烹制出美味佳肴呢？孕妈妈可借助甜、酸来调剂食物味道，或是充分发挥食材本身的鲜香。

同时，要充分摄取蛋白质，多吃鱼、瘦肉、牛奶、鸡蛋、豆类，多吃新鲜蔬菜和水果。

盲目补钙，胎宝宝可能得高血钙症

孕晚期钙需要量较多，但孕妈妈不能因此而盲目地大量补钙。食物中的钙稍多，其吸收率就会下降，一般不至于吃到孕妈妈高血钙症的程度。但如果是过量加服钙片、维生素D等药物，就较有可能造成钙质过量吸收，母亲易患肾、输尿管结石；胎宝宝可能得高血钙症，出生后囟门过早闭合、腭骨变宽而突出，影响宝宝的头形、面形，甚至影响大脑发育。

营养细节，孕7月综合补维生素

这个阶段，饮食适当减少高脂肪、高热量的食品，适量增加富含维生素的食物。尽管孕妈妈的食欲很好，体重增加加快，但大多数维生素在体内无法合成，必须通过食物补充。吃点什么呢？参照以下简表即可对照而食。

维生素种类	含量丰富的食物	作用	缺乏时容易引起的疾病	性质	耐热性
A	蛋黄、黄油、动物肝脏、胡萝卜、西红柿、南瓜、菠菜等	促进机体成长，增强抗病能力，有利于视力、皮肤黏膜的健康，刺激乳汁分泌	夜盲症	脂溶性	耐热

（续）

维生素种类	含量丰富的食物	作用	缺乏时容易引起的疾病	性质	耐热性
B_1	谷类的胚芽、荞麦、花生、酵母、豆类、动物肝脏、山芋、西葫芦、羊肉、芦笋、豌豆、生菜、卷心菜、西蓝花、辣椒、西红柿、蘑菇等	促进糖的代谢，增进食欲，帮助消化吸收，通便，缓解忧虑、紧张，增加对噪音等的承受力	水肿，脚气病，多发性神经炎，流产，早产	水溶性	耐热
B_2	牛奶、奶酪、豆豉、蛋类、青菜、蘑菇、卷心菜、芦笋、西蓝花、南瓜、豆芽、牛奶、西红柿、麦芽等	促进机体发育，刺激乳汁分泌，有益肝功能	胎儿发育不良，口唇炎、皮炎等	水溶性	不耐热
B_{12}	动物肝脏、羊肉、牡蛎、金枪鱼、鸡蛋、干酪、小虾、鸡肉等	帮助身体组织利用氧气，促进皮肤、指甲、毛发组织的获氧量，排除毒素，舒缓头痛、偏头痛，有益于肝功能与造血功能	恶性贫血	水溶性	耐热

（续）

维生素种类	含量丰富的食物	作用	缺乏时容易引起的疾病	性质	耐热性
C	新鲜蔬菜、水果	与血液的再生、凝固有关，给予身体细胞活力，增强免疫力	胎儿发育不良，分娩时出血多，牙龈出血	水溶性	不耐热
D	干蘑、白萝卜干、干鱼、黄油	促进骨骼和牙齿的成长，帮助钙和磷的吸收	佝偻病，软骨病，免疫力低下	脂溶性	不耐热
E	莴苣、油菜、菜花、玉米、各种干果	促进胎儿发育，预防早产、流产，增强生殖功能	流产、早产	脂溶性	耐热
K	卷心菜、紫菜、菠菜、动物肝脏	保持血液的凝固性	新生儿黑粪症	脂溶性	耐热

小心，温热补品可能导致孕妈妈难产

孕妈妈由于周身血液循环系统的血流量明显增加，心脏负担加重，子宫颈、阴道壁和输卵管等部位的血管也处于扩张、充血状态，加上孕妈妈内分泌功能旺盛，醛固醇分泌增加，容易导致水钠潴留而产生水肿、高血压等病症。再者，孕妈妈由于胃酸分泌量减少，胃肠道功能减弱，会出现食欲不振、胃部胀气、便秘等现象。这些，用中医的说法，统称为“内热”。

怀孕期间由于代谢增加，孕妈妈易出现内热的情况，如果孕妈妈再经常服用温热性的补药、补品，包括一些温热性的食品（如人参、鹿茸、鹿胎胶、鹿角胶、桂圆、荔枝、核桃肉、羊肉、狗肉等），势必导致阴虚阳亢，气机失调，气盛阴耗，血热妄行，引起鼻出血、口干、口腔溃疡、脸上长痘痘等症状，还可能加剧孕吐、水肿、高血压、便秘等，发生见血，甚至流产或死胎等。例如，“黄芪炖鸡汤”是一道传统的滋补益气药膳，是气虚者很好的补品，但是中医就认为临产的孕妈妈应慎食，否则可能影响胎头的正常入盆而造成难产。

幸孕小礼包

优生食谱，怀孕了怎么吃

虾米冬菇白菜心

【备料】冬菇、虾米各2.5克，白菜心200克，盐、烹饪油、味精各适量。

【做法】

①先用温水浸泡冬菇，洗净去蒂；同时将虾米浸泡好待用；将白菜洗净，切成3.5厘米长的段。

②将油烧热，放入白菜炒至半熟；再将虾米、冬菇、盐、味精放入，加些肉汤或水，盖上锅盖，烧透即成。

【功能】本品含钙96毫克、磷187毫克、铁137毫克和维生素C 40毫克。适宜于孕妈妈、乳母食用。

火腿油麦菜

【备料】油麦菜400克，三文治火腿50克，精盐、味精、清汤、水淀粉、色拉油、葱花、蒜末各适量。

【做法】

①油麦菜洗净切段；锅中入清汤，加少许油、精盐烧沸，放入油麦菜焯水，捞出摆在盘中；火腿切丁。

②净锅入底油，下葱、蒜爆香，放入火腿丁，加清汤与调料，熬制均匀后，勾薄芡，淋在油麦菜上即可。

【功能】具有改善饮食、补充维生素的作用。

什锦炒饭

【备料】米饭150克，虾仁、水发海参、熟白肉、熟鸡肉、火腿、冬笋、豌豆、盐、味精、花生油、葱花各适量。

【做法】

①将虾仁、海参、白肉、鸡肉、火腿、冬笋均切成小丁。

②锅内放花生油烧热，加入虾仁、海参、白肉、鸡肉、火腿、冬笋丁和豌豆，翻炒片刻并酌加盐。

③倒入米饭，反复翻炒至米饭松散，有香味时，加入葱花和味精炒匀，盛入碗内即成。

【功能】补充人体所需的蛋白质、碳水化合物、多种维生素和矿物质。

炒苦瓜

【备料】苦瓜2条，食盐、味精、葱、姜各适量。

【做法】

①苦瓜剖开，去瓤洗净，斜切成薄片，与少许食盐调匀码味。葱白切段，生姜拍破。

②锅内放少量油，烧至七八成热时，放葱白、生姜略炒；拣出葱、姜，放入苦瓜，快速翻炒；炒干水分时，用味精、食盐调味，出锅盛盘即成。

【功能】苦瓜富含维生素C、粗纤维及多种矿物质，清热开胃，提神防暑，夏季炎热时食用可解暑热。

糖醋藕片

【备料】鲜藕500克，白糖、酱油、香油、姜末、醋、干辣椒丝各适量。

【做法】

①将藕洗净，去皮，剖开切成片，用清水冲洗后，经开水焯一下，捞出后用凉水冲，然后控干水分，盛入盘中。

②锅内加香油烧热，放姜末和辣椒丝，炸出香味，烹入醋，加酱油、白糖和少许水，烧制片刻，浇在藕上即成。

【功能】此菜含糖分和多种维生素、矿物质，有清热滋补等功效，对胎宝宝增血健体有利。藕的碳水化合物多，可产生较多热量，亦富含多种维生素和钙、磷、铁等矿物质。生藕有清热润肺、凉血行瘀、解渴之功效，可防妊娠咳嗽、肺热咯血。

肉丝炒白菜

【备料】猪瘦肉50克，白菜200克，花生、酱油、精盐、淀粉、料酒、葱、姜各适量。

【做法】

①将猪瘦肉洗净，切成丝，用酱油、淀粉、料酒调汁，将肉丝拌好；把白菜择洗干净，放在开水锅里烫过，晾凉后切成3厘米长的丝。

②锅置火上，放入花生油烧热，用葱、姜炝锅后，放入肉丝煸炒，然后放入白菜丝继续翻炒，出锅前撒上少许精盐即成。

【功能】猪肉营养丰富，白菜清热利水。本菜有平肝凉血之效，可降低胆固醇，并含粗纤维，是降血压佳品。此菜适合妊娠高血压综合征患者食用。

甜脆银耳盅

【备料】水发银耳250克，罐头红樱桃5粒，白糖100克，琼脂5克，清水500毫升，香油少许。

【做法】

①银耳择洗干净，掰成小朵；红樱桃切成片。

②炒锅置火上，倒入清水，放入琼脂，用小火熬化，下银耳，加白糖，烧沸后熬片刻。

③将若干小碗洗净，抹上香油，分别放入少许樱桃片，倒入熬好的银耳；冷却后放入冰箱，凝成冻时即可食用。

【功能】此菜银耳有较高的营养价值和药用价值，是一种高级补品，含有丰富的蛋白质、碳水化合物、钙、磷、铁和多种维生素。中医认为，银耳具有滋阴润肺、益气和血等功效。

第二节 胎教方案：“预订”一个聪明宝宝

胎教不是一个人的事儿，在孕育过程中，丈夫应了解怀孕会使妻子产生一系列生理、心理变化，应加倍爱抚、安慰、体贴妻子，做她有力的心理支柱。听点音乐，讲讲故事，夫妻之间双双憧憬美好的未来，这是做父亲给自己孩子的第一份美好的礼物。

音乐胎教：几首好歌培养好心情

妊娠进入第七个月时，胎儿越来越大，几乎要碰到子宫壁，孕妈妈的肚子明显增大，这时由于孕妇腹壁变薄，所以胎儿可以听到些外界的声音。因此，这个月的胎教，除了继续听音乐外，宜多对宝宝说话或讲故事。

因此，孕妈妈在听音乐，实际上胎儿也在“欣赏”。因为胎儿的身心正处于迅速发育生长时期，多听音乐对胎儿右脑的艺术细胞发育是有利的。比婴幼儿更早地接受音乐教育，更早地开发和利用右脑，有利于孩子的成长。出生后继续在音乐气氛中学习和生活，会对孩子智力的发育程度带来更大的益处。

胎教建议

1.萨替的《第一号琴诺佩第》，此曲速度缓和，以单纯的音律多次反复，音量适中，具有朦胧之美，可缓和情绪，适合作为胎教音乐。

2.李斯特的《爱之梦》，此曲具有美丽爱情般的梦幻感觉，其情绪、速度等各方面都适合作为胎教音乐。

3.朱利安·洛伊·韦伯的《爸爸的歌》，此曲速度缓和，音乐唯美，展现了爸爸柔和细腻的一面，非常适合作为胎教音乐。

4.还可让宝宝经常听鸟鸣、水声、风声等自然的声音。在本月最好每天安排两次音乐胎教时间，每次10～20分钟最为合适。

需要强调的是，此时胎儿的大脑已经能够通过母亲的刺激，感受外界发生的变化了，对声音感应的神经系统，已经接近完成阶段。音乐的音量不宜过大，也不宜将录音机、收音机直接放在孕妈妈的肚皮上，以免损害胎儿的耳膜，造成胎儿失聪。

抚摸胎教：胎宝宝都喜欢抚摸、拥抱

胎宝宝需要母亲的爱，不但需要语言上的安慰、优美的乐曲，还需要肢体的接触。经常抚摸胎宝宝，可以激发胎宝宝运动的积极性。也许你不能明显感到胎宝宝反馈的信号，这种信号缓慢而有节奏，只有认真体会，才可能有清晰的感觉。

胎教建议

孕妈妈仰躺在床上，全身尽量放松，用一个手指轻轻按一下再抬起。开始时，有的胎宝宝能迅速做出反应，有的则要过一阵甚至几天再做时才有反应。如果此时胎宝宝不高兴，他会用力挣脱或蹬腿反对，碰到这种情况，就应立即停止。

语言胎教：孕7月重在简单与重复

怀孕第7个月的胎宝宝有明显的听觉和感受能力，不仅能对准爸爸妈妈的言行做出一定的反应，还能在脑子里形成记忆。准爸爸妈妈在给腹中的宝宝进行语言胎教时，就是要使胎宝宝不断接受语言波的信息，训练胎宝宝在空白的大脑上增加语言的“音符”。父母用优美的语言和胎宝宝对话，反复进行，可以促进胎宝宝大脑的发育。

对于胎宝宝来说，爸爸妈妈的声音是世上最美好的“音乐”。孕妈妈可以给胎宝宝朗读简单优美的诗词；还可以跟胎宝宝“谈天说地”，描述你的生活。比如，早晨起床，孕妈妈轻轻呼唤宝宝的名字，告诉宝宝今天的天气怎样，等等。

给宝宝讲故事也是不错的语言胎教。孕妈妈可以每天安排一个时间给肚子里的小宝宝讲故事。讲述的时候，孕妈妈的声音要欢快、明朗、柔和、充满感情，这样才能吸引胎宝宝。如果有画册，不仅要读出画册上的文字，同时，不要忘了把图画上所描述的图形仔细地讲解给胎宝宝听。

胎教建议

准爸爸的声波以中低频为主，很容易透入宫内，是宝宝非常喜欢的声音。所以，准爸爸可不要把语言胎教的工作都推给劳累的孕妈妈，应该主动经常和胎宝宝对话，既对孕妈妈是一种安慰，对胎宝宝的情感发育也有莫大好处。

幸孕小礼包

助力胎教，准爸爸怎么做

随着日子的一天天流逝，距离生产日期越来越近，孕妈妈的母亲情结完全被激发出来。因此，孕妈妈为了给胎宝宝更好的爱，往往在这段时期会有过多的准备，很容易感到操劳。另外，随着孕妈妈腹部的增大，容易发生危险的指数也越来越高。所以本月准爸爸要变身为妻子的“贴身保镖”，时刻保护妻子。

1.营造温馨环境

要努力营造一个温馨的环境，比如陪妻子谈心、散步等；还可以陪妻子一起去购物，时刻注意妻子身边的危险。不管怎样做，最终目的就是为妻子安排一个舒适的环境，让胎宝宝健康成长。

2.传递父爱继续做胎教

与妻子一同继续胎教，让胎宝宝在母体内感受到浓浓的父爱。与此同时，更要帮助妻子做好胎宝宝发育和变化的监测工作，如有异常情况及时帮助妻子处理。

3.给孕妈妈做按摩

此时，孕妈妈很容易腰背痛，此时准爸爸可以帮助孕妈妈按摩，放松背部肌肉，松弛紧张的肌肉，减轻疼痛。值得注意的是，在按摩的过程中力度要适中，不可用力太大，给孕妈妈增加负担。

第三节 保健方案：听人劝好孕常相伴

就保健而言，本月是防止早产的关键时期。加上身体笨重，孕妈妈走路身体后仰不看脚下面，易摔倒。因此，从保健的角度，孕妈妈应掌握一些早产的知识，注意动作缓慢些。

完美细节，孕7月的保健“四字诀”

本月孕妈妈已经很“出怀”了，这个月开始细节变得不可忽视，而且涉及生活的方方面面，该怎么做呢？这里简明扼要地做“四字诀”推介。

1.不玩麻将

有些孕妈妈为打发时间，喜欢在麻将桌前一坐就是几个小时，这对胎宝宝非常不利，一是因为孕妈妈在打麻将时患得患失的心境会对胎宝宝大脑发育造成阻碍；再者就是久坐会导致血液循环不畅，压迫胎宝宝；还有，麻将谁都摸，细菌滋生，不卫生。

2.不凑热闹

人多、拥挤的地方尽量不去，以免被传染上感冒或其他疾病，同时注意居家和在外的安全。

3.防止过胖

要控制高热量食物、盐、糖的摄取量，不宜过量进补，避免过分肥胖，合理营养以防止妊娠高血压等症。

4.保持运动

每天保证半小时以上的运动，无论你是散步、做孕妈妈操还是进行其他慢节奏、柔缓的运动都可以。

5.保证睡眠

孕妈妈要保证充足睡眠，母体在睡眠中，脑垂体会继续制造成长的激素，这种激素是胎宝宝健康发育不可或缺的。

6.定时产检

马上就要进入孕晚期了，同时也进入糖尿病、贫血高发的危险期，所以要定期进行产前检查，及时发现高危因素，并根据相关的检测指标在医生的指导下进行防治。

学会腹式呼吸，给宝宝输送充足氧气

要学会腹式呼吸，它可以将充足的氧气输送给胎宝宝。

正确的姿势是：背后靠一小靠垫，把膝盖伸直，全身放松，把手轻轻放在肚子上。然后开始做腹式呼吸，用鼻子吸气，直到肚子膨胀起来；吐气时，把嘴缩小，慢慢地、有力地坚持到最后，将身体内的空气全部吐出。注意吐气的时候要比吸气的时候用力，慢慢地吐。每天做三次以上。

适可而止，孕妈妈干家务活莫要逞能

按照锻炼要求，妊娠后干些家务活也是一种有益的运动，只要不觉得累，可以像平时一样。但因妊娠后身体随时都在变化，行动也越来越不方便，因此，干家务活要适可而止，有的活动要避免才对。

（1）不登高，不搬重物品，不弯腰擦拭东西。

（2）洗衣服宜使用温水，避免受凉感冒，一次不要洗得过多，以免过累引起流产或早产。

（3）避免站立过久引起下肢浮肿。

（4）外出路途较短者，以步行为宜，尽量不乘公共汽车。不到人多拥挤的地方去，以免腹部被人撞击，且人群多的地方易传播流行性感冒或其他疾病。远路外出尽量不去。

孕期睡眠比平时要多1小时为宜

怀孕期的睡眠比平时要多1小时左右，最低不要少于8小时，因为睡眠不足会引起疲劳过度，特别是有工作的孕妈妈，丈夫及家人应协助，无论如何要确保睡眠时间。感到疲劳时要睡午觉，特别是在夏季天热时，孕妈妈应该每天睡午觉。但午觉也要有个规律，午后从几点睡到几点，最好有个安排。

午睡的时间，最多不能超过2小时，有工作的孕妈妈睡不了午觉，所以晚上要多睡，或在工作岗位上注意休息。为了能够熟睡，还要注意睡眠时的姿势，主要是自己觉得舒服就行。一般地说，按下列方法做较好：

怀孕中期以后，肚子越来越大，仰卧就很难受了。那时，侧卧比较舒服。舒适的体位，也能睡得香甜。在腿脚疲劳时，或有浮肿、静脉瘤时，把叠成两折的椅子垫放在腿下，把腿垫高，睡眠的效果就会更好。

保证睡眠质量有不少好办法，如可在睡前洗个温水澡，常晒被褥，使之松软；冬天不妨放个暖水袋把被窝弄得暖和些，肩部应该有一背垫塞着，不要使肩部着凉；身体的肌肉应全部放松，这样就很容易睡得酣熟了。失眠时不要随便吃安眠药，应遵医嘱，最好不要依赖药物。只要找出失眠的原因并在日常生活中注意纠正，睡眠质量是可以得到改善的。如白天做点适当的家务活，或做柔软体操，但必须避免过度疲劳。此外，阅读一些报纸杂志，以调节情绪，或者看看电视、戏剧，也有助于消除疲劳。

忍痛割爱，请收起心爱的高跟鞋

女性穿高跟鞋可以弥补个子矮的不足，也可以使人挺胸收腹，显得精神有力。适度的高跟鞋（2～3厘米）鞋底的造型也正好符合正常人的足弓，有利于受力均匀，无论站立，还是行走，都不会感到很累。

但是，妇女怀孕后，身体有了变化，肚子一天天增大，体重增加，重心前移，站立或行走时腰背部肌肉和双脚的负担加重，走路或站立都会使脚感到吃力。因此，孕妈妈不宜穿高跟鞋。

另外，因孕妈妈的下肢静脉回流常常受到一定影响，站立过久或行走较多时，双脚常有不同程度的浮肿，此时穿高跟鞋由于鞋底、鞋帮较硬，不利于下肢血液循环，会加重浮肿。

孕妈妈最好穿软底布鞋、旅游鞋、帆布鞋，这些鞋有良好的柔韧性和易弯曲性，还有一定的弹性，可随脚的形状进行选择。穿着舒服，行走轻便，可减轻孕妈妈的身体负担，并可防止摔倒等不安全的因素发生。

安胎有方：坐立行走要小心

相信每一位孕妈妈随着胎宝宝在肚子里越来越大，各方面的行动一定会感到越来越不适应。这个时候孕妈妈需要的是正确的坐立行走。如果不注意保持正确姿势，就会加重腰酸腿痛，而且也容易出意外。

1.坐：孕妈妈应坐硬质椅凳，不宜长时间坐软沙发，亦不宜坐得太矮，使得腹部受屈、受压。坐时动作应缓，不可用力猛然坐下，应先坐在椅边，再慢慢向内移，后背要直，靠在椅背上，使髋关节和膝关节成直角，大腿保持水平状态。

2.立：孕妈妈站立时应两腿平行，双脚稍微分开，重心落在一只脚上，每隔数分钟即将重心更换到另一只脚。孕妈妈站立姿势不良会导致骨盆底肌肉、韧带因过久负重而松弛，给分娩增加难度，延长产程，易造成阴部组织撕裂伤。

3.行：孕妈妈行走应尽量保持与孕前一样轻松自如，后背应挺直，臀部绷紧，脚心平稳着地行走。不要走得太急或用脚尖走路。切忌因为怀孕而昂首挺胸凸肚行走，这样不但易疲劳，且视线被隆起的肚子遮挡，易发生意外。

孕妈妈上、下楼梯要步步踩实，尤其在妊娠中、后期，应手扶栏杆。上楼梯时，腰要挺直，脚尖先落地，脚后跟落地时，立即伸直膝关节，使重量移到脚，这时再举起另一只脚，以同样姿势向上踏出，应一步一阶，拾级而上。下楼梯时挺直上身，一步一步平稳缓慢下楼，注意不要踏空。

4.蹲：孕妈妈屈膝下蹲拾物，背要直，足底平踏地面，也可以手扶物，单膝跪地，然后再起立。动作宜缓，不可猛然蹲下，猛然站起。不宜弯腰拾物。

第九章

孕8月：胎儿大小像哈密瓜

怀孕的第8个月，胎儿的生长发育相当快，这一点，从孕妈妈每周体重增加在500克左右也能看出来，仿佛胎宝宝在为出生做最后的冲刺。由于体重的增加，身体负担加重，不仅会感到非常疲倦，往往食欲因胃部不适也有所下降。这时应更加注意安全保健，避免早产，每2周做一次产检，减少外出和运动。

胎儿发育指标

胎　长	约44cm。
胎　重	1500～2000克。
大　脑	发育迅速，头也在增大，听觉系统也发育完成，宝宝此时对外界刺激反应也更为明显。宝宝的生殖器发育接近成熟。
五　官	眼睛时开时闭，能辨认和跟踪光源。听觉神经已经发育完成，对声音开始有所反应。胎儿已经长出一头的胎发。
四　肢	手指甲更加清晰，开始完成更加符合比例的发育。
器　官	胎儿皮肤的触觉已发育完全，皮肤由暗红变浅红色；肺和胃肠功能已接近成熟。男孩睾丸从肾脏附近的腹腔沿腹沟向阴囊下降，女孩的阴蒂已凸现出来，但并未被小阴唇所覆盖。
胎　动	胎动次数减少，动作减弱。

孕妈妈体态指标

体　重	这个月孕妈妈的体重增加了1300～1800克，每周增加约500克。
身体变化	阴道分泌物增多。随着子宫的增大，腹部、肠、胃、膀胱受到轻度压迫，孕妈妈常感到胃口不适，有尿频的感觉，排尿次数也增多了。
乳　房	乳房高高隆起，乳房皮肤淡红色的花纹更为增多，乳头周围颜色也更深。
器　官	腹部以及大腿的皮肤上出现一条条淡红色的花纹，下腹、外阴部的颜色日渐加深，孕妈妈的骨盆、关节、韧带均出现松弛，呼吸系统出现上气不接下气状。
妊娠反应	“妊娠纹”明显增多，有的孕妈妈耳朵、口周、额头等处的皮肤有褐斑或雀斑。

第一节 饮食方案：“养”一个健康宝宝

孕8月，因为胎宝宝需要大量葡萄糖供胎儿迅速生长和体内糖原、脂肪储存。所以，要保证热量的供给。此外，本月胎儿大脑发育迅速，应补充不饱和脂肪酸，有助于胎宝宝眼睛、大脑、血液和神经系统的发育。

饮食总则：本月孕妈妈饮食指导

怀孕第8个月，应保证热量的供给。除需大量葡萄糖供胎儿迅速生长和体内糖原、脂肪储存外，还需要有一定量的脂肪酸，尤其是亚油酸。这是因为此时胎儿开始在肝脏和皮下储存糖原及脂肪。此时如碳水化合物摄入不足，将导致母体内的蛋白质和脂肪分解，易造成蛋白质缺乏或酮症酸中毒。那么，这个月饮食该吃点什么呢？

此时是大脑增殖高峰，大脑皮层增殖迅速，丰富的亚油酸可满足大脑发育所需。每天要多增加一些蛋白质，肉类、禽类、牛奶等动物性食物；增加肝、肾等动物内脏，以补充优质蛋白质和血红素铁，预防妊娠缺铁性贫血的发生；增加豆奶、豆浆、豆腐等豆制品，以补充钙的需要；增加核桃、芝麻、花生等食物以补充必需的脂肪酸的摄入。怀孕的最后阶段，如果医生说胎儿过小，那么，建议每天吃1～2只煮鸡蛋，去买一些正规的孕妇奶粉，每天喝2～3次。但就通常情况下，应适当限制脂肪、甜食和水果的摄入，减少米、面等主食的量，以免胎儿长得过大，如果临近分娩，为了减轻水肿和妊娠高血压综合征，在饮食中要少放食盐。

过多服用鱼肝油会导致胎宝宝畸形

许多妊娠妇女认为鱼肝油属滋补药，对怀孕有益，便服用大量的鱼肝油，殊不知过多服用鱼肝油，会导致胎宝宝畸形。国外遗传和生理学专家在研究和调查中发现：某些使用维生素A、维生素D治疗皮肤病的妊娠妇女，生下畸形胎宝宝的比率较高。在国外，鱼肝油并不被作为滋补药，而只是作为一种维生素缺乏症的治疗药物。

在国内由于偏见和误解，滥用鱼肝油的现象较为普遍。为使后代健康成长，妊娠妇女在服用鱼肝油时要慎重，如病情需要，应遵医嘱服用。

日常饮食中，妊娠妇女应避免过多食用含维生素A、维生素D丰富的食品，如动物肝脏等，因为这样等于食用过量的维生素A、维生素D。

一箭双雕，香菇预防感冒又补钙

香菇的营养价值高，在于它含有多种丰富的维生素。尤其是B族维生素、麦甾醇和烟酸的含量，与其他食品相比高很多。香菇还含有维生素C、泛酸、吡哆醇、生物素、叶酸、维生素B_{12}等多种维生素。由于香菇中富含谷氨酸及一般食品中罕见的伞菌氨酸、口蘑酸及鹅氨酸等，故味道特别鲜美。

香菇的菌体中含有一种一般蔬菜缺乏的物质——麦甾醇，它可以在体内通过生物代谢转化为维生素D，促进体内钙的吸收，并可增强人体抵抗疾病的能力。因此，多吃香菇对于帮助孕妈妈补充钙质及预防感冒等疾病有一定帮助。

中医认为，香菇性凉味甘，有补肝肾、健脾胃、益智安神、养容颜的功效。

饮食宜忌，孕8个月忌食食物

孕8月，孕妈妈饮食有什么忌口呢？首先要明确一点的是，为了担心产后肥胖，孕妈妈吃全素的做法是不科学的。与素食相比，荤食大多含有一定的牛磺酸。孕妈妈如果缺乏牛磺酸，胎儿出生后易患视网膜退化症，个别甚至导致失明。事实上，孕妈妈对牛磺酸的需要量比平时要多，本身合成牛磺酸的能力有限，如果再吃牛磺酸含量很低的素食，久而久之，必然造成牛磺酸缺乏。除了素食主义者之外，饮食还要说“不”的情况有：

1.热性调味料

八角茴香、小茴香、花椒、胡椒、桂皮、五香粉、辣椒等热性香料都是调味料，但孕妈妈不适宜食用这些调味料。孕妈妈体温相应增高，肠道也较干燥。而热性香料具有刺激性，会致使胃肠腺体分泌减少，造成肠道干燥、便秘等。孕妈妈用力解便，会引起腹压增大，压迫子宫内的胎宝宝，易造成胎动不安、发育畸形、羊水早破、早产等不良后果。

2.冷饮

孕妈妈多吃冷饮能使胃肠血管突然收缩，胃液分泌减少，消化功能降低，从而引起食欲不振、消化不良、腹泻，甚至引起胃部痉挛，出现剧烈腹痛现象。孕妈妈的鼻、咽、气管等呼吸道黏膜往往充血并伴有水肿，如果大量贪食冷饮，可致局部抵抗力降低，使细菌与病毒乘机而入，引起嗓子痛哑、咳嗽、头痛等。严重时能引起上呼吸道感染或诱发扁桃体炎。此外，胎宝宝不喜欢冷的刺激，胎宝宝受冷饮影响，会在子宫内躁动不安，胎动变频繁。

四喜蒸蛋

【备料】鸡蛋2个，海米15克，冬笋50克，熟鸡脯肉150克，蘑菇50克，葱姜汁、酱油、料酒、盐、味精、胡椒粉各适量。

【做法】将鸡蛋打入碗中，搅打均匀。海米用温水泡软，切成细粒。蘑菇、冬笋、熟鸡脯肉中加入清水、酱油、料酒、味精、盐、葱姜汁、胡椒粉、菜油，搅和均匀。将所有主、辅料混合调匀，蒸约20分钟即成。

【功能】此品含丰富的蛋白质、钙、磷、铁、锌和维生素A、维生素B_1、维生素B_2、维生素E等。孕妈妈长期食用可预防妊娠高血压综合征的发生。

红果包

【备料】面粉500克，面肥150克，山楂糕125克，青梅10克，糖桂花5克，碱面适量。

【做法】

①山楂糕、青梅均切成细末，同放碗内，加糖桂花拌匀成馅。

②面粉放入盆内，加面肥和温水，和成发酵面团。

③待酵面发起，对入适量碱液，揉匀后搓成长条，揪成每个约50克的面团，擀成中间稍厚、边缘稍薄的锅底形圆片，然后逐个放入馅料，收严剂口，作成石榴形。再用剪刀从生坯底部，逐层剪若干三角形（最底层5

个，二层4个，三层3个，四层2个，五层1个），顶端再剪成小花嘴形，即成包子生坯（也可在包入馅心后制成椭圆形红果包）。

④将包子生坯摆入屉内，上笼用旺火蒸15分钟即成。

【功能】此品含有丰富的碳水化合物、蛋白质和钙、磷、铁、锌、维生素C等多种营养素。作馅用的山楂糕，具有开胃消食、活血化瘀、收敛止痢、软化血管等功效。

花生糖

【备料】花生仁500克，玉米粉50克，红糖150克。

【做法】把糖放入锅内，加入100毫升清水，用温火将糖炒得起泡，放入花生仁，随翻炒随放入玉米粉，将糖、面裹匀花生仁，炒至花生仁熟，倒入盘内即成，晾凉即可食用。

【功能】花生营养丰富，其性平味甘，有润肠和胃之功效。此品可减轻孕妈妈烧心症状，并可为孕妈妈补充蛋白质和不饱和脂肪酸及纤维素和B族维生素等营养成分。孕妈妈烧心时可随时食用。

什锦豆腐汤

【备料】豆腐150克，香菇、冬笋各25克，火腿50克，油菜200克，盐、高汤、熟猪油各适量。

【做法】

①将豆腐切片，香菇、油菜、冬笋、火腿切丝。

②锅内加高汤和熟猪油烧沸，放香菇丝、笋丝、油菜叶丝、火腿丝、盐，煮熟后捞出盛入汤碗内。

③将汤再烧开后放入豆腐片，待豆腐片浮起，立即捞出，加入汤碗即可。

【功能】此汤富含人体所需的蛋白质、维生素A、维生素C、铁、锌等营养素。

咖喱排骨

【备料】猪排、土豆各250克，洋葱1个，咖喱粉、盐、生姜、清汤各适量。

【做法】

①猪排切成3厘米长段，清水洗净，随冷水入锅烧沸，去除浮沫，捞出再用清水洗净血污待用；土豆削皮后切成3厘米大小的块，洋葱分成3厘米左右的片。

②锅内放油，烧至六七成热时，放姜片爆炒一会儿，放猪排和土豆块翻炒数十次后，加咖喱粉和清汤，烧沸后改用中火炖至肉将脱骨、土豆软烂时，加入洋葱片和精盐，再改大火烧沸1～2分钟即可。

【功能】此品含有丰富的动物蛋白质、矿物质、维生素、碳水化合物等营养素。

猪血豆腐汤

【备料】猪血200克，豆腐2块，姜、蒜、盐、味精、料酒各适量。

【做法】

①猪血和豆腐都切成小块；姜、葱切成细末。

②锅内放油烧热后，爆香姜、蒜，下猪血，烹料酒，加水；烧沸后，放入豆腐块，最后调味即成。

【功能】此汤含有丰富的蛋白质、铁、锌、钙、磷等营养素。

第二节 胎教方案："预订"一个聪明宝宝

随着胎宝宝的发育，其辨别各种声音并能做出相应反应的能力、语言学习的能力进一步增强，只要孕妈妈不失时机地对胎儿进行认真、耐心的语言训练，那么等到胎儿出生后在听力、记忆力、观察力、思维能力和语言表达能力上将会大大超过未经语言训练的孩子。

对话胎教：扩大对话的内容和范围

本月该怎么做对话胎教呢？一个基本的原则是结合实际生活出现的各种事情，不断扩大对话的内容和对话的范围。可以把生活中的每个愉快的生活环节讲给孩子听，通过和胎儿共同生活、共同感受，使母子、父子间的纽带更牢固，并且为今后智力发展打下基础。使胎儿对母亲、父亲和其他人有信赖、安全感，生活适应能力强，会感到人间的幸福。

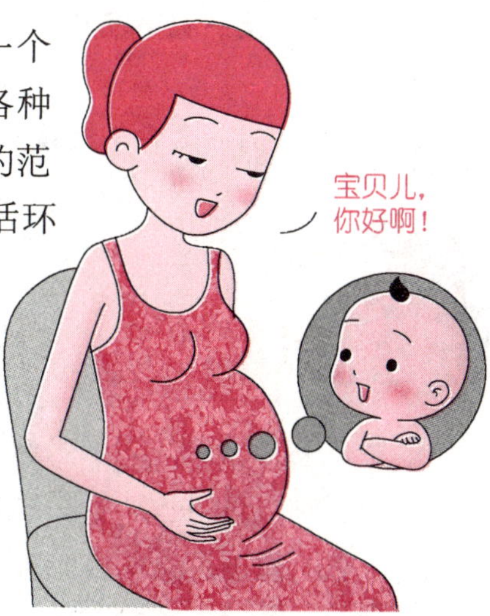

胎教建议

面对着分娩即将来临的特点，主动进行沟通。比如可以告诉胎儿：“我的小宝宝，不久以后你就要出来了，妈妈好盼望这一天。你一定很想和妈妈见面了，是吗？”或者与丈夫一起对胎儿说：“爸爸妈妈为了迎接你的诞生，已经准备了整整10个月。外面的世界很美丽，你一定喜欢的。”等等,促进情感的建立和心灵的沟通。

味觉胎教：享受自然香味有利于胎教

美妙的香味不仅使孕妈妈仿佛置身于大自然中,而且孕妈妈也得到了美的享受,自觉心情愉快起来。

胎教建议

1.拖地时，在最后的漂洗水中滴入8滴安全的精油，比如茶树油或柚子油；在房间的喷雾器中滴入4滴。

2.在屋里喷洒适宜的有花香味的水，让室内充满优雅的气味，并清除令人不快的气味，如香烟味和宠物味。

3.在厨房里放一碗小苏打、白醋或半个柠檬，用来吸收厨房里难闻的气味。

4.在海绵上倒一点香子兰精油，放入冰箱、厨房或汽车中。

想象胎教：用意象塑造理想胎宝宝

作为未来的母亲，怀孕后你一定不厌其烦地在心中描绘着你所希望的孩子形象，对吗？从胎教的角度来看，孕妈妈想象的影响是非同小可的，它能通过意念构成胎教的重要因素，转化渗透在胎宝宝的身心感受之中，影响着胎宝宝成长过程。因此，你完全可以强化“想要这样的孩子”的愿望，盼望着他的到来，用自己的意象塑造理想中的胎宝宝。

胎教建议

1.积极地设计孩子的形象，把美好的愿望具体化、形象化，想象着孩子应具有什么样的面貌，什么样的性格，什么样的气质，等等。

2.常常看一些你所喜欢的儿童画和照片，仔细观察你们夫妻双方，以及双方父母的相貌特点，取其长处进行综合，在头脑中形成一个清晰的印象，并反复进行描绘。

美术胎教：可以陶冶胎宝宝的情操

8个月的胎宝宝已耳聪目明，此时胎宝宝的听觉器官已经完成发育，能够对各种声音做出敏锐的反应。此外，由于脑细胞的增加，其记忆力得到增强。胎宝宝的听觉能力已接近于成人，对外界的刺激能够产生愉快、厌恶、不安、焦虑等基本反应。准爸妈可通过各种视觉刺激来提高胎宝宝的情商。

胎教建议

1.准妈妈一边欣赏令自己赏心悦目的绘画，一边努力将自己的情感传递给胎宝宝。准妈妈在赏画的同时，将自己的体会说给胎宝宝听，对胎宝宝的视觉和听觉产生刺激，促进其大脑的发育。欣赏绘画时，如果尝试着剖析作者的创作意图，关注作品的颜色和构图，就能够提高欣赏的乐趣。

2.深入了解作者的生平以及作品诞生的时代背景等内容也有助于绘画的赏析。其中最关键的是要选择自己喜欢或感兴趣的画家的作品。一般的画廊都会标注对作品的说明，即便是艺术领域的门外汉也可以怡然自得地游弋其中。

3.在欣赏的同时，将绘画表达了怎样的主题，整体散发着怎样的气息，都具体地讲给宝宝听。即便胎宝宝无法具体地理解妈妈所看到的事物或谈话的内容，也能敏锐地捕捉到妈妈的情感和心情，并做出反应。所以，美术胎教的要领不是“看见什么”，而是“体验到什么样的情感”。

幸孕小礼包

助力胎教，准爸爸怎么做

进入孕晚期，由于宝宝很快就要和你们见面了，所以，应该趁现在为宝宝营造一个温馨的小窝。但值得注意的是，孕妈妈行动愈加不方便，睡眠质量不好，食欲会有所下降，缺乏耐心，心情容易变得急躁，准爸爸面对妻子的这种变化，需要做到：

1.谈心安抚情绪

和妻子谈心，消除她的焦躁情绪，安慰妻子耐心等待宝宝的降临。

2.选个合适枕头

为了帮助妻子入睡，准爸爸可以为妻子选择一个高度适宜的枕头，以免过高的枕头使妻子在睡眠时颈胸处弯曲过大，呼吸受到影响，并注意提醒妻子睡眠时采取左侧卧位。

3.开始准备宝宝的新家

为宝宝选择舒适安全的婴儿床、床垫。至于婴儿床放置的位置，最好放在空气流通的地方，但要切忌有穿堂风，并且屋内温度要适宜。这表明了你对宝宝的期待，会让妻子更安心。

很多准爸妈在宝宝床的选择上更注重是否美观实用，往往忽视了安全因素。宝宝床是否安全，除了要看看床的各部件是否安全牢固、有没有存在不安全的因素外，还要看宝宝床的木料是否天然、油漆是否有毒等。

第三节 保健方案：听人劝好孕常相伴

孕8月，为了保证孩子的健康成长和维护孕妈妈自身的健康，孕妈妈在起立行走方面应注意。同时，为了提防胎儿早产，对胎宝宝也要做更多细致的工作。出行、日常生活、睡眠、性生活都应该有一个恰当、科学的安排。

孕味十足，防止体重增长过快还气短

到了孕晚期，体重的增长均匀稳定，每周可增加0.5千克。如果体重增长过快，为慎重起见，建议做一次B超，了解胎儿生长情况和羊水量，查血糖，排除妊娠期糖尿病（妊娠期糖尿病可导致巨大儿）。摄入热量过多，也可使体重增长迅速。

这个时段，增大的子宫使膈肌抬高，孕妈妈会感觉气短，有的孕妈妈会担心胎儿缺氧——妈妈自己都感觉氧不够用，胎儿那么弱小，肯定比妈妈更缺氧。这个担心是不必要的，孕妈妈有一套保护胎儿的完整系统，会竭尽全力保证胎儿的氧气供应，胎儿也同样具有自我保护能力，会尽量获取氧气。

如果你感觉气短比较严重，就需要看医生了。躺下时会使气短加重，垫高头胸部可减轻症状。尽量不要仰卧位躺着，采取左侧卧位可增加胎盘的血氧供应。孕妈妈都有自我保护能力，采取你感觉舒服的体位是最好的选择。

果蔬，孕妈妈的天然“美容师”

在日常生活中，由水果或蔬菜制成的美容品可以说是天然的美容品，对爱美的孕妈妈来说，由于用普通工业合成的美容品会对胎宝宝产生影响，所以这类天然美容品就成为孕期妇女的首选。

以下的水果或蔬菜都具有美容作用：

（1）番茄含大量的维生素。其中维生素P含量为蔬果类第一。维生素P能有效地保护皮肤，增加皮肤的健美；丰富的维生素A也可保持皮肤的弹性，防止皮肤细胞萎缩角化；维生素C参加体内的氧化还原，能预防皮肤衰老。平时把番茄切碎挤压成汁，加入少许蜂蜜，涂于脸、双手及手臂，能使肌肤洁白，消除皱纹。

（2）胡萝卜有“小人参”之称，含有丰富的胡萝卜素，在体内可转化成维生素A，也能预防皮肤老化。

（3）南瓜中的南瓜籽含有类似激素的物质，长期食用对皮肤美容、保健有很好的作用。

（4）黄瓜可清洁皮肤，消除皱纹。把黄瓜切成小块，挤出瓜汁，用棉花蘸汁涂搽于脸上，皱纹多处可一天1次，生效很快。如用新鲜的黄瓜和黄瓜籽提取瓜油，适当加入化妆品中，具有促进血液循环及皮肤氧化还原之功效，对粉刺、酒糟鼻、雀斑、皮肤粗糙、皱纹等具有良好的防治作用；如加入护发类化妆品中，能使毛发柔软并产生光泽。

（5）西瓜皮能使皮肤细腻。将西瓜皮切成片状，敷于面部，几分钟后取下，用水洗净，再涂些化妆水收敛皮肤。每周2次，效果甚佳。

（6）草莓含有丰富的维生素C和胡萝卜素、磷酸钙、胚芽等重要的营养。这些营养可增加皮肤的抵抗力。此外，草莓又有健胃的作用。因此，在夏季有条件的话，应多吃些草莓。

（7）菠萝会令手指表皮软化。往水中加入两汤匙菠萝汁、两个鸡蛋黄，将双手浸泡约20分钟，就会使指甲边皮软化。

（8）用新鲜的白菜汁、苹果汁、柠檬汁、鲜梨汁等制作护肤膏，由于其中含有植物的有机物质，能渗入皮肤中，具有松弛皮肤的功能，对皮肤的脱脂软化具有良好的功效。

（9）茶叶所含的营养成分甚多，经常饮茶的人，皮肤显得滋润好看。将红茶和红糖各两汤匙，加水煲煎，以面粉基底调匀敷面，15分钟后用湿毛巾擦净脸部，每周涂敷1次，一个月后可使容颜滋润白皙。

（10）醋有美容养颜的功能。皮肤粗糙者，将醋与甘油以5：1的比例，混合涂抹面部，每日坚持，容颜就会变得细嫩。也可在洗脸水中加一汤匙醋，洗毕后用清水反复洗净，也有美容之效。

（11）核桃也是一种美容品，它能使孕妈妈的皮肤光滑、润泽。因核桃里含有相当多的亚油酸，这些亚油酸就是理想的肌肤美容剂。人体里如果缺乏亚油酸，皮肤会干燥，皮肤的鳞屑就会多而增厚。所以吃核桃可美容。不过，核桃属于温性，阴虚、烦躁、身体易出血的人不能多吃核桃。

（12）将1个鸡蛋、1汤匙全脂牛奶、1茶匙蜂蜜相混亦是极好的敷面剂。

（13）将已用过的茶敷于脸部四周，如果是茶包，则在茶包仍温时敷于眼睑上2～3分钟。还可以用浸在浓茶中的棉花球或纱布置于眼四周，可消除眼尾纹。

（14）将甘菊茶包放在热水中浸20分钟，按于眼部以防止发炎及充血，另外每天用冰水或冷水敷2次，来保持眼部清爽及其四周组织有弹性。

（15）每天在眼睛上敷片橘子可以消除黑眼圈。

（16）将蜂蜜微微加温，然后均匀地涂在脸上，轻轻拍打脸部，这个步骤会产生拉力，使血液浮到表皮而有清洁作用。然后温水清洗1次，再用冷水洗1次。蜂蜜可单独使用，亦可和麦片粉或面粉混合使用。这种方法可将污物吸至表面，使皮肤有弹性。

（17）将麦粉、蜂蜜加1个蛋白制成浆液，涂于脸上按摩10分钟，再用温水冲洗掉。

（18）麦粉加水，或杏仁粉加水，或两者加水混合，用以敷脸，有清洁肌肤的作用。

（19）洗脸后，用醋水拍打脸部，一天2次，比例为1份醋调入8份水。可治皮肤粗糙。

（20）将干麦片加水混合，涂于皮肤上，特别是鼻侧及双颊容易产生粉刺的部位。几分钟后用毛巾慢慢擦去混合物，并以冷水冲洗。混合物可除去油污和毛孔中的脏物。

另外，在食物美容过程中应注意，不可过量，否则过犹不及。

久坐久站当心患静脉曲张

妊娠晚期由于胎宝宝已逐渐发育成熟，子宫逐渐增大，站立时，腹部向前突出，身体的重心随之前移，为保持身体平衡，孕妈妈上身习惯性后仰，使背部肌肉紧张，长时间站立可使背部肌肉负担过重，造成腰肌疲劳而发生腰背痛，故应避免久站。在站立时应尽量纠正姿势，可适当活动腰背部，增加脊柱的柔韧性可减轻腰背痛。

妊娠晚期由于增大的子宫压迫腔内静脉，阻碍下肢静脉的血液回流，常易发生下肢静脉曲张或会阴静脉曲张，若久站久坐，会因重力的影响，可使身体低垂部位的静脉扩张、血容量增加、血液回流缓慢，造成较多的静脉血潴留于下肢内，致使下肢静脉曲张。常表现为下肢酸痛、小腿隐痛、踝及足背部水肿，行动不便。

听人劝，孕妈妈不宜穿长筒紧袜

现代妇女穿长筒紧袜颇为流行，在合适的季节，妇女穿短裙，配上长筒紧袜是很适宜的，既能保护皮肤免受外侵，又有利于清洁和安全，还可以显示女性的线条美。

但是孕妈妈不宜穿长筒紧袜。这是因为，孕妈妈一般有下肢水肿现象，血液流通不畅，如果再长时间穿长筒厚实紧裹腿的尼龙袜或过于小而紧的弹力袜，就会加倍影响下肢血液循环，使本来就已浮肿的下肢加重水肿，或者本来未发生水肿，却引起水肿。因此，孕妈妈不要穿长筒紧袜，也不要穿过小的紧袜子，更不要扎紧裤腿，应该给下肢一个宽松的环境，减少浮肿的痛苦。

安全提示，预防早产是重中之重

由于腹部越来越大，孕妈妈可能会感觉不那么灵活。因此，走路、下楼、骑单车、坐下、起来时都要小心，动作幅度不要过大，尤其在雨雪天气更要格外小心。最好不要自己开车，即使坐车，也要注意安全，在急刹车时，可能会发生早产。孕妈妈最好不要坐在副驾驶座位上；坐在后排座位上，最好系上安全带。

节制性生活并采取安全方式，避免动作过快、过急、过大。有的孕妈妈性格急，做什么都是风风火火。到了孕晚期，可要改变一下，比如起床时、听到叫声回头时等，都要放慢速度。另外，缺乏维生素E、维生素B_1、镁，也可引起早产。

下腹如有较强的下坠感，腹部还感觉很紧，应该确认是不是子宫收缩。如果有宫缩现象，要警惕是否有发生早产的可能，所以应该到医院看医生。孕晚期服用维生素E不是预防早产的首选药，若有早产预兆，应卧床休息，静脉输硫酸镁。

幸孕小礼包

安胎有方：家庭和谐

和谐的家庭氛围是胎宝宝的文化摇篮。处于爱和温暖氛围中的孕妈妈充满了幸福的感觉，并能通过信息传递感染胎宝宝，使胎宝宝在快乐轻松的胎教环境中获得良好的心灵感受，从而健康地成长。创造和谐的家庭要做到以下几点：

（1）心理修养

夫妻双方共同加强心理修养，做到互敬、互爱、互信、互帮、互慰、互勉、互让、互谅。

（2）情感沟通

夫妻之间要经常进行情感沟通，彼此相敬如宾，恩恩爱爱，相依为伴，使家庭成为生活中平静的港湾，让家庭生活充满生气，充满绚丽的色彩。

（3）和谐家庭

丰富业余生活也是创建和谐家庭氛围的有效手段。假日时夫妻不妨共赏音乐，畅谈感受，或者是一同垂钓河边，郊外小游，散步谈心，欣赏摄影作品，参观书画展览……使孕期生活充满高尚情趣，富有活力。

（4）家居环境

家居的环境要舒适，室内要保持整洁，空气新鲜，杜绝污染，避免干扰；家具的布局、装饰品的陈设都应符合胎教环境。丈夫应扮演好未来父亲的角色，主动承担起家务劳动，无微不至地体贴关照妻子，使妻子称心如意。只有这样，未来的母亲才能在一种平稳的心境中生活，腹中的胎宝宝才能健康地成长。

第十章

孕9月：胎儿大小像西葫芦

恭喜你，怀孕第9个月，将近临产，胎儿就要和你一起享受阳光浴了。此时，胎宝宝已经做好了生理的各项准备——各个器官基本发育完成，正蠢蠢欲动。此时，孕妈妈的身体变得沉重而更显笨拙，孕妈妈要多加注意，另外，到了这个阶段，不少孕妈妈难免会产生这样或那样的担心。做好产前心理疏导，排除恐惧与紧张的情绪，保持良好的心态，有利于顺利分娩。

胎儿发育指标

胎　长	44～50厘米。
胎　重	2000～2800克。
五　官	35周时，听觉充分发育，细心妈妈能体会到胎宝宝对外界的声音的喜厌。
四　肢	到了36周，手、小脚丫和头部可能会清楚地在你的腹部突现，指甲长到指尖部位。
器　官	胎儿皮下脂肪较为丰富，皮肤的皱纹、毳毛都相对减少。皮肤呈淡红色，性器官内脏已发育齐全。男宝宝的睾丸已经降至阴囊中，女孩的大阴唇已隆起，左右紧贴在一起。第33周，胎儿的呼吸系统、消化系统已近成熟。第35周，胎儿肺部发育已基本完成，存活的可能性为99%。到了第36周，两个肾脏已发育完全，肝脏已能够处理一些代谢废物。
胎儿姿势	第34周，胎儿身体转为头朝下的姿势，头部已经进入骨盆。
胎　动	第35周，胎动每12小时在30次左右为正常，如果胎动过少（少于20次预示胎儿可能缺氧，少于10次胎儿有生命危险）。

孕妈妈体态指标

体　重	体重继续增加。
身体变化	孕妈妈尿频现象加重；手、脚、腿等都会出现水肿；孕妈妈常感喘不过气来，到了36周时开始缓解。
妊娠反应	胃的容量变小，胃口变得不好，无效宫缩会经常出现，且频率越来越高。

第一节 饮食方案：“养”一个健康宝宝

怀孕第9个月，孕妈妈的胃部仍会有挤压感，所以每餐可能进食不多。但要想办法补充维生素和足够的铁、钙、充足的水溶性维生素，以硫胺素最为重要。由于孕妈妈胃部容纳食物的空间不多，所以不要一次性地大量饮水，以免影响进食。

饮食总则：本月孕妈妈饮食指导

妊娠末期，由于子宫增大，顶压胃部和膈肌，孕妈妈的饭量减少，时常还会发生呼吸困难。由于胎宝宝生长发育加快，对营养的要求较以前提高。再者，出生时体重过高和过低，均会影响宝宝的生存质量和免疫功能。因此，孕妈妈膳食的结构，应在怀孕中期的基础上加以调整，要坚持全面高营养的饮食，而且还要注意孕妈妈的消化吸收能力，尽量做一些细、软、香、淡的能引起食欲的食物来吃，以保证孕妈妈能够吃好。

1.补铁、补钙

胎宝宝体内的钙有一半是在最后两个月储存的，如果孕妈妈钙摄取不足，胎宝宝就会动用母体骨骼中的钙，从而影响孕妈妈的健康。这时候胎宝宝的肝脏以每天5毫克的速度储存铁，直到储存量达到240毫克。如果此时铁摄入不足，就会影响胎宝宝体内铁的存储，导致出生时患缺铁性贫血。豆制品、奶制品等含钙丰富，动物肝脏、绿叶蔬菜是最佳的铁质来源。

2.粗纤维防便秘

由于胎宝宝增大压迫肠胃，造成肠蠕动减慢，加上孕妈妈因腹部增大缺乏运动，所以更容易发生便秘。孕晚期孕妈妈要多吃富含粗纤维的食物，如芹菜、苹果、燕麦、玉米、糙米、全麦面包等；养成每天固定时间上厕所的好习惯；摄取足够的水分。多吃含水分多的蔬菜、水果。特别值得注意的是，如果便秘情况严重，需要服用泻药时，在药品的选择上一定要谨慎。膨胀性泻药含大量纤维，能吸收水分，软化粪便，轻度刺激肠蠕动，缩短排便时间，可酌情在医生的指导下选取。

食物大盘点，本月要多吃健脑食物

怀孕末期，由于子宫底较高压迫心脏和胃，引起孕妈妈心跳加速、气喘、胃胀、没有食欲。一次吃不了太多的东西，可分成几次吃，每次少吃一些。应注意饮食的质量，要少而精，以保证必需的营养供给，要多吃健脑食物以促进胎宝宝大脑发育。

（1）海洋动物食品

该类食品含有丰富的蛋白质，食用后有利于神经系统的发育，也有利于新陈代谢的顺利进行。脂肪多为不饱和脂肪酸，还有卵磷脂、脑磷脂等。此外，海洋动物食品中还含有大量的维生素A和维生素D，以及丰富的矿物质、微量元素，如钙、磷、碘、铁、镁等，这和眼睛、皮肤、牙齿、骨骼的正常功能关系甚为密切。

（2）大豆

被誉为“绿色的牛乳”和“植物肉”，主要含有大豆球蛋白、氨基酸，还富含其他食物中缺乏的对胎宝宝生长发育及智力发育都有重要作用的赖氨酸。

（3）核桃

形状类似大脑，有健脑、补肾、补血、润肺等功效。其中含有油脂量高达68%～76%，蛋白质17%～27%，以及多种矿物质和维生素。500克核桃仁可相当于2500克鸡蛋或4500毫升牛奶的营养价值。

（4）牛奶

其中的蛋白质以酪蛋白为主，还有乳白蛋白、乳球蛋白，脂肪则含有油酸、亚油酸。

（5）瘦肉

含蛋白质20%左右，能供给多种氨基酸和不饱和脂肪酸。

（6）鸡蛋

含有丰富的蛋白质、卵磷脂、维生素A、维生素B_2、维生素B_6以及各种矿物质，鸡蛋黄对神经系统的发育有很大好处。

（7）果实籽仁

其他各种果实的籽仁如葵花、西瓜、南瓜、松子等，都含有油酸及亚油酸，对脑的发育益处很大。

补钙，选食有方法，烹调有技巧

（1）要选择正确的补钙食物。牛奶、鱼类是补钙的首选食物。牛奶中钙含量高，且易被人体吸收，但酸奶中钙含量高于牛奶，且酸性的环境更利于钙的吸收；鱼类，特别是小鱼中的钙含量也比较高，因为小鱼的骨头比较多，有时可以连骨头一起吃下，因此也成为补钙的食物来源。

（2）许多蔬菜中的钙含量并不低，但由于蔬菜中的草酸、植酸含量较高，降低了蔬菜中钙的营养价值，所以在烹调这类蔬菜时，一方面要通过焯水的方法去掉一部分草酸、植酸等抗营养因子；另一方面，在制订膳食计划时，要注意尽量避免这类食物与钙含量高的食物同时食用，如在喝牛奶时，最好不要立即喝茶或咖啡，因为茶水和咖啡中含有的鞣酸对钙的吸收不利。

（3）通过采用合理的烹调方法，也可以增加菜肴中游离钙的含量。特别是对于肉食类动物骨头来说，其结合型的钙含量虽然高，但不能被人体吸收，只有将它转化为游离型的钙以后，人体才有吸收的可能。这种转化方法就是在烹调的过程中加醋，使动物骨头在酸性环境中达到这一效果。因此，糖醋排骨、糖醋里肌都可以选用。

妊娠心烦，在饮食上应注意的问题

（1）孕妈妈原有阴血不足现象时，不宜进食油腻厚味、辛辣食物。可增加进食一些补阴类的食物：如梨、荸荠、西瓜、大白菜、甘蔗、百合、银耳、黑木耳、鲜藕、乌龟、甲鱼等。

（2）有痰时，饮食宜清淡，忌油腻厚味食品，少吃甜食。

（3）出现阴虚心烦时，除进食补阴类食物外，也可服用中药，如沙参、麦冬、玄参、生地黄、石斛、玉竹、枸杞子、女贞子等。治疗原则：清热养阴，安神除烦。用人参麦冬散加莲心，药物有人参、麦冬、茯苓、黄芩、知母、生地、炙甘草、莲心等。

（4）出现痰火心烦时，治疗原则：清热涤痰。可用竹沥汤加贝母，药物有竹沥、麦冬、黄芩、茯苓、贝母等。

幸孕小礼包

优生食谱，怀孕了怎么吃

翡翠菜花

【备料】菜花250克，鸡脯肉100克，火腿、冬笋各15克，菠菜250克，蛋清2个，淀粉、面粉、葱、姜、盐、味精、料酒、香油各适量。

【做法】

①将菜花洗净，掰成指头肚大小的块儿，放入沸水锅内烫一下，捞出，控净水。

②将火腿、香菇、冬笋均切成小薄片。

③将菠菜择洗干净，葱、姜洗净，一并捣烂，用纱布包住挤出汁。

④将鸡脯肉砸成泥，加入淀粉、蛋清、盐搅拌，再放入用菠菜、葱、姜挤出的汁，打成糊。

⑤盘内稍抹一层香油，将搅好的鸡肉糊20份放大盘内，稍按一下，将菜花柄上沾点面粉，插在鸡肉糊中间，上屉蒸8分钟，取出放入大碗内。

⑥锅内添一点水，将火腿片、香菇片、冬笋片放入烧开，加盐、料酒、味精、香油搅匀，倒入碗内即成。

【功能】本菜营养丰富、全面。含优质蛋白质、维生素类及钙、磷、铁等无机盐。对孕妈妈补充营养，有利于胎宝宝骨骼的生长发育。醒脾开胃，增进食欲。

碧绿烧鱼肚

【备料】菠菜600克，干鱼肚50克，胡萝卜花数片，姜、葱花、鲜汤、黄酒、精盐、淀粉、白糖、麻油、胡椒粉、植物油各适量。

【做法】

①将鱼肚浸透洗净，放入姜、葱，在开水锅中煮2分钟，取出切成块，沥干水分。

②锅中放鲜汤，放入黄酒、精盐，烧开后再放入鱼肚煨5分钟，取出，沥干水分；菠菜择洗干净，入开水锅中略焯一下，捞出切成段。

③锅置火上，放油烧热，放入菠菜、胡萝卜花炒熟，加入鱼肚，然后放入精盐、淀粉、白糖、麻油、胡椒粉和水调制的芡汁料，拌匀即成。

【功能】菠菜含丰富铁质，有补血功用，可治疗便秘及痔疮。鱼肚含丰富蛋白质和维生素，有止血功效。孕妈妈常食此菜可预防妊娠期贫血、便秘。

八宝素烩

【备料】莴苣1根，胡萝卜2根，蘑菇8朵，冬笋1根，花菜1/4个，冬瓜200克，盐、味精、料酒、胡椒粉、色拉油、鸡油、高汤各适量。

【做法】

①胡萝卜、莴苣、冬瓜和冬笋切片，花菜分成小朵，蘑菇分成两半。

②锅内加汤烧沸，将上述主料分别烫熟后捞出，并泡入凉水中。

③锅内放入奶汤适量烧沸，加入盐、胡椒粉、料酒和所有主料，开锅后撇净浮沫，待菜松软时放味精、加鸡油，出锅装

盘即成。

【功能】多样的蔬菜供应丰富的营养，尤其是维生素。健脾开胃，增强食欲，但含热量少，不会因食用量大而导致体重的增加。

冬瓜绿豆汤

【备料】冬瓜250克，绿豆1汤匙，高汤、生姜、葱、盐各适量。

【做法】

①汤锅上火加高汤烧沸；姜洗净拍破放入锅内，葱洗净挽结入锅。

②绿豆淘洗干净，去掉浮于水面的豆皮，然后入汤锅炖烂；冬瓜去皮去瓤，洗净，切块投入汤锅内，炖至软而不烂，加少许盐即成。

【功能】清热利尿解暑。适用于夏季水湿阻滞引起的小便不利或小便色黄而少、口渴心烦、浮肿或尿道感染、灼热疼痛等病症。

参枣米饭

【备料】党参10克，大枣20克，糯米250克，白糖适量。

【做法】将党参、大枣放搪瓷或陶瓷锅内，加水泡发，然后煎煮30分钟，捞出党参、大枣，药液备用。先将糯米淘洗干净，放在大瓷碗内，加水适量，经蒸熟后扣在盘内，然后把党参、大枣摆在糯米饭上面。将参枣汁加白糖，煎浓后倒在枣饭上即成。

【功能】健脾益气。适于体虚气弱、乏力倦怠、心悸失眠、食欲不振的孕妈妈食用。

第二节 胎教方案：“预订”一个聪明宝宝

孕9月，胎儿的听力已健全，孕妈妈多抽一些时间欣赏胎教音乐，在潜意识里与胎儿进行感情交流；孕妈妈本人或丈夫用手在孕妈妈的腹壁上便能清楚地触到胎儿头部、背部和四肢，可以促进与胎宝宝的交流。此外，不容忽视的是，和谐乐观的家庭氛围，可使胎儿在这种快乐轻松的胎教环境中获得良好的心灵感受，从而健康地成长。

音乐胎教：放松身心产前多听巴赫曲

国内外都有在产房放音乐来缓解产妇分娩痛的尝试。但其实，在产前就需要进行音乐训练，以便在产程中挑出产妇最喜欢、最熟悉、最能唤起愉快情绪的音乐，起到最佳的镇痛效果。通常来讲，产前训练部分至少在本月就要开始，每周一次，有条件的话也可以一周3次，包括音乐配合身体运动练习和音乐配合呼吸练习（腹式深呼吸和哈气练习）等。

胎教建议

1.在音乐的节奏中，用手依次轻拍大腿、腰部、手臂、手腕和头部，活动全身。因为这是一种比较轻度的运动，所以可采用坐姿进行。在选择乐曲上，最好挑些速度稍快、节奏均匀、轻松，使用了打击乐器的音乐类型，比如克莱德曼的《爱的协奏曲》，一些有轻快节奏的轻音乐也可以采用。

2.训练时，先慢慢将气吸入腹部，然后再缓慢张嘴吐出。吸气和吐气都是4个拍子。哈气练习则可以帮助产妇能够在生产过程中迅速唤气，有助于分娩时向下用力。在这个练习当中，产妇保持躺着的姿势，随音乐节奏哈气，找向下用力的感觉，但不要真的用力。进行这种练习时，应该选用一些长拍子、轻松、速度在一分钟60拍左右的音乐，比如巴赫的《勃兰登堡协奏曲》等巴洛克时期的音乐作品就非常适合。

情绪胎教：小动作缓解大压力

妊娠的最后两个月，忌参加剧烈运动，以免早产，尤其是那些有过流产史的孕妈妈更应注意。这一时期，可以做做放松运动。

良好情绪是搞好胎教的前提

如果从未学习过放松技巧，妊娠是理想的机会。孕妈妈学会如何放松，将帮助维持孕期健康、顺利分娩，并享受与胎宝宝共处的每一刻。

利用妊娠期学习如何自我放松可是个难得的机会，否则将永远有做不完的事情。今天必须做什么？明天又要做什么？什么是不必做的？如果有人让孕妈妈做过度劳累的事情时，要学会巧妙地说“不”。每天为两人共处留出一点时间。由于自己是孕妈妈，应该放松，不必为自己的放松而有罪恶感。

胎教建议

1.科学呼吸法：坐着将双手放置于腹部隆起处。当吸气时将气吸入肺内，会感到腹部隆起，呼气时腹部又变得较平坦。当然，许多人是用相反的呼吸方式，即吸气时腹部变扁。

2.快速放松法：深深吸气，使肺部完全被气体充满，然后慢慢从口中呼出，让气流带着紧张情绪从头顶流向脚趾。当气流完全排出，再吸气，将肺充满，然后轻轻呼气，同时依次放松前额、肩、手、腹部和腿。呼气能清除身体的紧张情绪。无论什么时候，只要感到紧张就做深呼吸。

3.减压放松法：戴上耳机，调暗灯光，坐在舒适的椅子上或躺下；用一段时间平静下来，脑子中不考虑其他事情；现在伸展脚趾，感到牵拉力，然后慢慢放松，再摇动数下；用力绷紧两膝和大腿肌，保持几秒钟，感到用劲后，保持几秒钟，然后放松，让大腿向两侧摆动。

游戏胎教：和胎宝宝一起玩“捉迷藏”

本月我们通过超声波的荧屏显示可以看到这样的情景：胎宝宝在早晨醒来伸了一个懒腰，打了一个哈欠，又调皮地用脚蹬了一下妈妈的肚子，这使他感到很满意。一个偶然的机会使胎宝宝的手碰到了漂浮在旁边的脐带。很快脐带成了他的游戏对象，他一有机会便抓过来玩弄几下，有时还抓住脐带将它送到嘴边。通过这些动作，再结合宝宝大脑的发育情况分析，科学家们认为胎宝宝完全有能力在父母的训练下进行游戏活动。

胎教建议

1.为了提高趣味性，可将简单的抚摸与拍打提升为有内容的游戏，比如“捉迷藏”游戏：让准爸爸轻轻拍打胎宝宝，然后对胎宝宝说：“爸爸要藏起来了，宝宝找找看。”然后把脸贴在另一边的腹壁上，让胎宝宝找。如果胎宝宝正好踢到爸爸的脸颊，一定要对其给予表扬。

2.如果胎宝宝没有找到，也要耐心地轻抚他，鼓励他继续。相信通过这样的游戏，胎宝宝不仅会对爸爸妈妈记忆深刻，还会增进胎宝宝活动的积极性，有利于胎宝宝智力的发育。

幸孕小礼包

助力胎教，准爸爸怎么做

此时的胎宝宝发育已经基本成熟，在为出生做最后的准备了，孕妈妈的肚子已经相当沉重，准爸爸除了要做好保护工作外，还要在本月提前做出分娩计划，是选择在医院生还是在家中生。如果在医院生，又有哪些需要注意的事项？准爸爸应该做一下详细的计划。

1.医院生产

如果在医院生产，乘什么交通工具去医院，需要用多长时间。在上下班交通拥挤时，从家大约需多长时间到达医院。寻找一条备用的路，以便当第一条路堵塞时能有另外一条路供选择，尽快到达医院。

2.家中生产

如果选择在家中生产，要注意记录医生和护士的联系方式。选择用来作为生产的房间，要保持适宜的温度、湿度、光照等。还要每天定时开窗，保持空气流通。

3.产后护理

要做好孕妈妈生育后的照顾工作，最好安排专人进行照顾。并且向医生了解宝宝脐带结扎的知识。

第三节 保健方案：听人劝好孕常相伴

孕9月应了解分娩知识，为分娩做好物质和心理准备。此时的保健可用“细节决定成败”来说明。比如，做好一切准备，包括来院应带的物品：保暖厚袜子、睡衣、外衣、喂奶大罩衫、内衣内裤、授乳胸罩、卫生巾、润口糖、小食品等，以防止早产；为防止意外，应避免单独外出。

特别叮咛，为分娩做好“两手”准备

分娩临近，这里所说的“两手”准备，主要是指为分娩做好物质和心理准备。尤其要注意观察早产征象，如果腹部疼痛伴有阴道大量出血，多半就是早产要发生了。所以，这个时候看上去的“小事”，却丝毫马虎不得。

1.重视节欲

日益增大的腹部，会压迫得腰部疼痛，性欲当然也随之减退。丈夫应体谅妻子的不适，从这个月起就要避免性生活了，以免强烈刺激造成宫缩。

2.不单独外出

尽量避免单独外出，也不要外出太久、过度劳累。出门时穿轻软、舒适、跟脚的鞋子，也不要提重物。

3.增加孕检

为时刻关注胎宝宝的健康状况，应缩短定期检查的间隔，这个月每2周去医院检查一次。

产前检查，着手进行分娩前准备

此次产前检查除了常规地完成前几次检查的项目外，医生会建议你开始着手进行分娩前的准备工作。

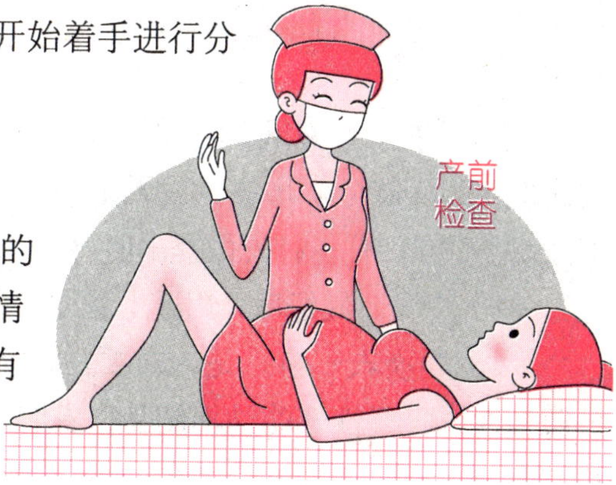

1.知识准备

让孕妈妈自己了解分娩的全过程以及可能出现的各种情况，对孕妈妈进行分娩前的有关训练，可以有效克服对分娩的恐惧心理。如果表现比较强烈，还可以参加由医院或有关机构举办了“孕妈妈学校”，在怀孕的早、中、晚期对孕妈妈及其丈夫进行教育，专门讲解有关的医学知识，以及孕妈妈在分娩时应做的配合。

2.心理准备

心理准备首先是孕妈妈本人要看成是“瓜熟蒂落”很自然的事儿，此外，家人也要做好心理准备，防止产妇阵痛开始时惊慌失措。如果孕妈妈了解到家人及医生为自己做了大量的工作，并且对意外情况也有所考虑，那么，她的心中会有一种踏实的感觉。孕晚期之后，特别是孕妈妈已出现一些临产征兆时，家中应有人时刻看护，或保证孕妈妈随时能与丈夫或亲友取得联系，使孕妈妈心中有所依托。

3.其他准备

其他准备，主要是分娩地点的选择及物品准备。尽量去医疗设施好、服务水平高的医院待产。如果在家中分娩，首先联系好接生医生，要准备好临时产房的照明及取暖设备，以及分娩所需要的各种物质准备等。

另外，在正常情况下，孕妈妈不宜提早入院待产。防止较长时间不临产，会有一种紧迫感，尤其是当看到后入院者已经分娩时，会感到着急。因此，除非医生特别建议提前住院，孕妈妈不要提前入院等待。

夏季宜忌，给孕妈妈生活的特别叮咛

孕妈妈安排好夏天的生活甚为重要，因为孕妈妈身体的代谢加快，皮肤的汗腺分泌增多，夏天出汗更多，易引起汗疹，甚至中暑。下面就衣、食、住、行方面提出值得注意之处。

（1）洗澡。最好每天用温水浴冲洗或擦身，要保持身体的清洁。

（2）勤换衣。特别是内衣要常换洗，保持身体清爽。内衣要选择通气性、吸湿性好的纯棉制品，衣服最好是肥大、不贴身，可以保持凉爽。

（3）卧室通风好。在有空调的房间，要防止室温过低，也不要让电风扇直接吹，因为过冷易患感冒。

（4）注意饮食。夏天常会食欲减退，致使早孕反应加重，故饮食宜清爽、可口或少吃多餐。多饮清凉饮料。不食变质食物，以防痢疾。

（5）避免烈日。夏天减少外出，避免阳光直射，必须出门时应带遮阳伞或遮阳帽。保证午间休息。

冬季宜忌，给孕妈妈生活的温馨提醒

严寒的冬天，空气干燥，容易感冒，孕妈妈应特别注意预防感冒，不去人多拥挤的地方，特别是有感冒流行的地方，以免被传染。

人们因天寒怕冷，常将门窗紧闭，不注意换气，造成室内空气污浊，氧气不足。孕妈妈在这样的环境不仅会感到全身不适，还会对胎宝宝的发育产生不良的影响。

散步是孕妈妈最适宜的运动。不要因天气冷就不外出，应该在阳光充足、气候比较温暖的下午坚持散步，使肌肉筋骨活动，促进血液循环，又可呼吸新鲜空气。

下雪天孕妈妈应尽量不外出，若上班工作应有伴同行，穿上防滑的鞋，以免滑倒。

非病情急需，尽量不做CT检查

孕期内接触放射线，可能引起胎宝宝脑积水、小头畸形或造血系统缺陷、颅骨缺损等严重恶果。

CT是利用电子计算机技术和横断层投照方式，将X线穿透人体每个轴层的组织，它具有很高的密度分辨力，要比普通X线强100倍。所以，做一次CT检查受到X线照射量比X线检查大得多，其对人体的危害也大得多。因此，孕妈妈做CT检查，其不良后果严重，如果孕妈妈不是病情急需，还是不做CT检查为好。如果孕妈妈其他器官有疾病，必须做CT检查时，需要在腹部放置防X射线的装置，以避免和减少胎宝宝畸形的发生。

幸孕小礼包

安胎有方：散步

“生命在于运动”，运动对孕妈妈来说更是有调节神经系统及增强心、肺功能的作用，可帮助消化，促进代谢。有利于腰部及下肢的血液循环，可以缓解腰酸腿痛及下肢浮肿症状。尤其是在孕9月，孕妈妈马上面临着生产。当然，妊娠中尤其是孕晚期，并不是每一种运动都可以做，最适合的运动当然是散步。

散步的益处：孕妈妈肌肉的力量得到锻炼而加强，还可帮助骨盆运动，有助于产妇分娩时减轻疼痛；改善孕妈妈脚部的血液循环，促进全身的血液循环，使胎宝宝血液供应更充足；可刺激脚下的诸多穴位，因此而调理脏腑功能，可使孕妈妈健康祛病；安定神经系统，增加肺部换气功能，帮助消化、吸收和排泄。

散步的要领：步履要和缓，心里不慌，脚步不乱，从容地行走。做到形劳而不倦，汗出而微见，气粗而不喘。这样有利于气血畅通，百脉流通，内外调和。散步行走，地点不拘，或在庭院花木丛中，或在房前屋后青草绿叶之中，唯求空气清新。千万不要到车辆多、行人拥挤的马路街道上去，因为这不仅不安全，行人的喧闹、车辆的噪声及排出的废气还不利于健康，而且清静的心境也易被扰乱，影响锻炼效果。

值得注意的是，散步锻炼不宜在饭后马上进行，更不能选择在雨后、下雪后，以免路滑。散步时，宜每分钟60～80步，每次20～40分钟。可配合擦双手、浴眼、浴鼻、浴面等活动，以增强健身效果。

第十一章

孕10月：胎儿大小像西瓜

母子就要真正见面了，到了孕程第10个月，孕妈妈在这几周中身体会越来越感到沉重，此时，保健要更给力，专人全程呵护，绝对避免滑倒等。总之，好好休息，密切注意自己身体的变化，随时做好临产的准备。作为丈夫，一方面要淡化分娩的相关事情，另一方面，则要心细如发，做好全面的护理。

胎儿发育指标

胎　长	约51cm。
胎　重	3000～3500克。
五　官	胎儿的感觉器官和神经系统可对母体内外的各种刺激做出反应，并已能感知母亲的心情、情绪以及对自己的态度。头发已长3～4厘米。
四　肢	手、脚的肌肉已发达，骨骼已变硬。
器　官	最后一个器官肺部成熟，各部分器官已发育完成。
胎　动	胎儿头部已固定在骨盆中，胎儿安静了许多。
胎儿姿势	胎儿的头在你的骨盆腔内摇摆，周围有骨盆的骨架保护着。

孕妈妈体态指标

体　重	体重达到高峰期。
身体变化	阴道分泌物增多；常会尿急或觉得尿不干净；便秘会变得明显；有更多乳汁从乳头溢出。
呼吸变化	子宫下降，对胃的压迫减轻，呼吸变得较轻松。
妊娠反应	这时有不规则阵痛、浮肿、静脉曲张等感觉，在分娩前更加明显。

第一节 饮食方案：“养”一个健康宝宝

孕10月，孕妈妈应以少食多餐（每日不少于4次）为原则充分摄取营养，食物选择上应选择体积小、营养价值高的动物性食物，减少如土豆、红薯等营养价值低而体积大的食物。此外，还要为分娩做准备，比如，摄取富含蛋白质、糖类等能量较高的食品。

饮食总则：本月孕妈妈饮食指导

到了第10个月，孕妈妈便进入了一个“收获季节”。如果营养不足，不仅所生的婴儿常常比较小，而且孕妈妈自身也容易发生贫血、骨质软化等营养不良症，这些病症会直接影响临产时的正常的子宫收缩，容易发生难产。因此，这时候要保证足够的营养，不仅可以供给宝宝生长发育的需要，还可以满足自身子宫和乳房的增大、血容量增多以及其他内脏器官变化所需求的“额外”负担。

产前可以常喝用莲藕、红枣、章鱼干、绿豆、猪手一起煲的汤。莲藕性平，健脾开胃，益血生肌；红枣性温，补脾和胃，益气生津，《本草再新》认为它能“补中益气，滋肾暖胃”；章鱼性平，补血益气，《本草纲目》认为它有“养血益气”的功用；绿豆性凉，入心、胃经；猪蹄性温，入脾、胃经，有补脾气、润肠胃、生津液、丰肌体、泽皮肤的功用，还有促进乳汁分泌的作用。诸物合用，章鱼可令味道鲜美，绿豆则缓和燥热，相得益彰，使汤品补而不燥，润而不腻，健脾益气，养血润肤。

木瓜，味甘性平，果实含番木瓜碱、木瓜蛋白酶、凝乳酶、胡萝卜素等。选购时以质坚实、味清香为佳。木瓜有促进乳汁分泌的作用。

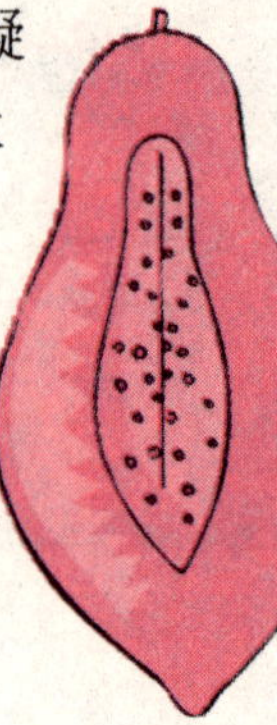

雪梨，味甘性寒，含苹果酸、柠檬酸、维生素B_1、维生素B_2、维生素C、β-胡萝卜素等，具生津润燥、清热化痰之功效。产妇易胃火大或肺火大，常吃可起到适度调节作用。

产前宜用饮品家庭自制大荟萃

（1）芹菜汁：芹菜、荸荠、胡萝卜与苹果切碎，按照1：1的比例加水，用榨汁机榨成汁。——对咳嗽、多痰、痔疮都具有疗效，同时又健胃利尿。

（2）小黄瓜汁：小黄瓜洗净，切碎，按照1：1的比例加水，用榨汁机榨成汁，以蜂蜜调服。——滋阴祛燥。

（3）椰汁奶糊：椰汁1杯、粟粉5汤匙拌匀成粉浆，红枣4粒去核洗净。糖、鲜奶2杯、红枣及清水2杯同煮开，慢慢加入粉浆，不停搅拌成糊状至开，盛入碗中即可进食。

（4）蓝果汁：甘蓝、胡萝卜、苹果混合榨汁，早晚各一杯。——含丰富的钾、钙、镁、铁和维生素，具有维持盐分平衡的功能，还可以防治妊娠高血压。

（5）菠菜柳橙汁：菠菜用开水焯过，柳橙（带皮）、胡萝卜与苹果切碎，按照1：1的比例加水，用榨汁机榨成汁。——富含维生素B_1。

镇静安神，孕妈妈临分娩前怎么吃

孕妈妈在临分娩前，往往因子宫阵阵收缩带来痛苦，而不愿进食，这对增加产力、顺利分娩不利。正确的方法是采取少量多餐的方法，吃些容易消化、高热量、少脂肪的饮食，如稀饭、面条、牛奶、蒸鸡蛋羹等。临产前孕妈妈要注意补充水分，多喝些红糖水或铁元素多的稀汤，为分娩时将失去过多的水分和血做贮备。

临产前，准备1～2千克优质羊肉、250克红枣、250克红糖、50克黄芪、50克全当归，待临近产前3天，每天取以上料的1／3，洗净，加入1000毫升水，同放入锅内煮汤，待剩500毫升水时，取出分为2份，早晚各服1次，服至分娩为止。这种食方可增加孕妈妈的体力，有利于分娩，还可以镇静安神，防止产后恶露不尽，有益于产后疲劳的恢复。

巧克力，促进分娩食品宜与忌

一般产妇整个分娩过程要经历12～18小时，这么长的分娩过程，势必要消耗极大的体力。而且，临产后正常子宫每分钟要收缩3～5次。有人估计，这一过程消耗的能量，相当于走完200多级楼梯或跑完1万米所需的能量。可见分娩过程中体力消耗之大。这些消耗除孕妈妈体内储存的能量外，最好能在分娩过程中适当给予补充，才有利于产妇顺利分娩。

分娩时吃些什么食品好呢？在传统习惯中多给产妇吃鸡蛋，认为既可免去上厕所的麻烦，还能补充营养。专家认为产妇多吃鸡蛋并不合适，因其营养成分不易被人体吸收。此外，水分过少也不利于孕妈妈健康。很多专家向广大产妇推荐的“分娩佳食”是巧克力。巧克力含有丰富的营养素，每100克巧克力中含碳水化合物55～66克，脂肪30～38克，蛋白质15克，还有铁、钙以及维生素B_2等，同时，巧克力中的碳水化合物可迅速被身体吸收利用，比鸡蛋快得多。因此，产妇在分娩前，应准备些优质巧克力，以备在分娩过程中食用，及时补充体力消耗，促进分娩尽快完成。

空心菜粥

【备料】空心菜200克，粳米100克，盐适量。

【做法】将空心菜择洗干净，切细。粳米淘洗干净。锅内放清水、粳米，煮至粥将成时，加入空心菜、盐，再续煮至粥成。

【功能】清热，凉血，利尿。孕妈妈临盆前食用，能滑胎易产。

豆腐皮粥

【备料】豆腐皮50克，粳米100克，冰糖适量。

【做法】将豆腐皮漂洗干净，切成碎片。粳米淘洗干净。锅内放入清水、粳米，先用大火煮开后，再改用文火煮至粥将成时，加入豆腐皮、冰糖，继续煮至粥成。

【功能】滑胎催生。适用于产妇临产前食用，可使胎滑易产，缩短产程，是产妇产前保健佳品。

核桃仁酪

【备料】牛奶250毫升，核桃仁50克，糯米200克，红枣数枚，白糖适量。

【做法】

①将核桃仁用开水泡一会儿，取出剥去仁皮，洗

净，捣碎成末；糯米用水淘洗干净捣碎；红枣泡好，剥去外皮，去核，也捣碎。

②锅上火，加水约250毫升，放入核桃仁、糯米、枣末，烧开煮粥，加入牛奶，将熟时再加入白糖，煮至完全熟时，装入碗中食用。

【功能】此品含有较多的铁、钙、磷和维生素，营养丰富，且可为人体补水、补铁，适合临产妇女食用，也可作为零食，于临产前不断食用。

陈皮白糖海带粥

【备料】水发海带、粳米各100克，陈皮、白糖各适量。

【做法】将海带切成碎末。陈皮用清水浸透，清洗干净，待用。粳米淘洗干净，直接放入锅内，加水适量，置于火上，煮开后加入陈皮、海带，并不时地搅动，用小火煮至粥成，再加白糖调味即可。

【功能】补气养血，清热利水，安神健身。孕妈妈临产食之，能积蓄体力，有足够力气完成分娩过程。

冬苋菜粥

【备料】冬苋菜150克，粳米100克，盐、味精各适量。

【做法】将冬苋菜择洗干净，用刀切成细丝。把粳米淘洗干净，直接倒入锅内，加清水适量。煮开后加入冬苋菜，并不时地搅动，用小火煮至粥成，食时可加食盐和味精调味。

【功能】清热，滑窍，顺胎产。孕妈妈临产前常食，能使胎滑易产。

第二节 胎教方案：“预订”一个聪明宝宝

“瓜熟蒂落”，这是世间常理，到了怀胎10个月，就要一朝分娩。经过280天的孕育，胎宝宝马上就要降生和妈妈见面了，这是多么令人喜悦、使人振奋的事情啊！可随着产期的临近，孕妈妈也往往越发不安，有许多这样那样的忧虑。这时孕妈妈应该知道，只要胎宝宝还没有降生，你肩负的养胎、护胎与胎教的任务就还没有完成，一定要振奋精神，全身心地完成养胎、护胎与教育胎宝宝的最后一课。

音乐胎教：建议采用“母教子唱”法

提倡“母教子唱”法听上去有点荒诞，是的，在妊娠末期，虽然胎儿不能唱，但胎儿的神经系统发育已比较完善。此外，由于胎儿日渐长大，孕妈妈的腹部膨隆也越来越明显，行走不便，因此静心欣赏胎教音乐，会产生无比的情趣。

胎教建议

如能每天早中晚欣赏胎教音乐15分钟，一定能你感到心情舒畅；对腹中的宝宝，更是有很大的良性教育效果。

语言胎教：良好沟通是胎教的润滑剂

进行语言胎教的成功秘诀是：把事物视觉化，再传递给胎宝宝。也许你在刚开始做时，许多人觉得不太理解。因此，孕妈妈应该主动对同事或邻居讲明自己语言胎教的意图，争取周围的人理解、支持及参与。

胎教建议

1.在开始工作前，孕妈妈要对胎宝宝讲：“乖孩子，现在妈妈开始工作了，在我工作期间，精力必须集中，所以不能和你讲话。但是，妈妈并没有把你忘记，你暂时安静地待一会儿或者香甜地睡上一觉。”

2.在工作休息时间，孕妈妈主动地与周围的人交谈，让胎宝宝一同参与。同事们可以对孕妈妈的腹部说：“你的妈妈很能干，热爱工作，待人谦和，我们大家不仅喜欢她，而且非常喜欢你。我们这里有书籍和劳动工具，你出生后就能看到或用到。”这类语言用于胎教是最理想、最有益的。

情绪胎教：平静的孕妈妈分娩更顺利

胎宝宝在腹内经历10个月的孕育，已经迫不及待地要见一见外面的世界。对于父母来讲，这是多么令人激动的事情啊。在这个时候，千万不要忽视了胎教。虽然分娩的时间很短，但却在胎教的过程中起到了至关重要的作用，可以说分娩是胎教的总结。

胎宝宝在诞生前的几个小时里能够洞察到母亲的思想，数年后几段关于母亲情绪的记忆可能会通过自然回忆或治疗再度浮现。所以，母亲在生产前的情绪直接影响到她的分娩是否顺利和孩子日后的发展。

胎教建议

1.医疗专业人员，如妇产科医生、助产人员、精神科医生和护士，只要像关心孕妈妈生理健康那样关注她的心理健康，就能为孕妈妈排解心理压力。

2.为了宝宝的健康，相信科学，平静的心态往往让自己“受罪”也越少。

学习胎教：与胎中宝宝一起“读书”

孕期的最后一个月，孕妈妈情绪紧张，心理压力过大。从胎教的角度出发，胎宝宝在妈妈肚子里的最后时期，胎教更不可放松。

胎教建议

1.孕妈妈可以轻柔地朗诵一些趣味高雅、给人以启迪、使人精神振奋、有益于身心健康的书籍。如名人传记、名言；优美的抒情散文，著名的诗歌、游记；有趣的童话故事；以及有关胎教、家教、育婴知识的书籍杂志等。

2.念书给胎宝宝听时，自己必须先了解故事的内容，然后用丰富的语言，把故事讲给胎宝宝听。讲故事时，声调要富有感情，不要单调乏味。

3.给宝宝朗读一些诗歌、儿歌以及讲故事，声音要亲切、柔和、明朗，特别是讲故事时应该绘声绘色。阅读庸俗小报，惊险离奇的凶杀、武打读物，以及下流卑俗的黄色书刊，对胎宝宝的身心发育是极为不利的。

幸孕小礼包

助力胎教，准爸爸怎么做

终于到了激动人心的一刻了，胎宝宝很快就要和你们见面了，在这千钧一发的时刻，妻子待产期间，准爸爸需要时刻陪在妻子身边，给妻子精神安慰，转移妻子分娩阵痛的注意力，驱散恐惧心理，有助于实现自然分娩。同时，对于陪产，准爸爸要做好心理准备，对将要看到的情景有个心理预期。

1.第一产程中

在第一产程中，孕妈妈会因阵痛而痛苦不堪。所以此时，准爸爸首先要从精神上支持妻子，坚定她的信心。在宫缩间歇，让妻子吃些巧克力、牛奶等补充体力与精力，并且及时提醒妻子排尿排便。

2.第二产程中

在第二产程中，孕妈妈因为大口呼吸的原因，时常会感到口干。准爸爸此时要及时喂孕妈妈一些水，并继续鼓励妻子加油。注意说话时一定要亲切、温和，不要紧张、失态，因为你的情绪会无形中影响妻子。

3.第三产程中

在第三产程中，宝宝分娩出来，孕妈妈虽然觉得身心疲惫，但内心充满喜悦。准爸爸此时要让妻子安静休息，在照顾妻子的同时，注意观察她的情况，如果有特殊情况发生一定要及时通知医生。

第三节 保健方案：听人劝好孕常相伴

进入最后一个孕月，因随时都有可能破水、阵痛而分娩，所以此时要全面做好临产准备工作，应该避免独自外出或长时间在外。此时因人而异，但以不过度消耗太多的精力为限。以消耗而妨碍分娩，营养、睡眠和休养也必须充足。若发生破水或出血等分娩征兆，就不能再行入浴。

算一算：离预产期还有多少天

一旦肯定自己已经怀孕，并知道末次月经时间，就可以推算自己的预产期。一般来说，怀孕需要280天，医学上把28天算做一个产科月，所以妇女怀孕40周，又称十月怀胎。

预产期的推算有个公式，主要是根据末次月经的月份和日期来进行推算的。从末次月经的第一天算起，在月份上加9或较大月份减3，为分娩月份，末次月经的第一天的日期上加7，所得日期就是预产分娩日。

例如，末次月经是2000年3月24日，则预产期是3+9=12月，24+7=31日，即2000年12月31日。

如果末次月经记的是农历，最好把它换算成阳历，再按上述方法计算。如果产妇习惯记农历的话，可在日期上加15天。

事实上，孕妈妈的预产期虽然是有预定日期的，但对于每个具体的孕妈妈来说，由于种种原因，分娩的日期往往有所变动。因为上述预产期的计算办法适用于月经周期为28～32天左右的妇女，月经20多天不足一个月次者，临产的日子多半在预产期前；如果平时月经周期长，超过一个月，甚至40多天来1次月经的，则预产期多半会后延几天。预产期是推算出来的，孕妈妈分娩并不正好是预产的日期，这完全是正常的现象。60%的孕妈妈在预产期前后一周分娩，90%的人在预产期前3周或后2周内分娩。如果月经不规律，可能分娩日期与预产期相距更远。

如果月经不准，还可以根据早孕反应来判断。早孕反应一般在停经40天左右出现，孕50～70天反应最重。据最初出现早孕反应的时间上推40天，可作为相当于正常人末次月经时间，并据此算出预产期。

初次胎动时间对月经不规律的孕妈妈推算预产期也很有意义。一般初产妇在孕18～20周时可以感到初次胎动，它往往很弱，不仔细体会往往会漏掉；经产妇比较有经验，孕16～17周就有感觉，知道了初次胎动的时间，用40减去19（初产妇）或17（经产妇），就是还有多少周到预产期了

临产检查，注意分娩的几种征象

孕10月，临产在即。多数产妇能预测预产期是哪一天，但却无法预测是什么时刻。那么，临产会有哪些征象呢？

1.产妇自身感觉

好像胎宝宝要掉下来一样，这是胎宝宝头部已经沉入产妇骨盆。这种情况多发生在分娩前的一周或数小时。

2.阴道流出物增加

这是由于孕期黏稠的分泌物累积在子宫颈口，由于黏稠的原因，平时就像塞子一样，将分泌物堵住。当临产时，子宫颈胀大，这个塞子就不起作用了，所以分泌物就会流出来。这种现象多在分娩前数日或在即将分娩前发生。

3.破水

水样液体的涓涓细流或呈喷射状自阴道流出。这叫做羊膜破裂或破水。这种现象多发生在分娩前数小时或临近分娩时。

4.痉挛或后背痛

这是子宫交替收缩和松弛所致。随着分娩的临近，这种收缩会加剧。由于子宫颈的胀大和胎宝宝自生殖道中产出，疼痛是必然的。这种现象只是发生在分娩开始时。

5.见红

见红是分娩即将开始的可靠征象。在分娩开始前24～48小时内，经阴道排出少量血性黏液，称为见红。它是因为子宫颈口扩张，使内口附近的胎膜与子宫壁分离，毛细血管破裂而有少许出血，与子宫颈黏液混合排出而成。如果出血量较多，超过了月经量，应该考虑不是临产先兆，而是病理性的妊娠晚期出血（警惕前置胎盘）。

6.宫缩

临产的主要标志为规律性子宫收缩，每次持续30秒钟以上，间歇10分钟左右，并且逐渐增强，同时伴随子宫颈扩张和胎先露的下降。

即将临产，准备产妇用品和婴儿用品

现在，分娩可随时发生，因为在预产期的前后两周内分娩都是正常的，要做好随时住院的准备。要再次确认与家人联系的方法、交通工具等，尤其是住院的必需品。

1.产妇用品

（1）肥大、容易穿脱的睡衣或内衣至少3件。棉质内裤至少4～6件。

（2）棉质、宽带、前面或侧面可拉开的胸罩2～3个。棉线袜2双，拖鞋1双。

（3）洗脸毛巾、洗脚毛巾、洗下身

毛巾各2条。小盆1个（产妇洗下身专用）。

（4）牙刷、牙膏、梳子、护肤品等洗漱用具1套。孕妈妈用卫生巾及卫生纸。

2.婴儿用品

（1）婴儿洗澡用品：婴儿专用的洗浴用品，两条软毛巾洗身体用，一条洗脸用的小毛巾，用来擦干身体的大毛巾，椭圆形的浴盆，消毒棉球或纱布。

（2）婴儿床上用品：活动床或摇篮，可供婴儿白天使用。一条小毛毯或被子。栏杆包裹好的婴儿床。棉质床单数条，以备尿湿更换用。软枕头1～2个。婴儿床上吊的小玩具。

（3）婴儿食品：配方奶粉，补钙用品。

（4）婴儿日常用品：棉质尿布或纸尿裤，纯棉质婴儿服装，童车。

（5）人工喂养用品：125毫升奶瓶，250毫升奶瓶，普通奶嘴、防塌陷奶嘴，奶嘴消毒器，漏斗，用于将热好的奶倒入奶瓶，奶瓶刷。

（6）特殊用品：体温计、酒精。

（7）手动吸奶器。

（8）乳头保护：天然油脂，预防乳头疼痛。

（9）消毒湿巾、乳头。

3.其他用品

（1）餐具1套，塑料或金属饼干桶1个（放置饼干等小食品）。

（2）纸和笔（产妇或家属住院期间记事用）。

（3）零钱若干，手机或电话磁卡等（便于产后在医院与亲友的联系）。

（4）医疗保健卡，出院后做好报销准备。

临产前，准爸爸和家人必知的几件事

除做好物质上的准备，还应做好如下准备工作：

（1）应该什么时候给医生打电话。

（2）医生和护士下班后如何能找到他们。

（3）是先给医生打电话还是直接去医院。

（4）家离医院有多远。

（5）乘什么交通工具去医院。

（6）是否有人时刻守护孕妈妈身边。

（7）在上下班时间交通拥挤时，从家大约需多长时间到达医院。

（8）最好预先演练一下去医院的路程和时间。

（9）寻找一条备用的路，以便当第一条路堵塞时能有另外一条路供选择，尽快到达医院。

（10）是否将家里的事情安排好，请人帮助照顾孩子、宠物和料理家务。

（11）工作的事情是否安排好了，应该让上司和同事知道你的预产期。

户外运动，临分娩孕妈妈别做宅女

有很多孕妈妈在临产前不愿活动，也不出屋散步，怕累，怕不安全，这不对。只要身体可以，孕妈妈在临产前还是要坚持散步，这对分娩大有帮助。当然，这个时候身体沉重，参加体育运动困难，散步一般还是可以的，同样会起到锻炼身体的作用。散步对孕妈妈有以下益处。

（1）孕妈妈散步，可以加强肌肉的力量，同时还可以帮助骨盆运动。这都有助于产妇分娩时用力和减少疼痛。

（2）散步还可以改善孕妈妈脚部的血液循环，并可促进全身血液循环，有利于孕妈妈减轻浮肿和保持身体健康，也有利于胎宝宝血液供应。

（3）孕妈妈通过散步，还可刺激脚下诸多穴位，因此可调理脏腑功能，使孕妈妈健身祛病，对减轻脚部和下肢浮肿有利。

（4）孕妈妈散步可安定神经系统，增加肺部换气功能，帮助消化、吸收和排泄。

（5）孕妈妈散步到室外，可吸收新鲜空气和进行日光浴，有利母子健康。

别紧张别害怕，减轻产痛有方法

焦虑、恐惧等不良的情绪反应可使自身痛域上升，加重疼痛。而疼痛又加重焦虑、恐惧等情绪，形成恶性循环。因此，你应正确对待产痛，并学会减轻产痛的方法：

（1）增强分娩的信心，保持良好的情绪，可提高对疼痛的耐受性。

（2）想象及暗示。想象宫缩时宫口在慢慢开放，阴道在扩张。胎宝宝渐渐下降，同时自我暗示："我很顺利，很快就可以见到我的宝宝了。"

（3）待产时进行肌肉松弛训练，深呼吸、温水浴、按摩、改变体位等都是有助于放松的方法。

（4）看你最喜欢的照片或图片、图书、看电视、听音乐、交谈都可以分散注意力，减轻疼痛。

自然分娩和剖腹产：你自己看着办

孕妈妈分娩的方式有两种：

（1）自然分娩是指胎宝宝经过阴道分娩，这是一种正常的分娩方式。在自然分娩的过程中，胎宝宝逐渐适应外界环境，有从靠母体运送营养到自我呼吸这样一个过渡适应的阶段，对胎宝宝出生后的独立生活是有益的。

子宫收缩可训练胎宝宝胸部，使胎宝宝胸部有节律性地压缩扩张，刺激肺泡表面活性物质加速产生一种磷脂类物质，使之出生后的肺泡有弹性，容易扩张，可将吸入肺中的少量羊水挤出，促进胎宝宝出生后的呼吸功能。

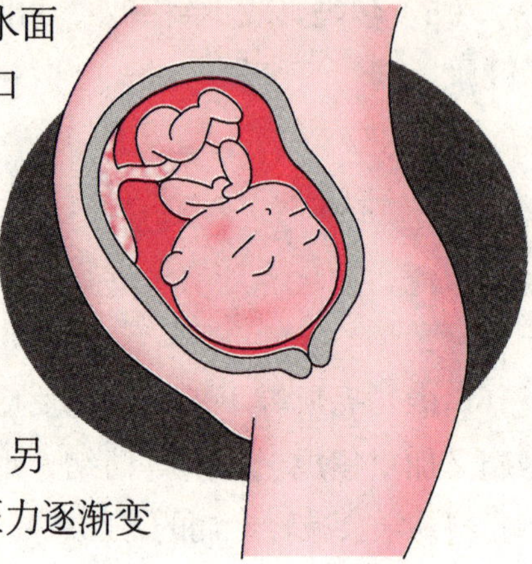

胎头娩出就像游泳时仰头伸出水面一样，先头顶，再依次按额、鼻、口顺序娩出。一阵阵的子宫收缩和相对抗的骨盆阻力，可将胎宝宝鼻子和口腔中的黏液挤出，便于接生人员及时拭去，防止婴儿首次呼吸时将这些黏液吸入肺内。而剖腹产的胎宝宝就没有这种有益的经历。另外，自然分娩还可使胎宝宝脑部的压力逐渐变化，减少因突然变化而引起颅内出血。

从阴道分娩时，胎头受压充血，对胎宝宝的中枢神经有刺激作用，出生后容易激起呼吸而啼哭。

（2）剖腹产是通过剖腹开刀取出胎宝宝的手术，是在不能从阴道分娩的情况下采取的技术手段。是否做剖腹产有一定的适应证。如：

①孕妈妈骨盆狭窄、产道有阻塞、阴道横隔、胎宝宝过大或胎位不正、产程过长或子宫颈开口不大，估计胎宝宝通过阴道分娩确有困难。

②产前有大出血，包括前置胎盘、胎盘早期剥离，为了确保产妇的生命安全。

③胎宝宝情况不好，宫内窘迫，需要立即结束分娩抢救胎宝宝。如此情况，当采取剖腹产。

但剖腹产也有许多不利因素，主要是出血多，容易引发感染，手术后产妇身体恢复较慢，还可能在日后发生肠粘连。剖腹产后子宫留有疤痕，如果第一个孩子出生后发生意外，再次妊娠分娩时就有发生子宫破裂的危险。所以除特殊情况外，还是不要剖腹产为好。

另外，剖腹产的胎宝宝头部受压较少，呼吸中枢准备不足，出生时不易激起呼吸。剖腹产儿出生时，需要很快切断脐带，因此，婴儿从胎盘得到的血液比较少，出生后就容易贫血和体重下降，肺部功能也较差。

有的产妇怕分娩疼痛，要求剖腹产，其实她们不知道手术后麻醉药的作用消失，同样也会疼痛，而且可能疼痛的更加厉害。所以，能阴道分娩者应尽量争取阴道分娩，这是最顺乎自然的分娩方式。

所谓无痛分娩多指非药物性的精神预防性分娩法。其主要内容是：

①给产妇及其家属讲解有关妊娠和分娩的生理知识，使她们对分娩中所发生的阵痛有所理解，对分娩的安全产生信心。这对消除产妇恐惧及焦急心理、稳定大脑皮质功能以抵抗疼痛都极为重要，也可促使其产生强有力的宫缩，从而有助于正常产程的进展。

②指导产妇在进入产程的加速期后，每当宫缩时，做缓慢的深呼吸动作，以减轻宫缩时的疼痛感觉。

③产妇本人、医护人员或家属，可在阵痛时用手以顺时针方向按摩腹部子宫区，或双手从腹中线用手掌向两侧平推，也可以用手指或手掌压腰骸部酸胀处，以减轻疼痛感觉。

此外，还提倡待产及分娩时有家属陪伴。因为亲人在旁，产妇感到无限安慰；家属也可及时了解产妇的情况，不致牵挂；医护人员如发现新的情况，也能及时告知家属。这些因素都可促使无痛分娩法取得成功。非医务人员入室虽然可能带来更多污染几率，但可以换鞋、更衣、戴帽、戴口罩等以避免交叉感染。

有人在实行无痛分娩法的同时，配合使用针刺疗法以及麻醉药，也有一定止痛效果。针刺疗法取穴简单，常用的穴为合谷穴、内关穴。如果连接针麻仪，可使效果持续而稳定，针刺止痛对母婴皆无弊端。

水中生宝宝，在国外已较为多见，在国内也已有先例。它使孕妈妈又多了一种可选择的自然分娩方式。水中分娩的过程是怎样进行的？它有哪些优势？宝宝产在水中不会因呛水而窒息吗？

首先，我们说宝宝生在水中是安全的，当宝宝脱离母体来到水中时，在断脐前还可以继续通过脐带从母亲那里获得氧气和能量；新生的宝宝完全浸在水中，未与空气直接接触时，不会有自主呼吸活动，所以不存在呛水的可能。而且宝宝在经历了通过产道的艰辛之后，又接触到他熟悉的水环境，使宝宝在适应新世界前多了一段缓冲时机，更为“顺其自然”。

水中分娩是在第一产程中，当宫颈口扩张到7～8厘米时，产妇就可以下水。水的浮力使产妇的肌肉得以放松，因提供的水的温度略高于人体，温暖的水对产妇就如同镇静剂，舒缓身心，缓解产痛，助产程顺利进展，使母亲能更快地见到宝宝。

当然，选择水中分娩，孕妈妈除应该具备阴道分娩的条件外，还需胎位正常，并且产妇还应对分娩的自然过程有足够多的了解，有充分的思想准备，产时很好地与医生配合，才有可能使水中分娩获得成功。

丈夫须知，不可不知的陪产常识

丈夫陪伴分娩，在妻子分娩时起积极的助产作用，不能仅靠良好的愿望就能做到。丈夫在妻子怀孕期间就要主动地参加医院开办的孕妈妈学校学习，了解孕产妇心理和正常分娩过程，掌握一些助产减痛方法。只有对分娩过程有了了解，在面对产妇对阵痛的恐惧、分娩的担忧等紧张情绪时，就能以较充分的心理准备，适时地给予关怀、体贴，以良好的情绪感染产妇，使产妇能获取安慰、鼓励，缓解紧张不安，减少对阵痛的恐惧。

陪产时要鼓励产妇借助呼吸法来减痛，分散对疼痛的注意力；同时可为妻子进行触摸或轻轻揉摸腹部，在带给妻子柔情的同时有助于减轻其痛楚。陪产过程中，要有充分的心理准备，分娩中的妻子可能变得特别的不领情、烦躁，孕期喜欢的触摸方式在产时可能变得不能接受，出现这种情况时要调整技巧；帮助妻子调整舒适的体位，提醒妻子放松、休息、小便，运用在孕妈妈学校学习的减痛技巧帮助妻子，都是有益的。

幸孕小礼包

安胎有方：关注临产征兆

本月胎宝宝马上就要出生了，但是毫无经验的孕妈妈该什么时候去医院待产呢？这就要求孕妈妈要密切关注临产征兆，选择适当的时机到医院待产，这既能使孕妈妈有安全分娩的保障，同时也能减少胎宝宝降生的危险系数。那么选择什么时间去医院待产最为合适呢？当出现以下临产症状时，你就要去医院待产了。

1.阵痛

一天内可感觉子宫有规律地收缩、膨胀6次以上，表示阵痛开始了。初次生产的孕妈妈每10分钟阵痛一次时，或有生产经验的孕妈妈每15～20分钟阵痛一次时，即要入院待产。阵痛可分为真痛及假痛。假痛是生产前3～4星期开始发生的，无规则性。因为走动会改善疼痛的感觉，疼痛发生部位限下腹及腹股沟，很少伸展至背的周围，子宫颈没有扩张。真痛是在生产开始时发生的，有规则性，疼痛感觉强烈，无法因走动而改善。痛部在腹部、背部、尾椎骨处，子宫颈因子宫收缩而渐扩张。

2.见红

因为子宫颈口的黏液栓脱落以及微血管破裂，有量少、粉红色或红色、黏稠状的分泌物掺杂少量血液的黏液状白带出现，一般在生产前1～2天开始出现。

3.破水

突然阴道流出像尿一样多的水，带点腥味，不能自己控制，这就是破水，此时无论是否有宫缩都要及时去医院。在前往医院的路上，孕妈妈应平卧，因羊水流出时脐带可能会随之脱出，脐带绕颈可能导致胎儿死亡。如果流出的羊水不多，有的孕妈妈会误以为是白带增多。如果孕晚期有这种情况，应到医院去检查一下是否已破水，千万不要大意。

4.宫缩

宫缩一开始往往不规则，当它发生得越来越规则时，就离分娩不远了。对于初产妇来说，时断时续的宫缩一般要持续8～10个小时。宫缩一旦频繁且剧烈而有规律，大约每5分钟左右发作一阵，且子宫一阵阵发硬，并感到疼痛或腰酸，这就意味着分娩马上要开始了，应马上到医院待产。

在宫缩疼痛难忍时，可采取一些减痛的方法，如呼吸减痛法、转移注意力减痛法等。

第十二章

月子期：该怎么度过更合适

做了母亲的女人，才是完整的女人。也许对于那些怀孕的或是已经生育的女人来说，更能体会得到。做孕妈妈是幸福的，做孕妈妈也是众多已婚妇女渴望的，肚子高高隆起的孕妈妈代表了母性的美。而做产妇似乎是将孕期之美推到了极致，此时家人要给孕妈妈更多的关心和呵护，产妇也要积极适应产后的生活。一方面自身身体需要恢复，另一方面宝宝需要照顾。而宝宝的生活不会重来，第一次就做对、吃对显得异常重要。

新生宝宝身体指数

体重	平均体重约为3000克。
身长	平均为49～50厘米。
头围	男婴约为34.4厘米，女婴约为34.01厘米。
胸围	男婴约为32.65厘米，女婴约为32.57厘米。
头部	囟门呈长菱形，大约1岁以后它会慢慢闭合。
四肢	四肢短小，并向体内弯曲。部分婴儿会有双足内翻、两臂轻度外转等现象，一般在3个月左右恢复正常。
呼吸	新生儿以腹式呼吸为主，每分钟40～45次，规律性差。
心率	每分钟为90～160次，心率比成人快。
排泄	因为在母体子宫内吞入羊水中胎毛、胎脂、肠道分泌物而形成新生儿的胎便。一般在出生后12小时开始排胎便，3～4天胎便可排尽。若出生后24小时尚未见排胎便，则应立即检查肛门。
尿量	初生儿第一天的尿量为10～30毫升，正常后日总量可达100～300毫升，满月前后可达250～450毫升。
体温	正常体温在36℃～37℃，建议室内温度要保持在18℃～22℃。
感觉发育	味觉，新生儿生即有吸吮、吞咽的本能；听觉，醒着时，近旁约10～15厘米处发出响声，可使其四肢躯体活动突然停止；视觉，新生儿能看见离眼20～30厘米远的鲜艳物体，半个月以后，眼球会追随转动；触觉，母亲的触摸、抚抱往往能起到安抚作用；嗅觉，对母乳的香气感受灵敏。

产妇生理变化指数

乳房	产后2～3天后乳房胀大发硬，略微发热。
腹壁	产后，腹壁上妊娠纹由紫红色变成白色。
肠胃	产妇的肠胃在产后10天左右完全恢复正常。
卵巢	哺乳期多数人不排卵也无月经。
子宫	分娩后子宫重量约1000克，到产后第8周恢复到妊娠前的60克左右。
阴道	阴道外口的充血、水肿或不同程度的裂伤，多数产后几天自行消失。

第一节 初为人母：月子怎么照顾宝宝

刚刚荣升为“正式妈咪”，面对一个如此娇嫩的小人儿，要打理他的全部生活起居，难免会有些笨手笨脚，方方面面的问题接踵而至，怎么办？其实，成为一个称职的好妈咪并不难，只要掌握一些照顾宝宝的要点，熟悉各个环节的步骤，你很快就会游刃有余。

如何正确包裹新生宝宝

刚出生宝宝皮肤细腻、柔软，甚至抱都不易将新生儿抱起来，抱不稳是事儿，抱不好也是事儿。还时不时地就会撒尿，饮食也很容易弄脏衣服，一遍一遍地包裹成为了一项重要的工作。

特别注意：“蜡烛包”是中国人包裹新生儿的一个传统，即包个严严整整、结结实实的。有的父母还觉得不够劲儿，还要在包被外系上绳子，让孩子这样可以防止由佝偻病形成的罗圈腿。殊不知，小儿不是蜡烛。捆绑是不能使之成型的，只有采用正确方法，才能使孩子健康，体形美。

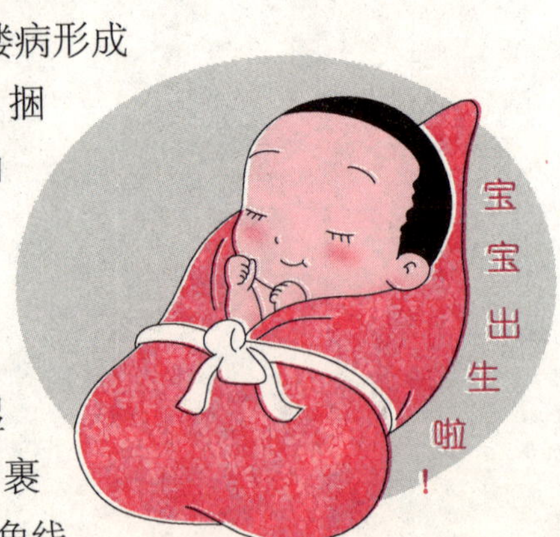

方法说明：应该让孩子的双腿叉开，处于像青蛙腿样（髋外展外旋）的自然姿势，或用髋外展尿不湿包上后，外面再松松地裹上毛毯等，裹薄棉毯时，要将孩子放在毯子的对角线

上，先将一侧毯子角提起向对侧包住孩子，折转处放在孩子身下，再将另一侧按相反方向折转后放于孩子身下，足部多余的毯子角折回放在臀下。这样包裹后，孩子既能保持安静的睡眠，又可避免包裹过严引起的弊端。

如何给新生儿洗脸洗头

1.洗脸

特别注意：防止洗脸水进入耳道引起炎症；擦眼不能用毛巾的同一个部位。注意小毛巾擦过一只眼后要换一面擦另一只眼。

方法说明：抱好是第一步。用左臂将宝宝抱起，并用左肘部和腰部夹住宝宝的臀部和下肢，左手托住宝宝的头和脖子。抱好宝宝后，新妈妈用右手将一块小毛巾蘸湿后略挤一下，先给宝宝洗双眼。然后将毛巾在水中清洗一下，再擦前额、面颊部及嘴角，然后再用拇指和中指压住宝宝双耳，最后用一条干毛巾轻轻擦洗宝宝的面部、眼角及耳郭内。千万不要轻易对新生儿的耳垢进行清理，以免伤到新生儿，而耳垢大多会自然排出耳外。

2.洗头

特别注意：注意不要让水和香波流进宝宝的眼睛里及耳道内。

方法说明：先将婴儿洗发香波在手中倒少许，先在手上揉出泡沫之后，再轻轻在宝宝头上揉洗，最后请另一个人帮助用小水壶的温水冲净头发并擦干。

3.擦洗

特别注意：注意水温，再者，擦洗宝宝时，新妈妈要注意打开宝宝的小手擦洗掌心，防止掌心皮肤发生糜烂。

方法说明：新妈妈要坚持擦洗颈部、腋下、前臂及手。换上干净衣服后，要将婴儿抱起，用消毒棉棒擦净婴儿鼻腔分泌物及外耳道的水渍。注意动作一定要轻柔，棉棒不可探入鼻腔和耳道深处，只在外围处理一下即可。这样会让宝宝感觉舒适、清爽。

如何给你的宝宝换尿布

特别注意：换尿布之前将湿纸巾、垃圾篓和尿布还有护臀膏都准备好，不要让自己有转身的机会，别以为那么小的孩子不会掉下来，会掉的，很危险。将一个手电筒和尿布放在一起，在你给孩子换尿布的时候就让孩子玩手电筒。

新生宝宝每次撒尿或大小便后，应立即换上干净的尿布，不要尿两次更换一次尿布。更换尿布时，先要用温水将婴儿臀部洗干净，并擦干，尤其是皮肤皱褶部位。洗尿布时，一定要将清洁剂冲洗干净，以防因皮肤感染而患尿布疹。这样做可以预防尿布疹。

方法说明：给宝宝喂奶前、后都应检查尿布湿了没有，妈妈用手指从宝宝大腿根部伸入摸摸就知道了。把尿布外罩打开，如男孩把尿布多叠几层放在会阴前面，如女孩可在屁股下面多叠几层尿布，以增加特殊部位的吸湿性。把尿布前片折到婴儿肚子上，尿布的长度不要超过肚脐，再折上尿布兜粘好粘扣。

在换的时候，要把干净尿布放在臭尿布下面，再打开尿布，擦干净抽出来，“穿戴完毕”后，要检查调整腰部的粘扣是否合身，松紧以妈妈的两个手指能放进去为宜。再检查大腿根部尿布是否露出，松紧是否合适，太松会造成尿液侧漏。

如何护理宝宝的口腔

特别注意：如果发现口腔黏膜有白色豆腐渣样物附着，以棉签轻轻擦拭不易脱落而且黏膜充血，则可能患了鹅口疮。可以用棉签向口腔黏膜涂龙胆紫药水或制霉菌素液，每天涂3～4次，看不到白色豆腐渣样物后，再继续涂4～5天，方可根治。

方法说明：新生儿刚出生时，口腔里常常有一定的分泌物，这是正常现象，一般无须擦去。如果一定要清除脏物时，让婴儿侧卧位，用小毛巾或围嘴围在婴儿的颌下，防止沾湿衣服，家长用肥皂洗净双手，用棉签蘸上淡盐水或温开水，先擦口腔内的两颊部、齿龈外面，再擦齿龈内面及舌部。

如果婴儿闭口不配合。家长可以用左手指、食指捏婴儿的两颊，使其张口，再进行清洁，但动作一定要轻巧，因为婴儿的口腔黏膜极柔嫩，唾液少，易损伤而致感染，产生发炎溃烂等现象，故在清洁口腔时一定要注意，不可操之过急，要小心护理。

如何用奶瓶给宝宝喂奶

特别注意：新手妈妈喂奶前，必须试试奶的温度，妈妈在自己手腕内侧滴上两滴，微温最好。新手妈妈喂食牛奶，奶嘴的孔很重要。孔太大，会使奶流得急，呛着婴儿；孔太小，婴儿吮吸起来会很费劲。妈妈可以把奶瓶倒立，以每秒钟滴一滴为宜。

婴儿吃完奶以后，如果不到30分钟又哭，新手妈妈可以把上次吃剩的奶拿来喂他；如果超过30分钟，这奶就不能用了。喂完牛奶以后，要把婴儿直立起来，把随牛奶一起吃到胃里的空气通过打嗝排出来。

方法说明：新手妈妈喂奶时，奶瓶要倾斜着拿，使奶嘴充满奶水，以免婴儿吞入空气。如果奶嘴瘪了，妈妈可以在婴儿嘴里转动一下奶瓶，或者松动一下奶瓶盖，让空气进去，注意别堵住婴儿的鼻子，以免影响他的呼吸。就量来看，出生7～15天的婴儿一般每次吃70～100毫升，每次喂奶以10～20分钟吃完为宜。

如何防止婴儿发生窒息

特别注意：成人不宜将婴儿搂抱在怀中一起睡觉，成人的身体和手臂易挤压婴儿，造成婴儿窒息死亡；不要让幼儿靠近婴儿吃的食品，防止幼儿往婴儿口中放食物，引起窒息；不要用豆类或颗粒状的食物在婴儿嘴边逗引，以免误入婴儿口中，滑入婴儿气管引起窒息。

方法说明：新妈妈要注意调整自己的睡眠时间，晚上不可睡得太沉。给婴儿的枕头要小，软硬适中，防止过大过软的枕头堵住婴儿的口鼻而造成窒息。

如何防止宝宝的脑型不正

特别注意：婴儿头颅骨含胶质多，含钙质少，骨质很软，富有弹性而容易变形，如果长时间“睡偏”了就容易导致婴儿脑型不正。

方法说明：每天要有几次调换睡觉的方位，不要给新生儿睡较硬的枕头，以避免“削平”后脑袋；喂奶要左右交替，如果躺在床上喂，切忌固定自己顺手的一边。

如何科学给宝宝拍打嗝

特别注意：拍打嗝是一项重要的育儿工作，以下3个“不”请务必留意：不着急：别催促宝宝喝奶，要给宝宝留出学习喝奶技巧的时间；不偷懒：督促自身正确学习打嗝技巧，并切实执行；不粗心：在宝宝满9个月大之前，要随时留意是否出现胀气。

方法说明：将宝宝尽量直立抱在肩膀上，以手部及身体的力量将宝宝轻轻扣住，再以手掌轻拍在宝宝的上背部。拍的时候要五根手指头并拢靠紧，手心弯曲成接水状，拍在宝宝背上时不要漏气，而拍的力量应该是能引起振动又让宝宝不感觉疼痛。每一餐可分2～3次来拍打嗝，不要等宝宝全部喝完才拍。遇到容易胀气、溢奶、吐奶或宝宝很饿的时候，在开始喂食之后不久就要先帮他拍打嗝，这样可有效避免胀气或吐奶。

新妈咪小礼包

教你看新生儿的健康状况

刚出生的宝宝受到家里所有人的格外注重。新生宝宝在满月前的一个月里的照顾是最重要的。那么如何判断宝宝的健康与否呢？下面教你从头到脚一一细数宝宝的健康。

头：头围变大了好几圈，它是宝宝发育的重要计分员。通常在宝宝体检时医生就宝宝头围的增长给你许多具体的护理建议。另外，观测宝宝头围不能只看具体数值，而要看增长的速度。

眼睛：小宝宝会自己眨眼睛了！新生儿的眼睛不受任何肌肉的控制，只是在反射的影响下，累的时候闭上，醒的时候睁开。现在不同了，他正在学习看，应该多给他看一些鲜艳的东西，让他慢慢学会使用自己的眼睛。

手指甲：新生宝宝手指甲的生长速度可以用“超音速”形容。为了避免他抓伤自己，要及时为他修剪。

脖子：随着体重增长，宝宝脖子上的褶皱也会越来越多，越来越深，所以最好每天都要保持这里干燥、清洁，以免湿疹找上宝宝。

肚脐：出生两周左右难看的脐带悄悄地离开了宝宝，出现在你面前的是一个可爱的小肚脐。不要掉以轻心，每天的清洁很必要，洗完澡后用蘸了酒精的棉签清擦肚脐就可以。

皮肤：脱皮现象终于结束了，宝宝变得粉粉嫩嫩，更有光泽了。如果在宝宝四肢的皮肤上看到蓝色血管变得颜色突出，说明他现在有点冷，该给他多穿一件暖和的衣服。

脚丫：看上去又厚又平，但不用担心他会成为平足。因为宝宝在学走路之前，脚底的韧带都很松，到了四五岁脚拱自然会出来。

生殖器：无论男孩还是女孩，出生时生殖器都会显得很肿胀。这是因为受到妈妈身体里激素的影响，这是正常的。只要注意及时清洁，保持干燥就可以了。

腿：宝宝还是喜欢把腿向内侧弯曲，这是他在妈妈子宫里的习惯动作，宝宝会逐渐自然地调整过来，不用担心。

头发：经常会看到宝宝在满月前不停掉头发，不必惊慌。这只是他体内存留的妈妈的雌性激素在捣鬼。随着它逐渐消失，宝宝还会长出质地更好的头发。

胸部：受妈妈体内激素的影响，宝宝出生后一周内胸部会显得比较肿胀，1～2个月时就会恢复，这期间不要用力挤压这里，以免乳头挤破发生感染。

脸蛋：宝宝的脸蛋没有你想象的那么完美。通常在他的鼻子和脸颊上，会有许多细小的白色的粟粒疹，这是因为皮脂腺堆积所致，它会随着宝宝几周后的蜕皮一起消失。平常护理时只要用清水洗洗、注意保持清洁就可以。另外在宝宝的眼皮、后颈等地方还会有红色斑点，一般在18个月后会逐渐消失。所以不用担心会给宝宝漂亮的脸蛋留下遗憾。

第二节 饮食调养：家人怎么照顾月子

对产妇而言，刚刚历经了10月怀胎和分娩时的紧张与辛劳，马上要面临养育、教育宝宝的重重挑战，坐月子可以说是让自己休养生息的缓冲时段。从经济条件来看，如今的“月子”吃什么已经不是什么问题，重要的是如何选择和怎么吃。

饮食总则：月子期的饮食指导

给家里添宝宝了，产妇是一大“功臣”，因此，在很多家庭，给产妇补充营养不仅是当做调补，更有一种幸福的“奖赏”在里面，因此，这里要提醒的是，尽管产后同孕期一样需要加强营养，但不要一股脑儿把营养品往上堆，造成营养过剩，这就需要在饮食上讲点科学。

饮食的原则和节奏为：产后的头1～2天，由于劳累，产妇的消化能力减弱，应该吃些容易消化、富含营养又不油腻的食物，如牛奶、豆浆、藕粉、大米或小米粥、挂面汤或馄饨等；随着体力的恢复，消化能力也增强，可以开始进普通饮食，在产后3～4天里，不要喝太多的汤，以免使乳房过度肿胀。等泌乳后再多喝汤，如鸡汤、排骨汤、猪蹄汤、鲫鱼汤等，这些汤类对产妇身体康复十分有益，不仅可促进奶汁分泌，还能提供丰富的蛋白质、脂肪、矿物质和维生素等。

产褥期产妇所需的多种营养素，可参考下列食物：

蛋白质　瘦肉、鱼、蛋、乳和禽类等都含有大量的动物蛋白质。花生、豆类和豆类制品含有大量的植物蛋白质。

脂肪　肉类和动物油含有动物脂肪。豆类、花生仁、核桃仁、葵花子、菜籽和芝麻中含有植物脂肪。

糖类　所有的谷物类、白薯、土豆、栗子、莲子、藕、菱角、蜂蜜和食糖中都含有大量的糖类。

矿物质　油菜、菠菜、芹菜（尤其是芹菜叶）、雪里蕻、荠菜、莴苣和小白菜中含有铁和钙较多。猪肝、猪肾、鱼和豆芽菜中含磷量较高。海带、虾、鱼和紫菜等含碘量较高。

维生素A　鱼肝油、蛋、肝、乳都含有较多的维生素A。菠菜、荠菜、胡萝卜、韭菜、苋菜和莴苣叶中含胡萝卜素较多，胡萝卜素在人体内可以转化成维生素A。

维生素B　小米、玉米、糙米、标准面粉、豆类、肝和蛋中都含有大量的维生素B，青菜和水果中也富含维生素B。

维生素C　各种新鲜水果、柑、橘、橙、柚、草莓、柠檬、葡萄、红果中含有维生素C，尤其鲜枣中含量高。

维生素D　鱼肝油、蛋黄和乳类中含量丰富。

需要说明的是，月子期间鸡蛋、红糖往往担负着重要的调补角色。鸡蛋含有蛋白质、脂肪、卵磷脂、核黄素和钙、磷、铁及维生素A、B族维生素、维生素D等，是很好的营养品，但也不要吃得过多。每天吃3个就足以满足需要。如果过多地食用鸡蛋而忽略其他营养素的摄入，则可引起消化功能紊乱和身体的生理机能失调。红糖中含有较多的铁、钙等矿物质，有补血和活血功能，并且供给人体热量，很多妇女喜欢在产后饮用。然而，红糖为粗制糖，其中杂质很多，饮用前应将其煮沸、过滤，除去杂质，以免引起消化道疾病。

产后吃什么身体恢复得快

生孩子了，出院了，亲戚朋友都会过来道贺，营养品一大堆，到底该吃点什么对身体恢复更有利呢？祖国医学认为：妇女在产后常因分娩用力而损伤元气，胎儿娩出之时出血，或因产创流血，以致气血两虚，真元大损，营卫失调，腠理空疏。这种情况有人形容为“产后一盆冰”“产后百节空虚”。意思是说，由于产后气血虚弱，营血不足，肌肉、骨胳、关节得不到气血充分的温煦滋养，以致发生麻木、酸疼；产后阳气受伤，机体得不到足够的阳气温煦，而感到畏寒、肢冷、怕风等症状。

也因此，当产妇出院后，医生都会叮嘱：少吃寒凉生冷食物，多食用温补食物，以利气血恢复；少食辛辣或刺激性食品，如辣椒、浓茶等；尽量清淡，少吃过咸食物，以免导致浮肿，妈妈们都会记得比较清楚。但面对一对好吃的，该做何选择呢？哲理就帮你做一个梳理。

1.补铁（贫血）

孩子是母亲身上掉下的肉，事实上，不管是顺产还是剖腹产，对于母体来说还会流失大量的血液，而补血就是要增加人体的铁质。

帮你挑食：增加铁质的食物很多，最好的莫过于鸡蛋黄，但煮鸡蛋要少吃。就菜而言，西红柿炒鸡蛋就是一道不错的菜。

2.补钙

产后，随着小宝宝的呱呱落地，作为母体的钙质也会随之流失，所以补钙不仅是孩子的需要，对产妇而言，也是必不可少的。

帮你挑食：黑芝麻糊、芝麻、核桃、牛奶等都是不错的补钙选择。

3.通乳

母乳喂养是妈妈对宝宝的爱最直接的表达，但很多时候，新手妈妈们往往有力不从心的感觉，会担心自己的母乳会跟不上宝宝的需求。

帮你挑食：鲫鱼汤、黄豆炖猪蹄等都是治疗产后缺乳症的良方。

4.强化内脏

产妇生完宝宝后，要想身体能较快速地恢复阳气虚弱、脏腑、器官功能，就要在食物调理上做强化肾脏、促进体内新代谢、恢复子宫机能、治疗腰酸背痛等调理。

帮你挑食：炒猪腰能增强抵抗力和提高免疫力，对多种虚寒症有比较好的疗效。

想减肥，月子期如何吃蔬菜

月子期的营养大有讲究：新生儿吃奶，需要大量分泌乳汁；生殖器官发生损伤，需要修复；产妇身体丢失一部分血液，需要及时补充。根据这些生理特点，产妇在产褥期除多吃些肉、蛋、鱼等食品外，还要多吃一些蔬菜。吃什么？下面为你推荐几种蔬菜，以供选择。

1.黄花菜

黄花菜，中医书籍记载，它有消肿、利尿、解热、止痛、补血、健脑的作用，产褥期容易发生腹部疼痛、小便不利、面色苍白、睡眠不安。现代医学也认为，黄花菜含有丰富的花粉、糖、蛋白质、维生素C、胡萝卜素、氨基酸等人体必需的养分，营养丰富，味道鲜美，尤其适合做汤用，多吃黄花菜可消除以上症状。

2.莲藕

莲藕中含有大量的淀粉维生素和矿物质，营养丰富，清淡爽口，是祛瘀生新的佳蔬良药，能够健脾益胃，润燥养阴，行血化瘀，清热生乳。产妇多吃莲藕，能及早清除腹内积存的瘀血，增进食欲，帮助消化，促使乳汁分泌，有助于对新生儿的喂养。

3.黄豆芽

黄豆芽中含有大量蛋白质、维生素C、纤维素等，蛋白质是生长组织细胞的主要原料。能修复生孩子时损伤的组织，维生素C能增加血管壁的弹性和韧性，防止产生出血，纤维素能通肠润便，防止产妇发生便秘。

4.海带

海带中含碘和铁较多，碘是制造甲状腺素的主要原料，铁是制造血细胞的主要原料，产妇多吃这种蔬菜，能增加乳汁中的含量。新生儿吃了这种乳汁，有利于身体的生长发育，防止因此引起的呆小症。铁是制造红细胞的主要原料，有预防贫血的作用。

5.莴笋

莴笋含有多种营养成分，尤其含矿物质钙、磷、铁较多，能助长骨骼、坚固牙齿。莴笋有清热、利尿、活血、通乳的作用，尤其适合产后少尿及无乳的人食用。

产后喝红糖水要适可而止

喝红糖水成为很多地方产后的一个饮食习俗，事实上，因为红糖营养丰富，释放能量快，营养吸收利用率高，具有温补性质。产妇分娩后，由于丧失了一些血液，身体虚弱，需要大量快速补充铁、钙、锰、锌等微量元素和蛋白质。据研究测定，300克红糖含有钙质450毫克，含铁质20毫克及一些微量元素等。红糖还含有“益母草”成分，可以促进子宫收缩，排出产后宫腔内瘀血，促使子宫早日复原。所以，产妇分娩后喝些红糖水，这是必要的，但如果吃红糖过多，则会影响健康。

因为过多饮用红糖水，会损坏牙齿。红糖性温，如果产妇在夏季过多喝了红糖水，必定加速出汗，使身体更加虚弱，甚至中暑。此外，喝红糖水时应煮开后饮用，不要用开水一冲即用，因为红糖在贮藏、运输等过程中，容易滋生细菌，很不卫生，会引发疾病。

产后吃青菜不会使人患痨病

所谓痨病，是指一切虚弱性疾病。民间流传一种说法，产后吃青菜痨人，容易使人患胃病、痨病等。于是许多产妇在产褥期，只吃大鱼大肉、炖鸡、炖鸭，不吃蔬菜，尤其不吃青菜。产后吃青菜真会使人患痨病吗？这种说法是错误的。

所谓青菜，泛指各种绿叶蔬菜，如菠菜、韭菜、油菜、莴苣（莴笋）叶等。青菜和其他蔬菜一样，含有大量的维生素、蛋白质、脂肪、糖类等，同样对人体有补养作用，有的还能治疗疾病。如韭菜中含蛋白质、脂肪、糖类、钙、磷、维生素B_1、维生素B_2和维生素C；产后吃些菠菜，能治疗缺铁性贫血、产后便秘；其他如蕹菜能解毒疗疮，莴笋叶能通乳汁。由此可见，产后绝不可不吃蔬菜，否则会引起维生素缺乏症、口舌溃烂、大便秘结等病。

产后吃鸡蛋远非越多越好

农村小孩儿体会更深，往往做了什么令家长满意的事情，妈妈就会煮鸡蛋给小孩儿吃。鸡蛋的营养已被公认，对产妇而言，也一样。但有的产妇为了加强营养，分娩后和坐月子期间，常以多吃鸡蛋来滋补身体的亏损，甚至把鸡蛋当成主食来吃，这就不妥了。

医学研究表明，分娩后数小时内，最好不要吃鸡蛋。因为在分娩过程中，体力消耗大，出汗多，体液不足，消化能力也随之下降。若分娩后立即吃鸡蛋，就难以消化，增加胃肠负担。分娩后数小时内，应吃半流质或流质饮食为宜。在整个产褥期间，根据国家对孕、产妇营养标准规定，每天需要蛋白质100克左右，因此，每天吃鸡蛋3～4个就足够了。

产后吃水果无须怕这怕那

产后想吃很多东西，但总是怕这儿怕那儿。比如，我国民间流传着产后不能吃生冷，不能吃咸、酸等食物的习惯，所以有许多产妇连水果也不敢吃。事实上，产后多吃些水果，可以补充所需要的维生素及矿物质，还可以防止便秘。

不过，吃水果时要注意清洁，清洗或去皮后再吃，以免发生腹泻；还要注意不要太凉，如果水果刚从冰箱里拿出来，要在室温下放一会儿再吃，有的产妇还怕凉，可切成块，用开水烫一下再吃，也可加些糖，最好不要煮沸，以免破坏水果中的维生素。

产后为什么多吃芝麻好

芝麻营养极其丰富，是滋补的佳食。中医认为，芝麻有填精、益髓、补血、补肝、益肾、润肠、通乳、养发的功能。这对产妇增强补中健身、和血脉及破积血等有良好作用。产妇多吃芝麻，对哺乳的婴儿健脑也非常有益。

现代研究发现，每100克芝麻中含蛋白质21.9克，脂肪61.7克，钙高达564毫克，磷368毫克，铁的含量更是惊人，竟达到50毫克之多；为各类粮油食物之冠，另含油酸、亚油酸、花生酸等，还含有芝麻素、芝麻酚、维生素E、多缩戊糖、卵磷脂等。此外，还含有脂溶性维生素A、维生素D、维生素E等。

产妇月子期间饮食宜忌

一般说来，产妇坐月子期间以至整个哺乳期，饮食上应该有所为有所不为，以免病从口入。

1.食物要清淡

以清淡易消化食物为主，这样不仅有利于乳汁的分泌，还有利于产妇身体健康的恢复。如新鲜蔬菜、水果、鱼、虾、肉等，则可以帮助食物多样化。

2.少吃辛辣之物

辛辣之物可使产妇上火，口舌生疮，大便秘结或痔疮发作，并且母体内热可通过乳汁影响使婴儿内热加重。所以，建议将辣椒、大蒜、韭菜、茴香、酒等作为调料，但不要作为主菜。

3.饮食要讲卫生

对产妇来说非常重要。如果不讲饮食卫生，就会病从口入，轻者可引起腹泻，重者可发生食物中毒，甚至危及生命。为此，饮食要注意以下几点：

（1）要选购新鲜无公害食物，霉腐变质、污染等食物一律不能食用。

（2）在食物的加工烹调过程中，一定要做到生熟分开，如菜刀、菜板、容器，防止交叉使用污染。

（3）在夏秋季节食物中毒的高发期，为产妇做的饭菜尽量适量，最好一次吃完，尽可能不吃剩饭剩菜。对吃不完的食物尽量低温保存，吃前一定要回锅加热。

新妈咪小礼包

月子食谱，坐月子怎么吃

坐月子该怎么吃，老母鸡、桂圆、红枣、赤豆、水果、鸡蛋，面对各种食材、各种美食到底选什么，如何烹制适合产妇的美食，这里从汤、菜、粥做推荐说明。

1.汤类

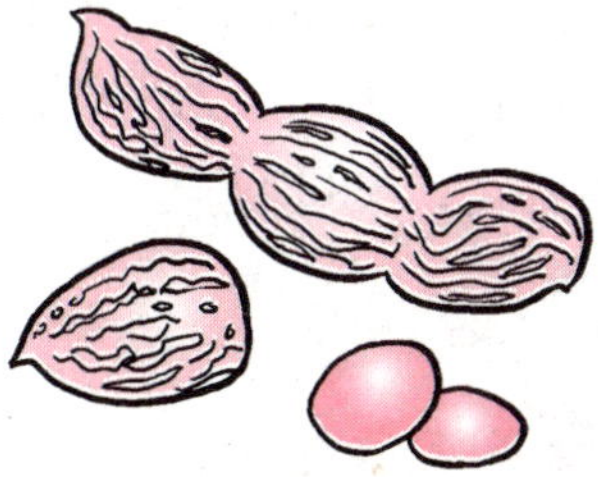

花生猪手汤

【原料】猪蹄、花生、盐、味精、料酒、姜片、葱段各少许。

【制作】将猪蹄放入锅内，加水烧开，撇去浮沫，放入葱段、姜片、料酒，用急火连续煮2～3小时，直至汤汁呈乳白色，加盐、味精，搅匀即成。

【功效】此汤含有丰富的优质蛋白质、脂肪、钙、磷、铁、锌等矿物质和多种维生素，是产妇下奶佳品。

益母木耳汤

【原料】益母草50克，黑木耳30克，白糖适量。

【制作】先将益母草用纱布包好，扎紧口；黑木耳水发后去蒂洗净，撕成碎片。锅置火上，放入适量清水，加入药包、木耳煎煮30分钟，取出益母草包，放入白糖，略煮即可。特点：甜香，软滑。

【功效】此汤能养阴清热、凉血止血。可用于防治产后血热、恶露不尽。症状为产后恶露过期不止，量多，色紫红，质黏稠，有臭味，面色潮红。

鸡蛋黄花汤

【原料】鸡蛋3个，黄花、白菜心各10克，海带、木耳各5克；酱油、精盐、味精、高汤各适量。

【制作】木耳泡发、洗净，将海带泡好洗净后切丝。黄花择洗净后切段。鸡蛋打入碗中搅拌均匀。锅内加高汤烧开，放入味精及海带、黄花、木耳、白菜心，烧开后再冲入鸡蛋，再烧片刻后勾芡即成。

【功效】养肝明目、滋补阴血、生精下乳，本品营养全面，补益之功较为平和，并有保持大便通畅作用，产妇食之，既有补益，又可利肠。

养肝汤

【原料】红枣7枚，红糖适量，水300毫升。

【制作】红枣用刀切出数条纹路，放入大碗中；将水加热冲入碗内，加盖泡2小时以上（夏天需放在冰箱保存）；将碗放入锅中，隔水蒸30分钟；将红枣挑出，只取汤。

【功效】每日的份量不可超过250毫升，可分2次或3次喝完，可解除剖腹产麻醉药带来的副作用。可在产前10～15天开始服用，产后前两周服用。

2.菜类

黄焖勺鸡

【原料】勺鸡2只，精盐、酱油、甜面酱、白糖、味精、八角茴香、淀粉、花椒油、葱末、姜末、素油各适量。

【制作】将勺鸡去毛、内脏、脚爪，洗净，放锅内煮半熟捞出洗净，剁成块。锅加油烧热，放入茴香炸一下捞出不要，放葱、姜煸锅，加甜面酱炒熟，放入鸡块、盐、酱油、白糖，添适量汤烧开，撇去浮沫，盖上盖，放火上火靠至肉烂汤浓时加味精，用湿淀粉勾芡，淋花椒油，出锅装盘即可。

【功效】黄焖勺鸡可为人体提供丰富的蛋白质、脂肪、矿物质等多种营养成分。食之可健脾胃，滋补强壮，健康少病。

肉末蒸蛋

【原料】鸡蛋3个，猪肉50克，葱末、湿淀粉、酱油、精盐、味精、食油各适量。

【制作】将鸡蛋打入碗内搅散，放入精盐、味精、清水（适量）搅匀，上笼蒸熟。选用三成肥、七成瘦的猪肉剁成末。锅放炉火上，放入食油烧热，放入肉末，炒至松散出油时，加入葱末、酱油、味精及水（适量），用湿淀粉调匀勾芡后，浇在蒸好的鸡蛋上面即成。

【功效】鸡蛋及猪肉均有良好的养血生精、长肌壮体、补益脏腑之效，尤其是维生素A含量高，除对产妇有良好的滋补之效外，对维生素A缺乏症也有很好的治疗作用。

蛋奶炖布丁

【原料】鲜牛奶250毫升，白糖125克，鸡蛋135克。

【制作】将牛奶分为两份，一份与白糖混合，放在小火上慢慢加热使白糖溶化。布丁模可用上大下小的瓷茶杯代替，洗净擦干，涂一层薄油备用。锅中加水15毫升，糖50克，小火慢熬至金黄色后，趁热倒入布丁模内，垫住布丁模的底层（约2厘米厚）。鸡蛋打入碗内搅打均匀，先加冷牛奶搅拌，再倒入加糖溶化的热牛奶搅匀，然后用细筛（或干净纱布）过滤即成蛋奶。将蛋奶浆倒入布丁模内（装至八分满），入笼微火炖约20分钟，至蛋浆中心熟透即可出笼，冷却后覆于小玻璃（或小茶碟）上即可食用。

【功效】养血生精、滋阴养肝、补益脏腑、清热生津、下乳催乳，产后妇女及乳母食用能促进母体恢复及乳汁分泌。

3.粥类

生化汤粥

【原料】当归、桃仁各10～15克，川芎6克，黑姜10克，甘草3克，粳米50～100克，红糖适量。

【制作】先将上药煎煮，取汁去渣。再同淘洗干净的粳米煮为稀粥。调入红糖即可。

【功效】活血散寒，祛瘀止血。适用于产后瘀阻腹痛，拒按，恶露不净，滞涩不畅，色黯有块，或见面色青白，四肢不温。一日六次，饭前空腹一两口慢慢喝下。顺产者连服七天，剖腹产者连服十四天，体质虚弱、恢复力差者可连服三周。气虚血少所致恶露不绝者忌用。

皮蛋瘦肉粥

【原料】白米150克，瘦猪肉250克，水发腐竹50克，皮蛋2个，麦片30克，生油、精盐、味精各适量。

【制作】将瘦肉切成两块，用精盐在肉块上涂匀，放入冰箱腌渍一夜，成为瘦咸肉。腐竹洗净、切粒。皮蛋去壳洗净，切成数块。白米洗净，用精盐，生油拌匀，成为油盐米。将清水（2000毫升）放入锅内烧沸，倒入油盐米、腐竹粒，并稍加拌匀，煮15分钟，放入洗净的咸瘦肉、一个皮蛋、麦片及剩下的生油，继续煮10分钟后改用小火再煮30分钟，视粥呈乳糊状时即可离火，瘦肉捞起，撕成肉丝，并与剩下的皮蛋粒一起放入粥内，煮沸片刻，即可放入精盐及味精调味。

【功效】益气养阴、养血生津、益精髓、补脏腑、解暑热。

第三节 贴心叮咛：听人劝身体恢复如心愿

历经十月怀胎，难免会给产妇造成身心疲劳，所以坐月子的过程，实际上是产妇整个生殖系统恢复的一个过程，月子保健有哪些注意事项？如何注意个人卫生？“捂月子”是旧俗还是经验之谈？解决此类问题，不仅是知识的普及，更是一种贴心的呵护。

坐月子不等于卧床休息一个月

有人认为“坐月子”就是要卧床休息一个月，其实这是完全不必要的，对身体的恢复健康是不利的。遵照以下的原则，大可不必死守那些婆婆级的“古训”。

1. 24小时前后

顺产的产妇在产后6～12小时可以起床稍微活动，包括坐在床边、扶着床边走，24小时后就可以下床活动。会阴侧切的产妇可以稍晚一些下床活动。剖腹产的产妇一般产后24小时需要绝对卧床休息，无会阴撕裂伤或接受过会阴侧切手术，或有产道损伤、发热、恶露不尽、腹痛等症状的，就应在24小时后下床活动，并逐渐增加活动量，可增加食欲，减少大小便的困难，促进腹壁、骨盆底部的肌肉恢复，预防产后容易发生的尿失禁、子宫脱垂等毛病。

2. 产后第1天

一般产后第一天产妇较疲劳，应当充分睡眠或休息好，使精神和体力恢复，为此周围环境应保持安静，从各个方面给以护理照顾。

3. 产后2～4天

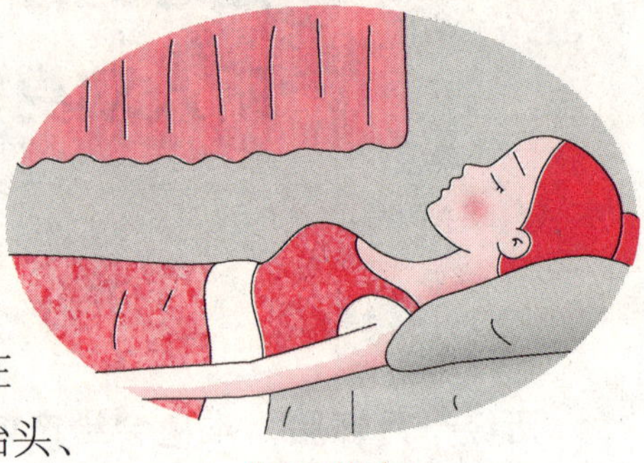
伤口恢复

要使腰腹肌肉的弹性恢复到孕前状态，不是营养或卧床休息所能达到的，需要借助于适当的体育锻炼，促进局部肌肉收缩，才可能实现。比如，第2天可以在床上活动或扶着床边走，可以做抬头、伸臂、屈腿等活动，每天做4～5次，每次5～6下。第3～4天可以下床，以后活动量应逐渐增加，拆线后可以做产后操、仰卧起坐、缩肛运动等。

4. 7天后

一周后可在床上做仰卧位的腹肌运动和卧位的腰肌运动，将双腿伸直上举，行仰卧起坐，头、肩、腿后抬等运动项目。

5. 15天后

半个月后，可做些扫地、做饭等家务，以利肌肉收缩，减少腹部、腰部、臀部等处脂肪蓄积，避免产后肥胖症，保持体态美。早期适量活动，还可使消化功能增强，以利恶露排出，避免褥疮、皮肤汗斑、便秘等产后疾病的发生，并能防止子宫后倾。

对号入座，4种坐月子方式

产后坐月子谁照顾好？一般都会觉得有丈夫陪能无话不说，还可以撒娇，但总不能一直由丈夫相伴，毕竟，对大多数普通家庭而言，一个现实的问题就是要养家糊口。那么，谁来照顾呢？这里就常见的四种坐月子的方式做一个说明，以供参考。

1.由家人照顾

这是中国最传统坐月子方式，面对刚出世的孩子，初为父母的夫妻俩难免会手足无措，不知道该如何照顾好孩子，以及如何恢复产后身体，这时家里有一位有经验的老人，对年轻夫妇非常有帮助。

温馨提醒：由家人照顾坐月子是最好的选择，最佳人选是女方妈妈。但要做说明，免得婆婆多心。同时还要注意多沟通的是老人思想传统，认为坐月子有很多禁忌，因此方法往往欠科学。此外，照顾月子，难免会涉及孩子的教与养，如果因为观念分歧，容易产生差异。

费用：稍稍增加正常生活开销之外，没有其他费用。

2.保姆照顾

请保姆或者小时工都成为了城市照顾月子的普遍做法。但同时要考虑到保姆自身的素养和具体事务的安排，比如，很多时候保姆更注重家务活，并没有护理新妈妈和婴儿的专业知识，年轻父母不仅要事先从各方面学习育儿知识，还要把这些知识教给保姆，浪费时间。

温馨提醒：尽可能请一个具备专业护理知识的保姆照顾月子，如果还能选择一个有过生育经验的，能跟宝宝有一个较好的情感交流，往往省心不少。但同时要考虑，家里冷不丁儿住进一个外人，生活习惯不同也需要时间磨合。

费用：大概每月在1000元左右。

3.月嫂照顾

相比于老人和保姆照顾，月嫂更专业，她们能提供24小时专业月子护理，让宝宝健康成长，养成良好的生活习惯，产后也会得到充分休息，避免出现产后抑郁症。

温馨提醒：现在越来越多的年轻父母会选择花钱请月嫂照顾月子里的产妇。在雇佣月嫂时，一定要到正规的机构去找，要看清她的身份证和培训证书，另外还应注意其是否持健康证，多了解一下她可以省去不少麻烦。

费用：月嫂分为初级、中级、高级、特级、星级等各种级别，费用从1000～4000元不等，一般以28天为单位收费，级别越高费用越高。

4.月子中心全托

有些父母在医院分娩后直接住进月子中心，把全部事情交给月子中心人员打理。产妇有更多时间享受有宝宝的乐趣，学习专业的养育知识，练习相关体操，全方位得到专业照顾，能够尽快恢复最佳状态。

温馨提醒：月子中心提供的护理设备是最专业的，但对产妇来说，月子中心是个完全陌生的地方，产妇很难获得安全感。再者，尽管有月子中心的专业呵护，但也尽可能不要把孩子全托给护士护理，从而忽略了与孩子的交流。

费用：一个月费用平均在8000～10000元不等，有些VTP病房更是高达30000元以上。

月子期常用物品准备

1.食具相关类

奶瓶2个、喂果汁或水用的奶瓶2个、奶嘴3个、奶瓶刷1个、清洗奶瓶的清洁剂1瓶、吸奶器1个、消毒锅1个。

2.其他类

吸汗垫子（夏季）1～2条，婴儿床1个，被子、被套各2条，隔尿裤、垫2～4件，有罩的盒子1个，浴盆1个，抚触油1～2瓶，婴儿专用小盆1～2个，水温温度计1个，尿布20～30片，小浴巾2条，和尚领内衣4套，大浴巾1～2条，连体棉衣（冬季）2件，婴儿专用衣物洗涤液1瓶，围兜3～4件，湿纸巾1盒，短袜2～3双，婴儿沐浴露1瓶，纸尿裤若干，爽身粉1盒，被子（外）1条，清毒棉签1包，垫被及垫被套各2条，护臀膏1盒，床单2～3条，75%酒精1瓶，床垫1个，婴儿润肤露1瓶，毛毯1条，婴儿连身帽外套1件，体重计1个，纱布若干，室温温度计1个。

此外，产妇用文胸2～4件，产妇用卫生纸、卫生巾若干，产妇用哺乳衣2套，安全指甲刀1把，产妇专用盆1～2个。

产妇坐月子要顺应四季寒温

产妇失血伤阴，阳不内潜，故抗病力低下，寒温稍有不慎，则招致寒、热、湿邪的侵袭，即中医常说的“邪之所凑，其气必虚”。养生专家建议说：“顺应天时，调适寒温，百病不生。”所以，产妇务必要注意寒温保养，使寒温适度才有利于身体健康。

1.春秋季

春季多风，须注意关闭门窗，产后体虚，防止风邪乘虚而入，导致感冒、头痛、四肢关节疼痛等产后疾病。秋后气温干燥多尘，室内宜经常打扫清洁，若产后感觉鼻干咽燥，室内可置清水一盆，调解湿度。

护养建议：春秋季节宜空气流通，光线充足，窗明几净。春秋季产妇的衣被宜较平常人稍厚，以无热感无冷意为好，也可用薄巾包头，薄棉袜护脚。如此在产褥期保养，可防疾病。

2.夏季防暑

夏季气候潮湿闷热，务必保证室内凉爽通风，光线充足，窗明几净。但注意不可有穿堂风，产妇以无风吹感为宜。

护养建议：若产妇感到烦躁闷热，也可用风扇或空调，但不可直接吹风，以感到有微风去热即可。若产妇感到闷热难忍，可将电扇摆于窗口，开慢速度，以产妇不觉有风吹感为宜。当产妇熟睡时，尤忌风吹，应关闭电扇、空调。

头部无须遮围，被褥以用毛巾制品为好，既可挡风，又可吸汗去暑湿，以不感到寒凉为宜。夏季产妇衣服应勤换，常洗晒，以防潮湿侵身。

3.冬季保暖

寒冬腊月，天气严寒，产妇应注意保暖，以防风寒侵袭。养生专家说："时当凉必将理以温。"所以冬季产妇室内宜温暖，常须关闭门窗，遮围四壁，不使寒风从孔隙而入，否则，产后遇寒邪乘虚而入，极易感冒伤风。

护养建议：冬季产妇床铺、衣着均须柔和温暖，床上厚铺垫褥，被盖宜暖而轻，衣着以穿棉布、羽绒之类为好，脚宜着棉线袜，鞋要穿棉布鞋。产妇的背心和下体尤须保暖，若背心着凉受风，会导致产后感冒、咳嗽；倘若下腹觉冷时，可用暖袋温熨，或用艾叶、小茴香、生姜炒热布包热熨，以助散寒止痛，排出恶露。

"捂月子"是不可取的旧俗

所谓的"捂月子"，就是不管天气多么炎热也要门窗紧闭，穿戴也要严严实实。事实上，这对母婴健康都很不好。紧闭门窗空气不流通，室内二氧化碳积聚，氧气相对减少，会使产妇和婴儿缺氧。夏天当气温达34℃以上时，若在空气不流通的高温环境中"坐月子"，产妇极易中暑，重者危及生命。另外，门窗紧闭空气不流通，室内细菌易生长繁殖，使本来虚弱的产妇容易感染其他疾病。

护养建议：居室清洁舒适，空气新鲜、流通，室内温度保持在20℃~24℃为宜。室内应早、晚各通风换气1次，温度波动不要超过2℃~3℃，要注意避免产妇被风直吹，以免着凉感冒或关节疼痛。冬季也应定时开门窗交换新鲜空气，通风时应给产妇和婴儿盖好，有条件的产妇可抱婴儿到另一房间休息，待通风换气后再回到自己房间。

要避免室内过于干燥，保持相对湿度（60%～65%）。

此外，内衣内裤最好选用吸水力强的纯棉织品，外衣外裤要宽松柔软，易于散热，最好是纯棉的。换下来的衣服要及时洗涤，注意洗净。

特别行动，产后护理好会阴部

会阴部很脆弱，因其解剖特点很容易被尿液、大便及恶露污染，如不注意清洁卫生，易引起产褥感染，如果在产后因为压迫及助产的操作，发生局部轻度充血、水肿，或有会阴部的裂伤或侧切伤口的情况。则更应该注意会阴部的护理。

1.通常情况，产后可以用1：5000高锰酸钾液或0.1%新洁尔灭冲洗会阴，每天2～3次或于大小便后冲洗，尽量保持会阴部清洁及干燥。

2.会阴部有缝线者，会阴伤口完全愈合大约需2周，应每天检查伤口周围有无红肿、硬结及分泌物。于产后3～5天拆线。若伤口有感染，应及早拆除缝线，创面每天应换药，并用红外线局部照射，尽量暴露伤口以保持表面干燥，促进愈合。

3.会阴部肿胀者，可用50%硫酸镁温热敷或75%酒精湿敷，平卧时应卧向伤口的对侧，以免恶露流向伤口，增加感染的几率。

此外，产后月经垫要用消毒后的卫生巾或其他卫生用品，卫生用具及内衣内裤要勤洗勤换，洗后应在阳光下暴晒以达到消毒的目的。

母婴睡在同一个被窝不妥

现实生活中，产妇以及家属，特别是有老人侍候月子时，都喜欢将婴儿放在产妇的身边，睡在同一个被窝里，以方便产妇哺乳。实际上这种方式是不妥当的。

一方面影响产妇休息，产妇睡卧总是采取一种姿势，活动时总担心会不会压着孩子或者弄醒孩子，这样产妇睡觉时总是很紧张，影响休息。另一方面也不利于婴儿的清洁卫生。所以，不要让婴儿和产妇同睡在一个被窝里。

护养建议：可以将婴儿放在婴儿床上或放到产妇的床边，这样产妇睡卧时可以采取自由舒适的姿势。但最好不要平卧，或者平卧时间不要太长，以免导致子宫后屈或产后腰痛。可以采取侧卧、俯卧等，这种姿势不但可以纠正子宫后屈，还有利于恶露的排出。哺乳时，用肘关节支撑的时间不宜过长，以免引起关节痛。

迎接宝宝，别忽视产妇情绪

宝宝来了，全家人沉浸于得到宝宝的喜悦的同时，别忽略了产妇的情绪，甚至产妇自己也一样，总惦记着宝宝的事儿，总感觉自己只不过是疲倦了些。其实，这是一种误解。表面的疲倦，实际上包含有太多产后情绪低落与忧郁，是不良情绪影响所致。

1.产妇在产前要对产褥期的生理变化有所了解，同时要学习一些护理新生儿的知识和技巧，有助于尽快适应新的角色。

2.合理安排好作息，尽快适应新生活，保证足够的休息时间，避免疲劳。

3.丈夫在产妇分娩后要多给予其语言关爱，产妇有烦恼时，丈夫要耐心倾听。

4.无微不至对宝宝重要，对产妇也一样重要。产妇有异常情况如排尿困难、乳房胀或哺乳不顺利时，要及时提供帮助。使其逐渐适应母亲的角色，不仅对产妇的心理健康有益，也有助于母婴的身体健康。

新妈咪小礼包

产后操帮你远离分娩后遗症

分娩之后，宝宝面世，沉浸在健康宝宝到来的喜悦中，别忘了自身的健康。不少产妇都有这样的印象，原本身体好好的，但生了宝宝后，平添了很多原来没有的毛病，如便秘、尿失禁、腰背痛、腿酸痛……其实，只要在分娩后及时进行针对性锻炼——产后操，新妈咪就能轻松远离分娩后遗症。

1.产后3天到半个月

（1）呼吸运动

通过腹式呼吸增强腹肌活动内脏。动作：仰卧，双手自然放在身体两侧，深呼吸使腹壁下陷，内脏牵引向上，然后呼气。

（2）胸部运动

提升乳房，锻炼胸部。动作：仰卧，双手平放两侧，双臂上举至头上方。手心向上，还原。双手平行上举至胸前，两掌相遇，然后两臂向两侧打开，还原。

（3）缩肛运动

仰卧，双手平放两侧，膝盖弯曲支撑起双腿，腰贴床面。同时做一下4个动作：用口呼气，用力收腹，臀部外侧肌肉夹紧，收缩肛门。

（4）膝胸卧位

防止子宫后倾。动作：身体向前，双肩着床，大腿与小腿呈90度，坚持数秒，双膝与肩同宽呈跪姿。

2.半月后到3个月

产褥体操是帮助母亲恢复机体的一项有效运动。开始10多天做产后操只做这4个运动。之后等身体逐渐恢复，有力气之后才开始加了提臀、收腹、抬腿、仰卧起坐、仰卧蹬车等强度力量稍微加大的运动。

（1）仰卧式运动

仰卧，两手紧靠躯干，双膝屈收，双足做踩自行车动作。

在床上仰卧，双手扶住床沿。扭动腰部，把左腿伸向床铺的右侧。脸向左侧。上半身尽量平放在床上。

仰卧，两手紧靠躯干，双膝屈收并举向胸部，同时吸气，然后伸直放平两腿，同时呼气。

仰卧，用足底与两肩支撑。将臀部向上支起，同时吸气，然后放下臀部，同时呼气。

仰卧，双手平伸，做深吸气。一边呼气一边把手举到胸前，手掌合拢，再吸气，胳膊恢复原状。

仰卧，双膝直立，大腿和床成直角似弯曲，呼吸一次。大腿更靠近肚子；然后腿伸直，呼吸一次放下腿。

仰卧，抱住双膝，用反作用力，立起上半身。再回到仰卧状态，像摇椅一样，起来躺下。

（2）俯卧式运动

俯卧，手放在身体上，上半身和腿向后抬起，坚持5秒钟。站立，使身体向后仰，用力做5秒钟。

（3）弯腰运动

两腿稍分开，一边呼气一边将腰部慢慢地向前弯曲，双手碰到地板。起身，一边呼气一边将上身慢慢地向后仰。

第十三章

异常排解：生活调理方，疾患一扫光

怀孕本是件高兴的事儿，当这兴奋劲还没过去，孕期里失眠、疲倦夹杂着感冒、高烧、尿频、胀气、痉挛、腹泻等问题纷沓而至，该如何应对？产后痔疮、贫血、脱发、阴道出血等问题在新生儿降生后找上门来，该如何打发？基于此，为便于查阅，这里集中予以说明。

第一节 排解孕期不适，躲避孕期“险情”

十月孕程可谓是忧喜交加，喜的是在胎芽形成的那一刻起，“母爱”就随之诞生，期待和希望也就时刻相伴，而忧的是孕程中会有给母体带来的N种变化与不适，孕妈妈的选择除了“正视”的“坚强”，还应有智慧的应对。

孕期感冒

孕妈妈的鼻、咽、气管等呼吸道黏膜肥厚、水肿、充血，抗病能力下降，所以很容易患感冒。而患感冒的孕妈妈常害怕用药治病，担心胎儿脑细胞的发育会受到影响，不得不采用人工中止妊娠。

生活调理方

蒸汽疗法。即用毛巾盖住头部，整个脸埋在装满热水的脸盆中。根据不同情况可以在热水中加入两三滴能够自然减轻充血症状的精油，例如加入蜂蜜和柠檬的热水可以减缓喉咙痛。预防要胜过治疗，平时要多注意加强自身的免疫系统，多吃富含维生素C的食物，尤其是新鲜水果，如柑橘，以及各种新鲜蔬菜等。

孕期高烧

孕期很容易感冒，而感冒了又很容易发高烧。如果感冒引起了孕期发烧，尤其是38.5℃以上的高烧，会影响胚胎，导致流产和胎儿畸形。

生活调理方

孕妈妈应该及时就医，在医生的指导下利用物理方法降温或者其他方式治疗。孕妈妈高烧重在预防。即使天越来越冷，室内也要通风换气。此外，孕妈妈尽量不要去超市、电影院等空气不流通、人多的场合，以防感冒和传染性疾病。如果受凉感冒，喝热水和姜汤都是很好的排毒方法。

孕期失眠

妊娠期嗜睡是正常现象，尤以孕早期明显。也有少数孕妈妈睡眠反比未孕时少，有的会出现身体很疲倦，但就是睡不着的情况。

生活调理方

心理暗示法。先在上床前冲个澡，或在32℃～35℃的水中泡脚20分钟。然后用一个最适合你的舒服的方式躺下，轻松呼吸，双眼闭合，眼球不要转动，同时轻轻提示自己："我的胳膊好沉好没劲，我的腿和脚也没劲了，我要睡了。"

夜间醒来，如果已快到起床时间，睡不着索性起床做事，不必躺着等着天亮。如果天亮还早，不要睁眼，轻轻翻身再睡。

孕期疲倦

孕早期很多人有嗜睡现象，比平常睡的时间长很正常。就一般而言，专家的建议是，想睡就睡，不要做太多事，尽可能多休息、早睡觉。但如果睡了很长时间，仍觉得困倦，这可能与刚刚怀孕身心还不完全能够适应有关。到了怀孕晚期，日渐增大的子宫会使孕妈妈的身体变得越来越沉重，也容易使孕妈妈感到疲倦。

生活调理方

1.想象：去洁静、安全、鸟语花香的公园或其他场所散步，然后躺在长廊上想象自己喜欢去的地方，例如公园、海边、小溪、高山、一望无际的草原等。把思绪集中在美好的景色上，可以使人精神饱满、心旷神怡。

2.聊天：聊天不仅可以释放和减轻心中的种种忧虑，而且可获得最新信息。聊天是一种有益心理健康的好方法。同时，在轻松愉快的聊天中也许你就忘了身体的不适。

3.按摩：闭目先养神片刻，然后用手指尖按摩前额、双侧太阳穴及后脖颈，每处16次，可健脑养颜。

孕期多汗

怀孕过程中，孕妈妈的血液循环随着胎儿逐渐长大而加快，血容量增多，导致皮下血管扩张以加速散热。由此，孕妈妈经常会感到身体很热，稍微一活动就会出汗，特别是在夏天。

生活调理方

1.洗澡：经常洗一洗温水澡，这样既可保持身体清洁，也会使孕妈妈感到舒爽一些。

2.补水：当身体出汗过多时，为了避免脱水应该补充一些淡盐水。

3.着衣：穿着透气、吸汗的内衣内裤，外衣薄厚要适宜。

孕期眩晕

孕妈妈站立较久，使血液大部分瘀积在骨盆和下肢，导致回流心脏的血液减少，影响脑部的血液供应，由此发生眼冒金星、天旋地转，甚至发生晕厥的现象。

生活调理方

1.避免长时间站立，或猛然变换姿势。

2.平时注意将双腿抬起，在条件允许时，放在桌上或其他可以促进血液回流的地方。

胃肠胀气

怀孕后，体内孕激素逐渐增多，导致胃酸分泌减少，胃肠道的正常蠕动功能下降，气体增加，引起胃肠胀气。加之逐日增大的子宫对胃进行挤压，使胃内容物排空减慢，也加重了胃肠胀气。

生活调理方

1.生活规律化：每天养成定时排便的习惯，坚持进行强度相当的运动，如散步、孕妈妈体操及孕妈妈瑜伽等，避免形成便秘。

2.饮食调整：尽量少吃豆浆、豆类及大量蔗糖等胀气食物，多吃富含纤维的蔬菜、水果及粗杂粮等。孕妈妈每天早上起床后可以先补充一大杯温开水，一天至少要喝1500毫升的水分，充足的水分能促进排便，如果大便累积在大肠内，胀气情况便会更加严重。

尿频尿痛

怀孕早期由于盆腔充血，子宫日渐增大，膀胱受到压迫。同时，在某些性激素的作用下，膀胱肌肉松弛，张力下降，发生尿潴留，容易使膀胱发生感染。因此，在怀孕早期孕妈妈往往出现尿频、尿痛等感染症状；快到临产时，由于胎儿头部下降而再度刺激膀胱，尿频症状重又出现。

生活调理方

1.避免经常憋尿，每天摄取足够的水分。

2.科学清洁会阴部，避免细菌由肛门上行至尿道，造成膀胱感染。一旦发生感染应该积极配合医生治疗，直至感染消失。

孕期水肿

中医认为，妊娠水肿大多为脾虚不制水，以致水湿浸渍肌肤，流溢四肢，出现浮肿。

生活调理方

宜吃具有补脾益气、利尿消肿作用的食物，宜吃高蛋白和富含B族维生素的营养滋补食品，忌吃生冷性寒及过咸食物以及耗气的食物。此外，民间有用赤小豆与鲤鱼，再加葱、姜一同煨烂食用，对妊娠浮肿者颇有裨益。

背部疼痛

怀孕后内分泌系统发生的改变，使骨盆关节韧带及支托脊柱的韧带变得软而松弛，增大的子宫导致腹部肌肉韧带牵拉、伸张，使腰椎骨骼的弯曲度增大。在这些因素影响下，孕妈妈越来越大的腹部更为向前突出，由此产生背部疼痛。

生活调理方

1.为避免背痛，每天应该进行适当的锻炼。再有，就是应该抛掉那些高跟鞋，改穿平底鞋。避免长时间站、坐、走及做弯腰动作、提重物，走路时注意摆动骨盆，这样都可减轻背部不适。

2.热疗也比较有效，可以尝试用毛巾包裹一个热水瓶放在背部，或者洗一个温水澡。晚上睡觉时在身边多放几个枕头也可以提供一定的支撑力量。

腿肌痉挛

在怀孕中后期，小腿或脚部肌肉的突然痉挛除了与血液中的钙离子浓度下降有关，日益增大的子宫压迫小腿或脚的神经传导，也是一个引发因素。

生活调理方

1.腿脚肌肉发生痉挛时，立即将腿部伸直，脚掌往身体方向上翘，或让别人抓住脚往身体方向扳动，这样可很快解除痉挛。

2.从怀孕中期开始，饮食上摄取富钙及富维生素B_1的食物。再者，按照医生的嘱咐坚持每天补充钙片、维生素D制剂。

肋缘疼痛

在怀孕晚期由于子宫底部不断上升，对肋缘造成一定的压迫，或有时因胎儿在子宫里动作激烈刺激肋缘，都会使孕妈妈感到肋缘疼痛，特别是到了36周时，这种疼痛更加频繁。

生活调理方

1.孕妈妈不必过于紧张，待胎儿的头进入骨盆后，疼痛症状往往会自行消失。

2.在出现疼痛时平身躺下，孕妈妈自己或丈夫用手稍微托扶着肋缘，轻轻地进行按摩，疼痛可以得到缓解。

3.不要过多走路，鞋跟高低要适宜。注意腿部保暖，特别是天气寒冷时。

静脉曲张

孕中晚期，孕妈妈的小腿、脚背发生静脉曲张，使局部产生发胀、酸痛、麻木和乏力等不适，多见于孕前从事久坐、久站工作的孕妈妈。

生活调理方

1.使用与体温接近的水洗澡较为适宜，避免用过冷或过热的水洗澡。

2.避免久站、久坐，经常变换体位休息。久坐时经常活动一下脚部，避免双腿交叉、盘腿而坐及蹲厕时间过长。

3.睡眠时用枕头垫高双腿，促使静脉血回流。必要时在早晨下床前先将腿抬高，穿上弹力袜再下床。外阴静脉曲张时应该适当卧床休息，躺卧时采取侧卧位有助于减轻局部肿胀和对外阴的压迫感。

孕妈妈痔疮

随着子宫体逐渐增大，腹压增高，下腔静脉受压日益加重，特别是胎位不正时，压迫更为明显，直接影响直肠下端、肛管的静脉回流，致使痔静脉充血、扩张，因此，怀孕女性特别容易患痔疮。

生活调理方

产后随腹压的降低，静脉回流障碍的解除，体内孕激素含量逐渐降低，痔核一般会在4个月内缩小或萎缩。若此时症状不消失，再进行手术治疗，这时痔核已较妊娠时明显变小，手术痛苦会相对减小，疗程亦会明显缩短。

妊娠贫血

轻度缺铁性贫血是妊娠期较常见的一种并发症。轻度贫血对于妊娠及分娩的影响不大，而重度贫血可以引起早产、低体重儿或者死胎。

生活调理方

整个妊娠期胎宝宝及母体红细胞生成需要铁大约800毫克，尤其在妊娠最后3个月，胎宝宝除了造血之外，胎宝宝的脾脏也需要贮存一部分铁。为了预防妊娠贫血，孕妈妈每天的需铁量为15毫克。

富含铁的食物有：动物的肝、心、肾、蛋黄、瘦肉、鲤鱼、虾、海带、紫菜、黑木耳、南瓜籽、芝麻、黄豆、绿叶蔬菜等。如果将动、植物食品混合吃，铁的吸收率可以增加一倍。因为富含维生素C的食品能促进铁的吸收。

产后肥胖

许多女性生产完后就与肥胖挂上钩了。判断是否肥胖的一般方法是量体重，而磅秤上显示的数字中，一大部分其实是体内的水分，占到近70%。正常情况下，一天之内这部分体重可以有1～3千克的波动，所以，“急功近利”的人于是就利用它进行“快速减肥”。

大部分原因来自孕期不注意饮食导致营养过剩，以至于产后瘦身难度过大，所以孕期要养成良好的饮食习惯。因此已经肥胖的孕妈妈，可在医生的指导下，通过调节饮食来减轻肥胖。

生活调理方

杜绝胖妈妈出现！控制糖类食物

和脂肪含量高的食物，米饭、面食等粮食均不宜超过每日标准供给量。肉要剔除肥肉，炭烤或水煮；鱼、蔬菜不要炒，要煮或蒸。如果炒菜，最好用炒勺，可以少放油。不要忽视调味品的热量，可选用蛋黄酱、黄油、调味汁等低热量调味品。

孕期腹泻

腹泻对妊娠来说是一个危险信号，一方面在妊娠期间出现频繁或剧烈的腹泻会影响孕妈妈对营养物质的吸收，从而影响胎儿的营养状况。另一方面，腹泻时，女性体内会分泌一种叫前列腺素的天然化学成分，它会进一步刺激肠道，加重腹泻症状。同时，这一化学成分还会刺激子宫收缩，可能导致流产和早产。

生活调理方

孕妈妈出现腹泻，首先是要恰当地补液，给孕妈妈应用治疗腹泻的药物，特别是抗生素类应格外小心，氨基甙类、磺胺类、喹诺酮类及四环素、甲硝唑、病毒唑等，对感染性腹泻有效，但因为对胎儿有致畸作用或潜在的危害，因之都不能使用。

可在医生指导下，给病人服用一些微生态制剂，如丽珠肠乐、整肠生、金双歧等，能调节肠道菌群，扶正抑邪。思密达有多层结构，吸附面大，又不被母体所吸收，比较安全，它不但可吸水，而且还可吸附一些致病菌，有止泻和抗菌的双重作用，可以选用。

孕期便秘

怀孕后胎盘分泌的大量孕激素使得胃肠道的平滑肌张力减低，活动减弱，影响到食物消化吸收。因此，孕妈妈常常会有消化不良、肠胀气和食物运送延缓的现象。食物残渣在大肠内滞留越久，水分被肠壁吸收的越多，最终形成的粪便就干燥而坚硬。

生活调理方

孕期防止便秘，最好的办法还是要注意平时的饮食，大量喝水，多吃富含高纤维的食物，如麦麸、新鲜水果和蔬菜，以及全麦面包、意大利面和米饭等。多吃水果、喝蜂蜜糖水可以利便。

此外，应做到养成每天按时排便的习惯，使大便定时形成条件反射；多吃含纤维素比较多的蔬菜，如芹菜、白菜、萝卜、圆白菜和粗粮等。勤散步，多活动，最好做一些轻便的体操；多喝水，每天清晨最好喝一杯淡盐水。

孕妈妈尿频

女性生殖器与膀胱相邻，它们的血管、淋巴和神经有着密切的联系。女性的膀胱前面为耻骨和耻骨的联合，后面为子宫和阴道。妊娠早期盆腔充血，子宫体增大牵扯膀胱向上推移，可刺激膀胱而造成尿频。另外，增大了的子宫压迫膀胱，使膀胱贮存小便的量较平时为少。所以，一般情况下，孕妈妈尿频是妊娠期的正常生理现象，不必顾虑。

生活调理方

孕妈妈要注意预防泌尿道感染的发生，平时要多饮开水，使尿量增加，每日要换洗内裤，用温开水清洗外阴部，至少1～2次；并节制性生活。如尿频、尿急加重，并有尿道口刺痛或小腹疼痛，则应及时到医院去诊治。

孕期鼻出血

鼻出血是日常生活中较为常见的情况，孕妈妈更容易发生。这是因为妊娠后体内的雌激素水平较未孕时增高数十倍，受该激素的影响，鼻黏膜肿胀、血管扩张充血之故。

生活调理方

可以尝试用漱口水代替牙线，另外在擤鼻涕或者刷牙的时候要多加小心。若孕妈妈鼻出血，一般不用止血药，轻微的坐下来将头部微仰，在家可以用棉球蘸点小磨香油塞鼻孔，就能止血。对内热较大的鼻出血孕妈妈，可用些清热凉血的中草药栀子、金银花、菊花、黄芩，泡水喝或煎煮都可以。假如频繁地大量流鼻血，最好去看医生，看是否有其他原因。另外，建议所有的女性在怀孕前都应该去牙科做一次口腔检查。

妊娠糖尿病

妊娠糖尿病是指怀孕前未患糖尿病，而在怀孕时才出现高血糖的现象。筛检的方法是在怀孕24～28周，喝50毫升糖水，一小时后验血糖，若血糖数值超过标准，则须进一步做100毫升耐糖测试。若经过医师诊断为妊娠糖尿病患者，需及时做调整，首先须向营养师做营养咨询，提供正确的饮食方式，并做适量的运动。少数患者需注射胰岛素。如此可以预防巨婴症，让你能够顺利的生产。

生活调理方

首先是少量多餐，即在每日三次主餐的空间加餐2～3次（加餐时间为早上10时、下午3～4时、晚上9时），加餐的量不超过每日总热量的10%，加餐的食物品种可以是瓜果（如黄瓜、西红柿、苹果等）和面包、馍片、牛奶等。

其次是要把握饮食结构，每日食物总热量在2000千卡左右，其中碳水化合物占50%～60%，蛋白质占15%～20%，脂肪占20%～30%。也就是说，大致保持孕前正常饮食水平，不必过分限制，但要多吃蔬菜，每日不少于500克，以补充维生素和纤维素。

此外，如果用药不宜使用长效胰岛素，以选择中、短效胰岛素在餐前使用为宜。可每日1次于清晨8时左右单次、联合使用中、短效胰岛素；也可于早、午餐各用1次短效，晚餐时用1次中效胰岛素，以控制餐后高血糖，因为妊娠糖尿病的特点是空腹血糖低但餐后血糖增高。

孕妈妈牙周炎

因为妊娠反应剧烈，刷牙很容易就引发呕吐，所以很多孕妈妈都是匆匆完成，一天刷牙的次数也减少为一次，结果得了牙龈炎。

生活调理方

建议孕妈妈要注意妊娠期的口腔卫生，坚持做到每餐饭后漱口、睡前刷牙，使用软毛刷，刷牙时不要过分用力。避免食物残渣在口内发酵产酸，可常用2%小苏打水漱口，以抑制口腔细菌的生长繁殖，中和酸性物质，保持口内的碱性环境。

应多吃一些含有丰富维生素和蛋白质的食物，如牛奶、鸡蛋、瘦肉等，特别要多吃富含维生素C的新鲜蔬菜和水果。必要时还可口服维生素C片。

孕妈妈尿失禁

尿失禁是一种非常令人尴尬的症状，进入妊娠24～32周，因子宫增大，压迫膀胱，易引起尿失禁。盆底肌本来就弱的人更易发病，但大多数女性在产后，随着膀胱所受压迫的消失，便会自然地得到改善。

生活调理方

盆底肌体操非常简单，在许多场合都可以进行。首先臀部肌肉用力，收缩肛门，坚持数到10后，由口缓缓吐气，放松。呼吸一下后，反复进行。10次为一组，1天最少做5组才会有效果。当然这5组不必连续做，可分为数次进行。

孕期流涎症

在怀孕早期，某些孕妈妈会出现唾液分泌过多的现象，大约每天1000～2000毫升，这是怀孕的一种生理表现，不必过于在意。

生活调理方

1.可以通过咀嚼口香糖或糖果来减轻症状。

2.使用收敛性漱口水，可以帮助去除口腔中的异味。

幸孕小礼包

孕后身体护养六重点

有喜了，慢慢地身体就会在宝宝的发育中出现诸多生理变化，这其中，很多变化是孕妈妈始料未及的，尤其是第一次怀孕。如何让身体不那么娇弱？如何富有针对性护养呢？择其重点而从之。

1.乳房

护养理由：随孕程的开始，乳房的变化如影相随。在怀孕40天左右的时候，由于胎盘、绒毛大量分泌雌激素、孕激素、催乳素，致使乳腺增大，而产生乳房胀痛，怀孕3～4个月，大部分人乳房已开始变大，除了轻微疼痛，偶尔还会摸到肿块。另外，乳房表皮正下方会持续出现静脉曲张，乳头颜色也会变得更深。

【护养措施】

（1）乳房卫生：经常用温和皂水擦洗乳晕和乳头皮肤，并将皮肤皱褶处擦洗干净。在28～36周不需使用润肤乳，初乳出现后孕妈妈可在沐浴之后，挤出少量乳汁，涂在乳头周围皮肤上。干后会形成薄膜，它的滋润效果比任何护肤品都好。

（2）正确按摩：洗浴后正确按摩乳房。每次清洗乳晕和乳头后，用热毛巾敷乳房并用手轻轻地按住，用手指腹在乳房周围以画圈方式轻轻按摩；拇指和食指压住乳晕边缘，再用两指轻轻挤压。

（3）日常护理：用有足够承托力的内衣，但不要紧压乳头。如果你预备用母乳哺乳，应从孕期就开始呵护乳房，这样才能在分娩后成功地进行母乳喂养。此外，睡眠时注意采取适宜睡姿，俯卧位容易使乳房受到挤压，使血液循环不通畅，不能保证促使乳腺发育的激素运送，从而影响乳腺发育。

2.私秘

护养理由：怀孕后，由于激素的影响，以及怀孕后阴道充血、腺体分泌旺盛、外阴湿润等原因，很多女性朋友会有阴部瘙痒的症状，这时应该及时去医院就诊，确定引起阴部瘙痒的原因，然后再用药治疗。多数孕妈妈的这个症状是没有病理性原因的，需要在孕期中加倍注意，维护阴道的健康。

【护养措施】

（1）外阴卫生：保持外阴清洁、干燥，勤换内裤，外阴用具专人专用，用过的内裤、毛巾、盆均应用开水烫洗，太阳下暴晒而非晾晒。要注意的是，在怀孕后外阴的冲洗是允许的，但是绝对不能进行阴道的冲洗。去公共场所如公共厕所、游泳池、浴室要注意预防交叉感染。

（2）日常护理：内衣柔软宽松，以棉织品为好。避免羽绒、尼龙及毛织品衣服贴身穿戴，避免内裤与袜子同洗。不穿化纤内裤及牛仔裤。

3.牙齿

护养理由：怀孕后对牙齿的护理要比平常更为重要。怀孕后体内的激素变化可能会使你的牙龈轻微的肿胀，从而使它在刷牙时更容易出血，另外也使其对细菌更为敏感。

【护养措施】

（1）养成良好习惯：饭后零食后漱口，使用牙线去除牙齿邻面的牙菌斑和食物残渣。至少每天刷牙两次，确保每次刷牙时间为三分钟，并且最好在饭后进行。需要说明的是，要使用保健牙刷，最好是软毛的，这样才能避免牙龈出血；

每三个月要更换牙刷。

（2）牙膏选用：选用含氟、能抑制细菌的牙膏。尽量避免使用含有药物成分的牙膏以及品质不好的杂牌牙膏。

（3）检查预防：孕前和孕期都要定期去牙科就诊，以便及时发现问题。

4.皮肤

护养理由：怀孕后增加的血液循环、升高的基础体温以及改变了的激素水平都会使你的皮肤让人感觉光彩照人，并且质地弹性也会较怀孕前好得多。这时的皮肤也会更加敏感，许多孕妈妈的皮肤会变得更干或者更油，有的还会有“青春痘”“妊娠斑”、妊娠纹等出现。

【护养措施】

（1）呵护面部皮肤：每天至少洗脸1次，最好用不含皂性成分的洗面产品，因为皂性成分对怀孕的皮肤来说作用太强烈，会夺走皮肤的正常油脂。同时要选择滋润性好的面霜。此外，每天都要涂抹防晒霜和滋润霜，防晒系数spf值至少要在15以上，同时要注意保护你的嘴唇，以防止其干裂。

（2）呵护身体皮肤：孕期应多吃富含维生素C的食物，如柑橘、草莓、蔬菜等，还应多吃富含维生素B_6的食物，牛奶及其制品。各种外用的用于滋润皮肤的护肤品、按摩霜也能起到一定的辅助作用。

5.腰部

护养理由：约有一半至3/4的孕妈妈在怀孕的某些时期都有腰疼的经历，只有1/3的孕妈妈会严重影响到生活。孕期腰部不适的原因主要是由于身体在为生产做准备，身体各部位的关节都会比原来更加松弛，并且由于腹部增大，重心前移使你的身体平衡发生变化，更加重了腰部的负担。

【护养措施】

（1）坐立护养：坐着的时候后背要有好的支撑，并且膝盖的高度要略微高于大腿；站立的时候要调整姿势以代偿重心的改变，双肩收紧，收紧腹部，将骨盆轻微前移。

（2）睡觉护养：睡觉时最好侧卧，选择硬一点儿的床垫，在两腿之间和肚子下面垫上枕头或靠垫以支撑背部。

（3）其他护养：尽量避免穿高跟鞋，如果出现腰部不适，可以在局部疼痛的地方热敷或者按摩。在搬东西时将双脚分开同肩宽，将膝盖弯曲而不是将腰弯曲，站立时大腿用力而不是腰用力。

6.腿部

护养理由：在怀孕的过程中，由于孕期激素水平的变化和血液循环系统对怀孕的适应，孕妈妈的体液增加；另外到了中后期，由于子宫变大，压迫到静脉，以致静脉血回流变慢，积压在血管中的液体滞留在身体末梢，就会造成水肿。

孕妈妈在孕期体重逐渐增加，双腿负担加重，腿部的肌肉经常处于疲劳状态；另外，怀孕后，对钙的需要量明显增加，所以很多孕妈妈会因为缺钙发生抽筋现象。夜间血钙水平比日间要低，故小腿抽筋常在夜间发作。

【护养措施】

（1）工作护养：不要长时间坐或站，常常走一走、动一动，以增加下肢血流。在脚下垫个矮凳；躺着时，尽量左侧平卧；平常坐着时，不要跷二郎腿，要伸展腿部，动动脚跟、脚趾，旋转脚踝关节，以伸展小腿肌肉。

（2）穿着护养：穿着让胀大的脚感到舒适的鞋子，不要穿会压迫到脚踝及小腿的有松紧带的袜子，不要穿高跟鞋。

（3）食物护养：平时要多摄入一些含钙及维生素D丰富的食品，如牛奶、骨头汤。适当进行户外活动，接受日光照射，必要时可加服钙剂和维生素D。避免食用高盐、加工、腌渍或罐头食物。

（4）其他护养：在怀孕期间做一些腿部肌肉的伸展运动，多散步，增加肌肉对钙质的吸收也是至关重要的。睡前可对腿和脚进行按摩。

第二节 远离"月子病"，排解月子烦心事

月子期女人是一生中最幸福的阶段了，有人照顾着吃喝，还能享受当妈妈的感觉；但为什么吃得好，还会遇到一些健康小麻烦呢？怀孕的时候，为了让身体接受胎儿（对于你的身体来说，他也是个外来物），免疫系统的功能被压制了。因此，在全力以赴孕育宝宝并分娩之后，你免疫力低的情况就变得异常突出，小麻烦就可能接踵而至。

产褥期感染

产褥期感染，又叫产褥热，分娩后生殖道的感染叫产褥感染。出现时间从产后1～2天开始到10天之内。多数病例为几种细菌引起的混合感染，细菌的来源主要有临产前细菌已侵入产妇的生殖道内，以及产前、产时或产后，细菌从外界进入产道。

生活调理方

产褥感染应以预防为主。首先要加强孕期保健，治疗各种孕期并发症，增强孕妈妈抵抗力；妊娠末期避免盆浴及性交；接生用具要彻底消毒，接生时避免过多和不必要的阴道检查及肛查；产褥期注意个人卫生，保持外阴清洁；产后早期就应起床活动，做产后保健体操，增强体质；产后发热时，不要滥用退热药，要经医生检查后针对病因予以治疗。

产后身疼

产妇在产褥期内出现肢体、腰膝、关节疼痛或全身酸痛，称为产后身痛或产后关节痛。主要原因为产褥期机体血脉空虚、气血运行不畅，稍有劳累或受风寒外邪极易发病。本病特点是产后肢体酸痛麻木、无红肿灼热，当与风湿鉴别。

生活调理方

产后身痛多由血虚或外感风寒所导致，血虚者宜多吃营养丰富的食品，如猪肝、羊肉、鸡、桂圆、红枣、红豆等。外感风寒者宜多吃辛温散寒之品，如生姜、葱白、红糖及一些易消化的鱼、肉类。

生活中，应注意局部保暖，夏季不要受凉，不要睡竹席、竹床，空调控温不宜过低。保持床铺及衣被的干燥、清洁；出汗多时，应用温水擦身和淋浴洗澡，衣服要常洗换，切谨防着凉受寒。如果痛得严重，可去医院，在医生的指导下适当吃些药物。

产妇痔疮

产妇发生痔疮的原因较多。在妇女怀孕后，由于胎宝宝逐渐生长发育，子宫体相应增大，向下压迫盆腔，影响了血液的回流，造成肛门周围组织水肿，从而出现肛裂和痔疮。再加上分娩时盆腔充血加重，胎宝宝头部下降及娩出时肛门部位的血管组织充血水肿，也促使痔疮加重。说明痔疮的发病率是比较高的。据统计，痔疮在产后妇女中发病率确实很高。

生活调理方

“十人九痔”，产妇痔疮和肛裂的治疗要从预防着手，要使饮食结构科学合理，荤素水果蔬菜齐全，并应多喝水。

另外，要养成每天排便的良好习惯，注意适度的运动。如出现便秘症状，不要强行排便，可使用开塞露、甘油栓等润滑药物，避免造成肛门裂伤和痔疮的加重。

产后贫血

贫血，会使人全身乏力，食欲不振，使人的抵抗力下降，容易导致感染或使产后会阴侧切口愈合缓慢，严重的贫血可以引起胸闷、心慌、头痛等，产生许多并发症。产后贫血有两方面的原因：妊娠期间贫血未得到纠正，分娩后不同程度的失血使贫血加重；分娩时过多的出血所致。

生活调理方

轻度的贫血，即指血色素在90克/升以上，一般可以通过饮食来纠正，应多吃一些含铁及叶酸较多的食物，如动物的内脏、鱼、虾、蛋以及绿叶蔬菜、谷类、花生等。

中度的贫血，即指血色素在60～90克/升，除改善饮食外，需服用一些药物，如硫酸亚铁、叶酸、人造补血糖浆或肌注右旋糖酐铁等。

严重的贫血，即指血色素低于60克/升，单靠饮食及药物纠正作用缓慢，常常需要少量多次输新鲜血。但是否需要输血要听从医生的意见。若输血，则需要有医护人员的监护，以免发生输血反应。

产后脱发

有的妇女生完孩子后，每天会掉很多头发。据统计，产后2～6个月内，35%～45%的妇女出现产后脱发，医学界也叫“分娩性脱发”。出现这种脱发的原因可能与雌激素的水平、精神因素、产后头部卫生欠佳等因素有关。

生活调理方

产后的脱发大多是生理现象，在产后6～9个月会自行恢复，不需要特殊治疗。如果脱发严重，可在医生的指导下，服用维生素B_1、谷维素等。

乳头皲裂

发生乳头皲裂后，乳头常感到燥裂性疼痛，并可牵扯整个乳房、胸部，常给乳母造成很大的痛苦，并且不及时治疗容易引起乳晕炎和乳腺炎。

生活调理方

预防乳头皲裂应从妊娠期开始，在妊娠后期应经常用温水清洗乳头，擦干后涂上凡士林，使原来娇嫩的乳头皮肤变得坚韧，以免哺乳时裂伤。如果乳头糜烂严重、疼痛难忍，可将奶挤出盛在洁净的容器里再用小勺喂给孩子吃。在每次哺乳或挤奶后用温热的清水清洗乳头及周围皮肤，然后涂以2%龙胆紫或10%鱼肝油铋剂或抗生素药膏也可以。

在哺乳期不要经常擦洗乳头，尤其不要使用肥皂等刺激性清洗剂，也不要在哺乳后把乳头上的乳汁擦掉，以免乳头干燥而发生皲裂。避免婴儿含乳头睡觉，婴儿患有口腔炎症要及时治疗。

阴道出血

产后前3天在正常情况下，除了第一天出血量多一些。从第二天开始，阴道出血量会明显减少，与月经量相仿。

生活调理方

为减少产后出血，一般在产后4小时开始排尿。产后6小时可下床适量活动。或者轻轻按摩下腹部，以促进子宫收缩。要早排尿、早活动。母乳喂养也是促进子宫恢复、减少产后出血的办法之一，所以提倡母乳喂养。

产后多汗

产后汗腺活跃，产妇大量出汗，乳房淌奶，阴道又有恶露排泄，全身发黏，需要比平时更讲究卫生。可是很多产妇不敢在月子里洗澡，即便是本来很注意清洁卫生的妇女，此时也只好过脏日子。其实产后完全可以照常洗澡。

生活调理方

正常分娩的产妇，产后24小时即可以开始洗澡。产后洗澡应当洗淋浴，水温在34℃～35℃，室温最好26℃左右。淋浴时要避风，体力疲劳的可坐在凳椅上淋浴，可请丈夫代为擦背。浴后迅速用毛巾擦干，避免受凉。

产后洗澡宜淋浴

洗澡次数可按季节安排，一般是每周2～3次，每次3～5分钟。勿在餐后或饥饿时洗澡。对于难产、剖腹产或身体虚弱的产妇或没有淋浴条件的家庭，可用热水擦洗全身。产后1个月内禁盆浴。

产后牙齿松动

人体内的钙约有99%集中在骨骼及牙齿中，仅有1%分布在其他组织中。由于妊娠后期胎宝宝在体内迅速生长发育，分娩后母亲处于哺乳期，为维持婴儿的生长需要，对各种营养物质，尤其是钙的补充明显增多。母乳钙的含量比较稳定，当膳食中摄入钙不多时，母体骨骼中的钙将被用以维持乳汁中钙含量的恒定，如果在妊娠后期及产后两阶段中，产妇饮食中营养不足或缺乏，牙齿便松动易脱落。

生活调理方

食物中含钙最多的是牛奶及乳制品，其次为小虾皮、海带、发菜，还有大豆及豆制品和各种瓜子、芝麻酱等，也可吃一些钙强化食品。只要注意多吃含钙食物，并进行适当户外活动，多晒太阳，在医生指导下服用钙及维生素D等，就可以预防牙齿松动及体内缺钙。

此外，坐月子的产妇，口腔卫生尤为重要，不但要刷牙，而且要坚持早、晚刷牙，且饭后漱口，以保护牙齿。

产后颈背酸痛

无论哺乳或用奶瓶喂宝宝，产妇如不注意体位调节，经常长时间地低头看着宝宝吃奶，就可能因颈背部肌肉长时间紧张而疲劳，产生颈背酸痛不适；或者有躺着哺乳的习惯，经常固定一种姿势侧卧，也会引起颈背部肌肉紧张，导致颈背酸痛。

生活调理方

保持舒适的哺乳体位，在喂奶的过程中，适时活动颈部，如左右转动、前后仰伸，不要使颈背部肌肉长时间处于同一姿态，卧床休息时要时常变换睡姿。消除了诱因，就能有效地防止颈背酸痛的发生。

产后乳房胀痛

一般妇女于产后2～3天感到乳房发胀，并可挤出少量乳汁，因此在产后的前3～4天内，不要喝过多的肉汤，以免乳房过于胀痛不适。正确的母乳喂养不仅有利于乳汁分泌和婴儿发育，同时可以避免发生乳胀或减轻乳胀现象。一旦出现乳房胀痛，可做局部热敷，轻轻拍打，将乳汁挤出，并要注意乳房的清洁卫生。

生活调理方

将乳头置于婴儿舌头上方，一手扶托乳房并稍加挤压，以促进乳汁外流。每次哺乳必须将两侧乳房的乳汁全部吸尽，乳汁过多不能吸尽者，应将剩余的乳汁用吸奶器将乳汁吸出，使乳腺管通畅。也可用干净的木梳背蘸些润滑油，从乳房的四周向乳头的方向按顺序滑动，均可起到疏通乳腺管的作用。同时还可用中药进行催乳。如果乳房不仅胀痛，且伴有高热、发冷，乳房有硬结、红肿、触痛，可能是发生了乳腺炎，应立即到医院诊治。

子宫复原不全

正常情况下，产后第1天子宫底平脐，子宫底与耻骨联合上缘间的距离是14～17厘米。以后子宫底每天下降1～2厘米，大约在产后10～14天子宫收缩变小，降入小骨盆腔内，在腹部就摸不到子宫底了。子宫复原不全是指产后已经多日，子宫收缩不好，仍比较大而柔软，迟迟恢复不到原来的形状，褐色恶露常常持续不断。

生活调理方

产后早期起床活动，并及时排空膀胱及直肠内积存的大小便，躺卧时多变换体位，不要总是仰卧，避免子宫后倾，可以防止子宫复原不全。定期哺乳可反射性地使子宫收缩，对于促进子宫复原也有很大好处。

治疗方法可先用些子宫收缩剂，如催产素、麦角流浸膏或益母草膏，以促进子宫收缩。如恶露有臭味，应加用抗菌药物。如果血性或褐色恶露长期不止，一定要到医院检查，以便进行适当处理。

产后小便不畅

小便不畅指产后8小时还不能自行排尿，属于尿潴留，是产后常见的并发症之一。在分娩过程中，胎儿头部经过产道时，会挤压到产妇的尿道并使之发生一定的角度改变，使得产后的第一次排尿发生困难，加上生产过程中膀胱受压而充血水肿、肌张力的降低以及产后会阴处伤口疼痛等原因，造成很多产妇在生完孩子后都会有尿潴留的症状发生。

生活调理方

从预防的角度，产后及时排尿。为避免产后排尿困难，产后4～6小时内要督促和鼓励产妇下床排尿1次，避免膀胱充盈过度而引起尿潴留。此外，可在产后短时间内多吃些带汤饮食，多喝红糖水，使膀胱迅速充盈，以此来强化尿意。

从治疗的角度，采用暗示法。首先应放松心态，告诉自己这是产后常见的症状，然后轻轻按压膀胱，用温开水熏洗外阴，在小腹上焐热毛巾，之后，打开水龙头用流水的声音加以刺激等，这些方法可以在一定程度上刺激膀胱肌肉的收缩，促使其尽快排尿。

产后阴道松弛

胎宝宝由子宫经阴道自然娩出，使阴道及外阴极度伸展扩张，阴道周围的组织极度伸展拉长，常常造成阴道的极度扩张或会阴的撕裂。大多数妇女在产后能够恢复正常，不留后遗症，如果恢复不好，就会使阴道口松弛，收缩力及紧握力都下降，影响夫妻性生活的质量。

生活调理方

产时应注意保护会阴，避免会阴严重撕裂伤。尤其要避免第二产程过长，避免胎头在阴道内压迫时间过长，引起阴道水肿坏死。估计胎宝宝过大或娩出过快造成会阴严重撕裂伤时应行会阴切开术。

此外，分娩后做一些锻炼：缩肛运动：每天2次，每次20～40下；排尿中段训练法：使尿道括约肌收缩；用手指浅浅地插阴道：训练阴道口的吮吸动作。

产后性欲低下

对性生活的激情之一源于性生活时所体验到的性快感。预防生孩子后性欲下降，当然阴道经过分娩的扩张变松弛，在一定程度上可能使性快感下降，但是这种影响并非不可逆，得从心理和生理入手。

生活调理方

心理调适：夫妻间性生活不单单是为了生育孩子，同时也是夫妻感情的调节剂。此时也需要丈夫拿出更多的爱心和耐心，营造温馨的生活氛围，激发妻子对夫妻生活的激情。解除妻子对意外妊娠的担忧，防止因紧张心理而引发的性欲下降。丈夫要主动关心妻子，与妻子共同选择既安全又为双方都乐于接受的方式避孕。

生理调适：产后进行缩肛锻炼就可促进阴道早期恢复紧张度，增加性交时阴道壁对阴茎摩擦刺激的感觉能力，促进性交高潮快感的产生。

会阴伤口疼痛

因部分初产妇会阴扩张性较差或者胎儿过大等原因需要行会阴侧切术。即使无会阴侧切，胎儿在通过阴道、会阴时也会对局部组织造成一些损伤。

生活调理方

为了减少疼痛，局部可热敷。采取侧卧位能缓解疼痛，必要时可在医生的指导下服用一些止痛剂。

产后抑郁症

产后抑郁症也叫产后忧郁症，是妇女在生完孩子之后由于生理和心理因素造成的抑郁症，症状有紧张、疑虑、内疚、恐惧等，极少数严重的会有绝望、离家出走、伤害孩子或自杀的想法和行动。这类病人在中医称为“脏燥证”，多发生于初产妇女，或家中有生男孩压力等妇女身上。

生活调理方

月子药膳：麦枣宁心茶

【原料】红枣12粒，甘草6克，浮小麦3克，黑糖适量。

【制作】材料洗净与600毫升水同煮，水滚后再煮5分钟，去渣加入黑糖饮用。

【功效】益气安神，缓解产后神经衰弱、情绪不佳。

此外，中药可用天王补心汤或桂枝龙骨牡蛎汤治疗；平日以人参、党参、黄芪等开水冲泡饮用。这类产妇可多吃些甘甜的食物，如红枣、黑枣、龙眼干、黑糖、葡萄干。

新妈咪小礼包

食物防治妇科病

妇科病真的很难缠吗？病去如抽丝，这里从防治的角度为你提供一些食疗参考，帮助你远离妇科病，让你一路好孕相伴。

1.高钙食物调治“卵巢癌”

充足的钙质有助于控制癌细胞的生长和扩散，因此，女性应注意适当补充高钙的食物，特别是绝经后妇女和老年妇女每天钙的摄入量应达到1000毫克。调查发现，摄取足量钙质的女性比摄取钙质较少者患卵巢癌的概率减少54%。所以，每天坚持喝牛奶或奶制品，常吃豆制品、小虾皮、小鱼、海带及荠菜等食物。

2.全麦食物和海带调治“乳腺病”

全麦食品能使雌激素在血液循环中保持适宜水平，避免雌激素水平过高而引发诸多乳腺疾病。而海带中含有大量的碘，能刺激垂体前叶分泌黄体生成素，促使卵巢滤泡黄体化，降低体内的雌激素水平。因此，经常食用全麦食物和海带有助于预防和治疗乳腺增生。

3.多吃红皮蔬果调治“妇科肿瘤”

红皮蔬果含有有效抑制一些妇科肿瘤细胞的生长，同时降低它们对雌激素反应性的某种天然植物化学成分，所以，日常生活中多食红苹果、红辣椒、洋葱、紫葡萄等红色蔬果能起到抑制妇科肿瘤的作用。

4.蒜类调治“霉菌性阴道炎”

研究显示，大蒜中富含蒜素、大蒜辣素等物质，它们是含硫的天然杀菌物质，具有强烈的杀菌作用，可抑制白色念珠菌在阴道内的过度生长和繁殖。因此，经常食用蒜类的女性不容易患上霉菌性阴道炎。

5.加蜜热奶调治“经期不适”

研究发现，牛奶中的钾可以舒缓情绪，并具有减轻腹痛、防止感染、减少经血量的作用；蜂蜜中所含的镁可镇定中枢神经，帮助消除女性在经期中的紧张情绪，减轻心理压力。因此，女性在月经期间每晚临睡前喝一杯加蜂蜜的热牛奶，可减轻或消除经期的种种不适。

6.香蕉调治“痛经”

香蕉中含有丰富的维生素B_6，而维生素B_6具有安定神经的作用，不仅可以稳定女性在经期的不安情绪，还有助于改善睡眠、减轻腹痛。

附录一 孕产期禁用西药明细

红霉素：致先天性白内障、四肢畸形等。

氯霉素：致新生儿血液循环障碍、呼吸功能不全、发绀、腹胀（即“灰婴综合征”）。如在妊娠末期大量使用，可引起新生儿血小板减少症、再生障碍性贫血或胎儿死亡。

卡拉霉素：致耳聋。

青霉素：可破坏胎儿红细胞，引起严重黄疸，使胎儿死亡。

链霉素：引起先天性耳聋，骨骼发育畸形。

四环素：致牙釉质形成不全，骨骼、心脏畸形，先天性白内障，肢体短小或缺损（如缺四指），新生儿溶血性黄疸，最严重者可出现脑核性黄疸甚至死亡。

土霉素、强力霉素：使胎儿短肢畸形。

庆大霉素：造成胎儿耳损伤，甚至引起先天性胃血管畸形和多囊肾。

磺胺类药物（以长效磺胺和抗菌增效剂为主）：致高胆红素血症、脑核性黄疸、畸形。

海洛因：使胎儿呼吸抑制、死亡。

度冷丁：致新生儿窒息。

吗啡、安侬痛：抑制新生儿呼吸，使新生儿呈戒断样抑制状态，如在分娩前一周服用，可致新生儿痉挛、兴奋和尖锐的哭声。

阿司匹林：致胎儿小、畸形，引起新生儿凝血酶原减少而出血及肝脏的解毒功能障碍。

非那西汀和扑热息痛：引起新生儿高铁血红蛋白血症。

消炎痛：引起黄疸和再生障碍性贫血。

巴比妥类：致胎儿心脏先天性畸形、面及手发育迟缓、兔唇、腭裂。

扑痫酮：可致胎儿指、趾畸形，妊娠后期服用可致胎儿发生窒息、出血及脑损伤。

安眠酮：致畸形。

安定、安宁、利眠宁、导眠能：可致胎儿畸形和女胎男性化。

苯丙酸诺龙：引起腭裂。

胰岛素：引起流产、早产、死产和其他先天性畸形。

黄体酮：使女胎男性化。

可的松和强的松：致胎儿唇裂、腭裂。可的松还可致胎儿无脑、早产、早死。

孕酮、睾丸酮：引起胎儿外生殖器畸形。

维生素D：大量服用，可致胎儿高血钙症和智能发育迟缓。

维生素K：大量服用，可引起高胆红素血症、核黄疸。

维生素B_6：大量服用，可使新生儿产生维生素B_6依赖症、抽搐。维生素B_6的衍生物脑复新，在动物实验中引起裂唇，亦应慎用。

多种维生素：如果在妊娠头三个月内服用，婴儿患神经系统缺陷症的危险性高达60%。

丙脒嗪：致胎儿四肢畸形。

抗疟药奎宁、氯化奎啉、乙胺嘧啶：能致脑积水、脑膜膨出、腭裂、肾停止发育或畸形、视网膜损伤。

扑尔敏、敏可静、安其敏、苯海拉明、乘晕宁等抗过敏药：除有潜在的致腭裂、唇裂、缺肢作用外，还可使肝中毒及脑损伤，抑制新生儿呼吸。

氟脲嘧啶、环磷酰胺：可使胎儿四肢、上腭、外鼻、泌尿道畸形，以及死亡。

氨基喋呤：致胎儿无脑、脑积水、脑膜膨出、唇裂、腭裂或四肢畸形。

羟基脲和白消安：致胎儿多发性畸形。

白血宁：引起中枢神经系统损伤、无脑。

6-巯基嘌呤、丙酸睾丸酮、L-门冬酰胺酶：致胎儿畸形。

苯丁酸氮芥：能引起肾、输尿管缺损。

噻替哌、5-氟硫脲嘧啶、丝裂霉素C、秋水仙碱：致胎儿死亡。如果是在妊娠第16周后使用这些抗肿瘤药物是比较安全的。

双香豆素类药物：可致胎儿皮肤出血斑、脑障碍、胎盘早剥、骨和颜面畸形、智力低下或胎儿死亡。

华法令：致鼻骨发育异常、畸形。

甲苯磺丁脲（甲糖宁、甲磺丁脲、D860）：引起流产、早产，具有催畸作用。

丙硫氧嘧啶、甲硫氧嘧啶、他巴唑、甲亢平、碘化钾：致甲状腺机能低下症、呆小症、骨化延迟、尿道下裂。

双氢克尿噻或环戊氯噻嗪：可引起新生儿血小板减少症。

利血平：引起新生儿中毒，出现鼻塞、呼吸道阻塞，甚至因缺氧而死亡。

咖啡因：引起唇腭裂。

乙醚：大量持续使用，可致胎儿死亡。

一切含砷药物：均致胎儿死亡。

多粘菌素（E、B）及万古霉素：服用时间过长，使孕妈妈发生急性肾功能衰竭，使孩子在出生后的3年里易患神经—肌肉阻滞、运动失调、眩晕、惊厥及口周感觉异常。万古霉素还可致婴儿暂时或永久性耳聋。

利福平：致胎儿畸形。

抗真菌类药物两性霉素B、灰黄霉素、制霉菌素、克霉唑：对孕妈妈的神经系统、造血系统、肝肾功能有严重不良反应。灰黄霉素还导致流产和畸胎。

氨苯喋啶（三氨喋呤）：对孕产妇有肝损害、改变血象。

氯噻酮：对胎儿的不良影响。

速尿灵：对孕妈妈和产妇产生恶心呕吐、腹泻、药疹、瘙痒、视力模糊、体位性低血压，甚至水与电解质紊乱。

利尿酸：可引起暂时性听力减退，有时可发展为永久性耳聋。

其他：酒精中毒：孕妈妈娩出的新生儿可呈戒断样抑制状态；酒精可致胎儿多发性畸形。使用避孕药者应在彻底停药半年以后再孕，方可避免因用药不当而引起的畸形或痴呆儿出生。

以上药物在妊娠期限都要禁用或慎用，非用不可者，应在医生指导下进行。要做到用药单一、剂量小、时间短。

附录二 孕产期慎用的中成药

孕妈妈服用中药必须采取谨慎的态度，尤其是在孕早期（妊娠期前三个月），更不能随便服用中药。孕妈妈需禁用和慎用的中药，概括起来主要为活血化瘀药、凉血解毒药、行气祛风药、苦寒清热药。除了具有这些功效的单味中药外，以下中成药孕妈妈也不宜使用。

清热类：具有清热解毒、泻火、燥湿等功效的中成药，如六神丸在怀孕早期服用可引发胎儿畸形，孕后期服用则容易导致儿童智力低下等；含有牛黄等成分的中成药，如牛黄解毒片、败毒膏、消炎解毒丸等，容易引起孕妈妈流产。

消导类：有消食导滞、消痞化积作用的中成药，如槟榔四消丸、九制大黄丸、清胃中和丸、香砂养胃丸、大山楂丸等，都具有活血、行气、攻下之效，孕妈妈应慎用。

理气类：具有疏畅气机、降气行气之功效的中成药，如木香顺气丸、气滞胃痛冲剂、开胸顺气丸、十香止痛丸等，因下气破气、行气解郁力强故而孕妈妈应慎用。

理血类：凡是具有活血化瘀、理血通络、止血等功能的中成药，如七厘散、小金丹、虎杖片、脑血栓宁、云南白药、三七片等，孕妈妈应慎用。

泻下类： 有润肠通便等作用的中成药，如十枣丸、舟车丸、麻仁丸、润肠丸等，有损胎气，容易引起孕妈妈流产。

开窍类： 具有开窍醒脑功效的中成药，如冠心苏合丸、苏冰滴丸、安宫牛黄丸、行军散等，因含有麝香，孕妈妈用之易致堕胎。

祛湿类： 凡是治疗水肿、泄泻、痰饮、黄疸、淋浊、湿滞的中成药，如利胆排石片、胆石通、结石通等，因具有化湿利水、通淋泄浊功效，孕妈妈都不宜服用。

祛风湿痹痛类： 以祛风、散寒、除湿止痛为主要功效的中成药，如虎骨木瓜丸，由于其中的牛膝具有活血作用，川乌药性辛热，因此容易引起胎儿发育障碍。

类似的中成药，还有大小活络丸、天麻丸、虎骨追风酒、华佗再造丸、伤湿去痛膏等。抗栓再造丸中的大黄具有攻下作用，水蛭则能破血，因此孕妈妈应禁用。

敛疮类： 以解毒消肿、生机敛疮为主要功能的中成药，如祛腐生机散、疮疡膏等，都含有活血通经之品，而百灵膏、消核膏、百降丹中含剧毒药较多，这类中成药容易导致孕妈妈流产，因此孕妈妈应禁用。

驱虫类： 具有驱虫、消积、止痛功能，能够驱除肠道寄生虫的中成药，如囊虫丸、驱虫片、化虫丸等，孕妈妈也不宜服用。